# 어느 고고학자의 몽골 여행

- 삼천 11박 12일의 이야기-

정석배

예지안

## 목차

I. 글을 시작하며  7

II. 몽골, 초원의 나라로  17

1. 제1일 : 2022년 8월 16일 화요일  20
    1) 공항에서 울란바토르로  20

2. 제2일 : 2022년 8월 17일 수요일  22
    1) 톨강을 지나 친톨고이 발가스 성(城)으로 가면서  22
    2) 발해(渤海) 유민의 흔적이 깃든 친톨고이 발가스 성(城) 답사  25
    3) 요(遼)나라 하르보흐 발가스 성(城) 답사와 맛있는 호쇼르  33
    4) 흉노(匈奴) 용성(龍城) 하르가닝 두르불징 성(城)으로 가면서  39
    5) 흉노(匈奴) 용성(龍城) 하르가닝 두르불징 성(城) 답사  42
    6) 우기 (노르) 호숫가의 게르 캠프로 가면서 그리고 캠프에서  46

3. 제3일 : 2022년 8월 18일 목요일  51
    1) 돌궐(突厥)의 보고(寶庫) 후슈 차이담 박물관으로 가면서  51
    2) 돌궐(突厥)의 보고(寶庫) 후슈 차이담 박물관 관람  55
    3) 돌궐(突厥) 제2제국의 빌게칸 제사유적 답사  63
    4) 돌궐(突厥) 제2제국의 퀼 테긴 제사유적 답사  67
    5) 칭기스칸의 도성이 있는 하르허룸으로 가면서  71
    6) 하르허룸 박물관 관람  71
    7) 몽골제국의 첫 도성 카라코룸 1차 답사  78
    8) 몽골 삼국시대 할하 몽골의 첫 불교 사원 에르덴조 사원 답사  83

9) 몽골제국의 첫 도성 카라코룸 2차 답사  95
10) 구석기시대 머일팅 암 유적에서  98
11) 카라코룸 부근의 게르 캠프에서  101

4. 제4일 : 2022년 8월 19일 금요일  105
1) 카라코룸 부근 게르 캠프에서 그리고 위구르(回鶻)의 유적으로 가면서  105
2) 위구르(回鶻) 두르불징 홍딩 허얼러이 유적 답사  106
3) 위구르(回鶻) 두르불징 우부르 합찰 유적 답사  111
4) 위구르 회골성(回鶻城) 하르 발가스 답사  114
5) 위구르(回鶻) 두르불징 히르게수링 암 유적으로 가면서  124
6) 위구르(回鶻) 두르불징 히르게수링 암 유적 답사  125
7) 아르항가이 아이막 박물관이 있는 체체를렉으로 가면서  128
8) 돌궐(突厥) 보고트 비석이 있는 아르항가이 아이막 박물관에서  133
9) 초원의 큰 바위 타이하르 촐로로 가면서  136
10) 초원의 큰 바위 타이하르 촐로에서  138
11) 초원의 큰 바위 타이하르 촐로 곁의 게르 캠프에서  141

5. 제5일 : 2022년 8월 20일 토요일  146
1) 청동기시대 사슴돌과 히르기수르가 있는 알탄 산달 올 복합유적으로 가면서  146
2) 청동기시대 사슴돌과 히르기수르가 있는 알탄 산달 올 복합유적 답사  148
3) 흉노(匈奴) 황금 유물이 발견된 골모드-2 고분군으로 가면서  156
4) 흉노(匈奴) 황금 유물이 발견된 골모드-2 고분군  159
5) 청동기시대 오르트 볼락 복합유적으로 가면서  166
6) 청동기시대 오르트 볼락 2호 히르기수르와 사슴돌 답사  169
7) 청동기시대 사슴돌의 세계가 펼쳐진 자르갈란팅 암 복합유적 답사  177
8) 청동기시대 오르트 볼락 1호 히르기수르와 판석묘 답사  184
9) 소형 돌궐 제사유적 답사  188
10) 촐로트강과 화산 분화구를 지나 테르힝 차강 노르 게르 캠프로  189

6. 제6일 : 2022년 8월 21일 일요일  197

   1) 테르힝 차강 노르 호숫가의 게르 캠프에서  197

   2) 항가이산맥을 넘으며  201

   3) 청동기시대 사방입석묘가 있는 쉬네-이데르 유적에서  219

   4) 항가이산맥을 넘어 오쉬킹 우브르 복합유적으로  222

   5) 청동기시대 인면(人面) 사슴돌이 있는 오쉬킹 우부르 복합유적 1차 답사  228

   6) 훕스굴 호숫가의 게르 캠프로  238

7. 제7일 : 2022년 8월 22일 월요일  243

   1) 훕스굴 호숫가 게르 캠프와 하트갈에서  243

   2) 훕스굴 호수와 소원(所願)바위에서  252

   3) 몽골 전통 양고기 요리 허르헉과 밤하늘  258

8. 제8일 : 2022년 8월 23일 화요일  266

   1) 훕스굴 게르 캠프에서의 아침  266

   2) 다시 청동기시대 오쉬킹 우부르 복합유적으로 가면서  269

   3) 청동기시대 인면(人面) 사슴돌이 있는 오쉬킹 우부르 복합유적 2차 답사  271

   4) 셀렝게강 변의 위구르 부귀성(富貴城)으로 가면서  273

   5) 위구르 부귀성(富貴城) 바이 발릭 성 답사  281

   6) 셀렝게강 변의 게르 캠프와 선아하(仙峨河)  290

9. 제9일 : 2022년 8월 24일 수요일  295

   1) 셀렝게강-선아하(仙峨河)에서의 아침  295

   2) 구석기시대 툴부르-4 유적으로  300

   3) 구석기시대 툴부르-4 유적 답사  300

   4) 화산 분화구를 지나며  302

   5) 고갯마루 휴게소에서  303

   6) 몽골의 두 번째 도시 에르데네트와 구리광산  305

   7) 선비(鮮卑)가 남긴 아이라깅 고즈고르 고분군으로 가면서  311

8) 선비(鮮卑)가 남긴 아이라깅 고즈고르 고분군 답사  313
   9) 몽골의 세 번째 도시 다르항으로 가면서  317

10. 제10일 : 2022년 8월 25일 목요일  324
   1) 다르항-버르노르 사이의 길을 가면서  324
   2) 흉노(匈奴)가 남긴 느용 올 고분군으로 가면서  328
   3) 흉노(匈奴)가 남긴 느용 올 고분군 답사  332
   4) 흉노(匈奴)가 남긴 다르 군트 고분군으로 가면서  341
   5) 흉노(匈奴)가 남긴 다르 군트 고분군 답사  343
   6) 울란바토르에 도착하여  345

11. 제11일 : 2022년 8월 26일 금요일  346
   1) 몽골국립박물관 관람  346
   2) 울란바토르 거리에서  361
   3) 복드 칸 궁전박물관 관람  362
   4) 자이승 전승 기념탑 방문과 나머지 일정  372

12. 제12일 : 2022년 8월 27일 토요일  378
   1) 돌궐(突厥) 톤유쿠크 제사유적 답사  378
   2) 집으로  385

III. 글을 마무리하며  387

   참고문헌 및 자료  392

I. 글을 시작하며

**몽골은** 아름다운 초원의 나라이다. 어디를 가나 양과 염소, 말, 소가 풀을 뜯고 있고, 말을 탄 목동이 가축무리 사이를 오가며, 가끔은 야크나 낙타 떼도 볼 수 있다.

　강가나 호숫가를 지날 때면 여러 종류 물새들이 무리를 지어 노닐거나 날아가는 모습을 볼 수 있다. 하늘에는 매가 머리 위를 선회하면서 손님을 맞이한다. 귀를 기울인다면 매의 울음소리도 들을 수 있고, 또 강이나 호수에서는 백조도 볼 수 있을 것이다. 들판과 하늘에서 학의 무리나 독수리 떼도 볼 수 있다. 어릴 때 시골에서 보았던 제비를 몽골 하늘에서도 많이 볼 수 있다.

　아래로 땅을 보면 곳곳에 작은 구멍이 나 있는 것을 볼 수 있는데 바로 마멋, 다시 말해서 땅다람쥐가 사는 집이다. 가끔 내미는 생김새가 다람쥐와 비슷하나 나무 위가 아니라 땅에서 생활한다. 나무에 사는 다람쥐와 구분하여 땅에 굴을 파고 사는 마멋을 한국어로 땅다람쥐로 부르면 어떨까. 초원을 잘 살펴보면 여러 종류의 들꽃도 만날 수 있다. 하얀색, 남색, 분홍색, 보라색, 붉은색의 꽃들이 여기저기 피어 있다. 몽골에서는 밤하늘도 놓치면 안 된다. 반짝이는 별들과 별똥별들이 하늘을 아름답게 수놓아 마치 동화의 나라로 들어간 느낌이 들게 한다. 비가 온 다음에는 무지개와 오색구름도 볼 수 있다. 먹구름이 몰려올 때면 천둥 번개도 장관을 이룬다.

　몽골 초원에서 빼놓을 수 없는 것이 있으니 바로 게르와 오보이다. 게르는 유목민의 집으로 2~4채가 함께 나란히 모여 있는 경우가 많은데, 모두 한 가족의 집이다. 유목민들은 이곳에 살면서 가축을 치고, 젖과 고기를 먹고, 젖으로 만든 유제품과 고기, 모피를 팔아 생계를 유지한다. 그리고 가축이 그곳의 풀을 다 뜯어 먹고 나면 게르를 해체하여 가축과 함께 다른 장소로 이동한다. 유목은 바로 이동하면서 목축하는 생활방식을 말한다. 사람이 자주 다니는 강

가나 호숫가에 게르가 10채 이상 대형(隊形)을 이루면서 모여 있다면, 아마도 손님을 위한 캠프-숙박 시설일 것이다.

오보는 산마루나 산꼭대기 어디를 가나 볼 수 있다. 오보는 일반적으로 돌을 쌓아 돌무지 모양으로 만든다. 여행자들은 이곳에서 하늘과 산과 땅에 여행길의 무사 안녕을 기원한다. 자연을 경외하는 몽골인들의 마음이 깃들어 있다.

유라시아대륙의 대초원은 서쪽의 카르파티아산맥에서 동쪽의 알타이산맥까지 동서 약 4,200㎞의 공간이 우랄산맥을 제외하면, 낮은 둔덕과 구릉은 있어도 높은 산이 없는 대평원이다. 나는 이곳의 대초원을 기차로 여행한 적이 있다. 1990년 10월에는 헝가리의 부다페스트에서 러시아 모스크바까지, 정확하게 기억은 나지 않지만 1990년대 초 어느 여름에는 모스크바에서 크림반도의 심페로폴까지, 1996년 여름에는 모스크바에서 캅카스(코카서스)의 스타브로폴까지, 또 1998년 여름에는 모스크바에서 코카서스의 크라스노다르까지 모두 기차로 여행하였다. 끝없이 펼쳐진 대평원은 경이롭기는 하나 풍경의 변화가 적다. 하지만 산이 있는 초원은 가는 곳마다 새로운 모습을 보여주고, 계곡이 있고 강이 있어 풍요롭기까지 하다.

서쪽의 알타이산맥에서 시작하여 동쪽으로 항가이산맥과 헨티산맥을 지나 대흥안령까지의 초원지대는 산과 들판이 함께 어우러진 풍요롭고 아름다운 곳이다. 흉노, 돌궐, 몽골제국 등 유라시아대륙을 제패하였던 초원제국들이 이곳에서 발흥한 것은 결코 우연이 아닐 것이다.

몽골에서 가장 흔하게 볼 수 있는 유적은 청동기시대 히르기수르이다. 몽골을 여행하면서 산기슭이나 들판에 돌을 무덤 봉분처럼 쌓고, 그 둘레로 일정 거리를 두고 둥글게 혹은 네모지게 돌을 두르고 또 주변에 작은 돌무지들을 시설한 구조물을 보게 된다면, 그것은 100% 히르기수르이다. 운이 좋다면 히르기수르와 함께 돌을 세워 만든 사슴돌도 볼 수 있다. 사슴돌은 선돌(立石 입석)에 사슴의 형상을 새겨 놓았기 때문에 부르는 이름이며, 녹석(鹿

石)이라고도 한다. 히르기수르 곁에서 가끔 지상에 돌을 세워 두른 판석묘(板石墓)도 볼 수 있다.

몽골 초원에 근거지를 두었던 흉노, 유연, 돌궐, 위구르, 몽골제국은 남쪽의 중원왕조들뿐만 아니라, 우리의 고대·중세 역사와도 밀접한 관련이 있다. 흉노는 한때 고조선과 이웃하였고, 유연은 고구려와 "순치의 관계"였다. 돌궐은 고구려와 때로는 우호적이었고 또 때로는 적대적이었다가, 발해가 건국하였을 때 고왕 대조영이 제일 먼저 사절을 보낸 이웃이었다. 몽골제국과 고려의 관계는 잘 알려진 바와 같지만, 고려 공녀 출신 기황후와 몽골제국 마지막 황제 토곤테무르 사이에 태어난 아들이 몽골 초원을 중심으로 활동한 북원(北元)의 제2대 황제였다는 사실은 몽골과 관련하여 특히 지적되어야 할 것이다. 몽골 초원에는 거란이 세운 요나라 시기에 발해의 유민이 끌려가서 생활하였던 유적도 있다. 역사시대의 유적들도 몽골의 중요한 역사 경관을 이루고 있다.

나는 유학 시절에 몽골 고고학을 공부한 적도 있고, 또 지금은 몽골의 고고학에 대해 강의도 한다. 하지만 몽골의 고고학 유적을 답사할 기회가 좀처럼 오지 않았다. 2012년 8월에 몽골을 방문한 적이 있지만, 그때는 목적이 달라 유적을 몇 군데밖에 보지 못하였다.

마침내 2022년 초에 나는 오랫동안 꿈꾸어왔던 몽골지역의 고고학 유적답사를 실행에 옮겨야겠다고 마음을 먹었다. 답사를 가고 싶은 유적은 이미 마음속에 대부분 정해져 있었지만, 내가 알지 못하는 유적이 있을 수도 있고, 유적의 정확한 위치가 파악되지 않는 것들도 있어 윤형원, 장은정, 이우섭 등 몽골에서 고고학 유적 조사에 참여하였던 국립중앙박물관 연구자들에게 자료 요청을 하였고 또 충북대학교 양시은 교수에게 의견을 청하였다. 이 답사는 학부 학생과 대학원생이 함께할 것이었기에 대학원생들에게 어떤 유적을 답사하길 원하는지도 물어보았다. 기간과 거리를 고려하여 답사 일정 초안을 작성한 다음에 다시 몽골과학아카데미 고고학연구소 G.에렉젠 소장과 일정 및 답사 가능 유적에 대해 논의하였다. G.에렉젠 소장은 우리가 미처 파악하지 못한 구석기시대, 흉노, 선비, 위구르의 몇몇 유적을 추천하였고, 이를 참고하여 최종 답사 일정을 마련하였다.

몽골은 유라시아대륙 동부의 중앙에 위치한다. 세계에서 18번째로 큰 나라로서 국토의 면적이 1,566,000㎢이다. 길이는 동서 약 2,405㎞, 남북 약 986㎞이다. 동쪽과 남쪽 그리고 서쪽 대부분은 중국과, 북쪽은 러시아와 국경을 접한다. 한국의 서울에 있는 경복궁 정문 광화문(光化門)과 울란바토르(올란바타르)에 있는 복드 칸 궁전 정문 "평안의 문"까지는 직선거리로 약 1,994.2㎞ 떨어져 있다.

행정구역은 21개 아이막, 1개 자치구(울란바토르), 315개 솜으로 구분된다(도면 1). 아이막은 한국의 도(道)(예, 충청남도)에, 솜은 군(郡)(예, 부여군)에 상응하며, 솜 아래에는 면(面)(예, 규암면)에 해당하는 박이 있다.

몽골의 인구는 2023년 12월 기준 대략 350만 명이다. 매년 1.2~1.5%의 인구 성장률을 이루고 있다. 수도는 울란바토르이며, 두 번째 도시는 에르데

도면 1. 몽골 아이막 표시 지도(필자 재구성)

네트, 세 번째 도시는 다르항이다. 울란바토르에 2023년 12월 기준 대략 166만 5천 5백 명이 살고 있다. 이에 비해 두 번째 도시 에르데네트에는 2023년 12월 기준 대략 8만 3천 5백 명이 거주하여 수도 울란바토르에 엄청난 비율의 주민이 거주하고 있음을 알 수 있다. 인구 밀도는 1㎢당 2.1명으로 매우 낮다.

종교는 2020년 기준 51.7%가 라마교(겔룩파 티베트 불교)를, 3.2%가 이슬람교를, 2.5%가 샤머니즘을, 1.3%가 기독교를, 0.7%가 기타 종교를 신봉하며, 40.6%는 종교를 가지지 않고 있다. 몽골에는 다양하고 풍부한 지하자원이 매장되어 있는데 갈탄, 석탄, 텅스텐, 형석, 동광, 몰리브데넘, 금광 등이 대표적이다.

주요 산맥은 몽골 중북부의 항가이산맥, 북동부의 헨티산맥, 서부와 남부의 알타이산맥(몽골 알타이와 고비 알타이)이 있고, 큰 강은 항가이산맥에서 발원하는 셀렝게강과 오르혼강, 헨티산맥에서 발원하는 톨강, 오논강, 헤를렌강이 있다(도면 2). 호수는 몽골 서북부의 옵스 노르(호수)가 면적 3,350㎢에 크기 84×79㎞로 가장 크고, 중서북부의 흡스굴 호수가 면적 2,760㎢에 크기

도면 2. 몽골의 대표 산맥과 강(구글어스, 필자 작성)

136×36.5㎞로 그다음으로 크다. 훕스굴 호수의 수면은 해발고도 1,644m에 위치한다. 몽골에서 가장 높은 산은 몽골 알타이의 타왕 복드 올(산)의 후이텐 봉우리(우의봉 友誼峰)로서 해발 4,374m이다.

우리의 답사 동선은 먼저 서쪽으로 톨강, 오르혼강, 타미르강, 하노이강, 촐로트강을 지나 항가이산맥의 가운데 부분에 있는 테르힝 차강 노르(=호수)까지 이동하는 것이었다(도면 3, 4). 다음에는 테르힝 차강 노르에서 항가이산맥을 북쪽으로 종단하여 이데르강과 델게르므릉강을 지나 몽골의 가장 북쪽에 위치하는 훕스굴 호수까지 가기로 하였다. 그다음에는 훕스굴에서 다시 남쪽으로 므릉까지 이동하였다가 다시 셀렝게강을 따라 동쪽으로 이동하고 호타그 운두르 솜 부근에서 큰길을 따라 남쪽으로 꺾어 볼강시(市)까지 가고, 이곳에서 셀렝게강과 오르혼강 사이로 난 길을 따라 몽골의 두 번째 도시인 에르데네트를 지나 몽골의 세 번째 도시인 다르항까지 가기로 하였다. 다르항에서는 하라강과 버러강을 지나 다시 울란바토르로 돌아오는 노정이었다. 결과적

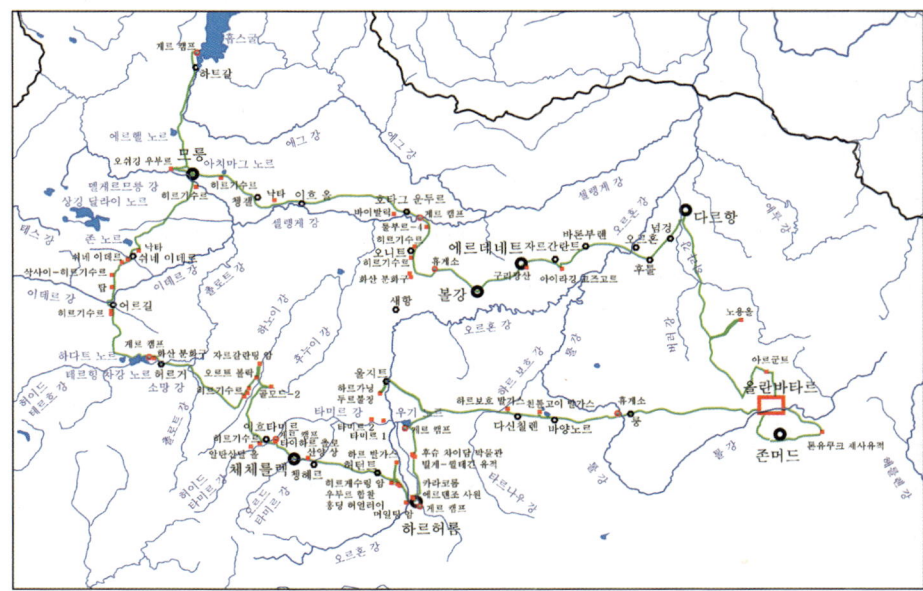

도면 3. 2022년 8월 답사 경로(녹색)와 강, 호수, 지명(필자 작성)

I. 글을 시작하며   13

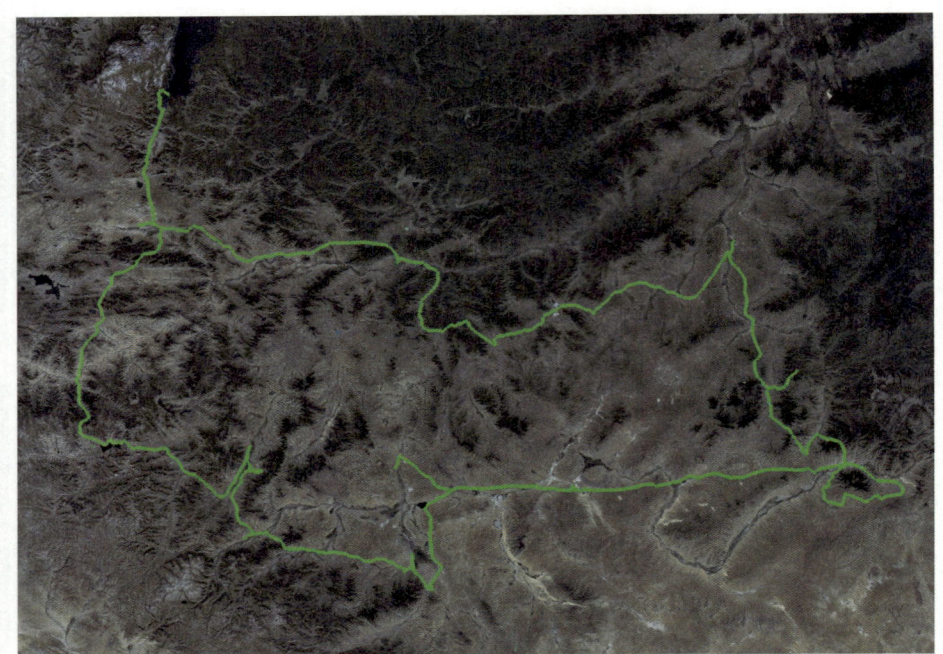

도면 4. 2022년 8월 답사 경로(녹색)(구글어스, 필자 작성)

으로 우리는 몽골의 중서부지역에 위치하는 항가이산맥의 동쪽과 북쪽 지역부터 몽골 북동쪽에 위치하는 헨티산맥의 서쪽 가장자리 지역까지를 여행하였다. 우리는 몽골의 수도에서 서쪽 → 북쪽 → 동쪽 → 남쪽으로 약 3,000km를 이동하면서 구석기시대, 청동기시대, 흉노, 선비, 돌궐, 위구르, 요나라, 몽골제국, 할하 몽골, 20세기 초의 중요 유적들과 다수의 박물관을 보았다.

답사 여행은 2022년 8월 16일부터 8월 27일까지 11박 12일에 걸쳐 실시되었다. 답사 참가 인원은 나를 포함하여 한국전통문화대학교 21명, 동방문화재연구원 1명 등 모두 22명이었다. 현지에서 안내 1명과 통역 1명 그리고 운전기사 5명이 함께하여 29명이 이동하는 답사단을 꾸렸다. 2023년에도 8월 16일부터 8월 27일까지 2차 유적답사를 하였으나, 이 책의 내용은 2022년도만을 대상으로 하였다.

이 책은 답사 여정에서 내가 보고, 듣고, 느낀 내용들을 시간 순서대로 소개한 글이다. 드넓은 초원에서 펼쳐지는 몽골의 자연과 유적은 감동 그 자체였다. 몽골 초원의 대자연과 온전히 하나되는 경험을 머릿속에만 남겨 두기에는 너무나 아깝다는 생각에 이 책을 기획하였다. 글의 전개는 시간적인 순서로 하였고, 가능한 많은 시각적 자료를 제시하였다. 답사 여정에 초점을 맞추었으며, 유적 자체에 대한 보다 자세한 소개는 『몽골의 역사와 유적』이라는 책에 따로 기술하였다.

　이 책의 내용은 21세기 몽골의 자연과 인문환경 및 유적 현황에 대한 기록으로서의 가치도 가질 것이다. 아무쪼록 몽골 초원 여행을 계획하는 여행가들과 유라시아대륙 초원지대의 역사와 고고학을 연구하는 연구자들에게 조금이라도 도움이 되길 희망한다. 답사에 도움을 준 그리고 함께 한 모든 이에게 깊은 감사의 마음을 전한다.

2024년 4월 정석배

# II. 몽골, 초원의 나라로

**답사** 여정, 다시 말해서 여행 이야기를 하기 전에 먼저 몽골의 역사를 아주 간략하게나마 개관할 필요가 있다고 생각한다. 몽골 초원의 역사가 어떻게 전개되었는지 알아야 이 책의 내용을 더 잘 이해할 수 있기 때문이다. 다만 자세한 내용은 다른 전문서들[1]을 참고할 필요가 있다.

오늘날 몽골에서 인류가 거주한 최초의 증거는 80만 년 전 구석기시대부터 확인된다. 다음에는 중석기시대(12,000~8,000년 전), 신석기시대(8,000~5,000년 전), 청동기시대(기원전 4천년대 중엽~기원전 8세기), 초기철기시대(기원전 7세기~기원전 3세기)를 거쳐 역사시대로 진입한다.

기원전 3세기 말 무렵에 흉노(匈奴)가 역사의 전면에 등장하여 유라시아 대륙의 동쪽 초원지대를 제패하였고, 이후 몽골 초원을 중심으로 발전하였다. 흉노 다음에는 선비(鮮卑), 유연(柔然)(4세기~555년), 돌궐(突厥; 튀르크; 투르크)(552~658년), 위구르(회골 回鶻; 회흘 回紇)(744~840년)가 차례로 등장하여 초원제국을 이루었다. 위구르 다음에는 잠시 예니세이 키르기스(힐알사 黠戛斯)가 몽골 초원을 지배하기도 하였으나 오래가지 못하였고, 곧 몽골 초원의 많은 땅이 거란이 세운 요나라(遼: 916~1125년)의 지배 하에 들어갔다.

요나라 멸망 이후 몽골은 잠시 몽골제국의 여명기로 볼 수 있는 부족할거(部族割據) 시대로 진입하였다가 곧 칭기스칸이 세운 몽골제국 시대(1206~1368년)로 이행하였다. 1271년부터 원(元)으로 이름을 바꾼 몽골제국은 1368년 멸망 후 1388년까지 북원(北元)으로 존속하였다. 이후 14세기 말부터 17세

---

1. 몽골의 역사는 〈강톨가 외 지음 / 김장구 · 이평래 옮김, 2009, 『몽골의 역사』, 동북아역사재단〉과 〈정석배 지음, 2024, 『몽골의 역사와 유적』, 예지안〉을 참고하기 바란다.

기까지 몽골은 할하 몽골, 내몽골, 서몽골(오이라트)로 분열되었다. 어떻게 보면 이 시기를 몽골 삼국시대로 부를 수 있다. 이 시기에 명(明)과의 사이에 전쟁이 끊이지 않았다.

하지만 몽골은 1636년에 내몽골, 1691년에 할하 몽골, 1755년에 오이라트 몽골이 차례로 청(淸)의 지배하에 들어갔다. 이후 마침내 1911년 12월 29일에 청나라로부터 독립하였다. 이때 이흐 후레(지금의 울란바토르)에서 몽골 라마교 수장인 제8대 잡잔담바 호탁트(젭준담바 후툭투)를 교권(敎權)과 정권(政權)을 가진 몽골의 황제로 추대하였는데, 바로 몽골의 마지막 황제 복드 칸(1869~1924년)이다. 이후 몽골은 중화민국과 제정러시아의 간섭을 받았지만, 1921년에 마침내 수흐바타르 장군의 지도하에 중화민국의 군대와 제정러시아 백군의 군대를 차례로 몽골에서 몰아내었다. 1924년에 몽골인민공화국이 수립되었고, 1990년에는 민주화운동의 결과 민주주의와 시장경제로 이행하였다. 오늘날 몽골은 나날이 새로워지는 일신우일신(一新又一新)의 발전을 거듭하고 있다.

## 1. 제1일 : 2022년 8월 16일 화요일

### 1) 공항에서 울란바토르로

몽골 울란바토르 칭기스칸 국제공항에 도착하면서부터의 여정을 이야기하겠다. 공항에 도착하여 밖으로 나오자 유적 안내를 맡은 엥흐볼드 선생과 통역을 맡은 토야 선생이 우리를 기다리고 있었다. 17시 30분쯤 버스를 타고 울란바토르에 있는 호텔로 출발하였다. 창밖으로 파란 하늘 아래 몽골의 초원이 눈앞에 펼쳐졌다. 들판과 산이 모두 푸른 초원으로서 산에 나무가 보이지 않는 것이 신기하였다. 곧이어 하얀 게르들이 보였고, 또 들판과 산기슭에서 풀을 뜯고 있는 말과 소, 양과 염소들이 보이기 시작하였다(도면 5).

버스 안에서 우리는 몽골 일행과 서로 반갑게 인사를 나누었다. 이런저런 이야기를 하다가 들판의 가축을 보면서 토야 선생이 몽골을 대표하는 다섯 종류의 가축, 즉 오축(五畜)을 아느냐고 물었다. 내가 모른다고 하자 말(морь 머리), 낙타(тэмээ 테메), 소(үхэр 우헤르), 양(хонь 헌), 염소(ямаа 야마)라고 하였다. 그 외에 중요 가축으로 야크(сарлаг 사를락)도 있다고 하였다.

도면 5. 칭기스칸 공항 지나서의 몽골 초원(사진 정석배)

오축을 몽골어로 타왕 허쇼 말(таван хошуу мал)이라고 하는데, 타왕 허쇼(таван хошуу)는 다섯 개의 뾰족한 돌기가 있는 별(星)을, 말(мал)은 가축을 의미한다고 하였다. 가축을 별과 비교하는 것은 몽골에서 가축이 그만큼 중요하기 때문일 것이다. 몽골어에서 "말(мал)"이 한국어의 가축이라는 것도 신기하다.

우리는 복드한 산의 서쪽으로 난 길로 울란바토르에 있는 호텔로 갔는데 이동 거리가 약 50㎞였다. 나는 버스의 오른쪽 좌석에 앉았기 때문에 오른쪽 복드한 산 방향을 보면서 이동하였다. 차창 밖으로 몽골의 초원을 구경하면서 또 몽골 일행과 이런저런 이야기를 나누면서 가다 보니 어느덧 울란바토르 시내 가까이 도착하였다(18시 32분). 그런데 차가 막히기 시작하더니 버스가 엉금엉금 기어갔고, 한참 지나서야 식당에 도착하였다(19시 22분). 우리가 저녁을 먹을 식당이 호텔로 가는 도중에 있어 먼저 식당에 들린 것이다. 시내는 항상 차가 밀린다고 하였다.

저녁 식사는 "MODERN NOMADS"라고 하는 몽골 전통 요리 레스토랑에서 하였다. 먼저 말린 고기 건더기가 들어간 따뜻한 우유 차인 수태차(сүү тэй цай 수테채)를 마셨다. 그다음에는 샐러드, 양고기 수프, 양고기 갈비 요리, 소고기 요리 등과 함께 서여르헐(Соёрхол)이라는 몽골 보드카도 마셨는데 목에 부드럽게 넘어가는 것이 좋은 보드카였다. 엥흐볼드 선생은 러시아어를 알아 나와 러시아어로 여러 가지 이야기를 나누었다. 2022년 여름에 한국의 국립부여박물관 윤형원 관장이 몽골 대통령으로부터 몽골에서 외국인에게 주는 최고의 훈장인 북극성(北極星) 훈장(Алтан Гадас Одон 알탄 가다스 어땡)을 받은 사실도 이야기하였다.

호텔은 J-HOTEL이었다. 울란바토르 수흐바타르 광장(혹은 칭기스칸 광장) 수흐바타르 동상에서 동남쪽으로 1.06㎞ 거리에 위치하며, 앞에 작은 강이 하나 북쪽에서 남쪽으로 흐르는데 셀베강(Сэлбе гол, Selbe)이다. 내일은 이동 거리가 멀어 아침 일찍 식사하고 6시에 출발하기로 하였다.

## 2. 제2일 : 2022년 8월 17일 수요일

아침 5시 30분쯤에 통역이 나누어 준 샌드위치로 각자의 방에서 간단하게 식사하고, 6시쯤 호텔 뒷문 마당에 대기 중인 5대의 7인승 승합차에 탑승하기 시작하였다. 우리 팀은 미리 5개 조로 나눈 상태였고, 또 차량이 헷갈리지 않게 각 차의 앞 유리창 안쪽에 1~5조를 쓴 종이를 부착하였다. 내가 탄 1조 차량에는 운전자, 통역, 안내를 포함하여 모두 6명이 탔다.

우리 일행은 운전기사 5명을 포함하여 모두 29명이었으니, 7인승 승합차 5대에 평균 6명씩 타야만 하였고, 1대에만 5명이 탔다. 답사를 준비하면서 승합차가 9인승만 되어도 길이 험한 곳은 갈 수 없다고 하여 7인승 사륜구동 승합차로 결정을 한 것이었는데, 결과적으로 옳은 선택이었다. 각각의 차에 개인 짐도 실어야만 했기 때문에 학생들에게 짐은 작은 짐가방 하나와 몸에 지니는 작은 가방 하나씩으로 준비할 것을 미리 당부하였다.

이날은 요나라가 남긴 친톨고이 발가스 성(城)과 하르보흐 발가스 성(城), 흉노의 용성(龍城)으로 여겨지는 하르가닝 두르불징 성, 흉노 시기의 타미르-1 및 타미르-2 유적을 답사할 예정이었으나 타미르-1과 타미르-2 유적은 답사하지 못하였다.

### 1) 톨강을 지나 친톨고이 발가스 성(城)으로 가면서

우리는 울란바토르 시내 중심지 가까이 위치하는 J-Hotel에서 나가 평화대로(Энхтайваны өргөн чөлөө, Peace Avenue)라는 큰길을 따라 시내를 횡단하여 서쪽으로 이동하였다. 이 길을 쭉 따라가면 울란바토르의 서쪽 교외 로터리로 가게 되는데, 이곳에는 서쪽으로 항가이산맥의 테르힝 차강 노르(Тэрхийн Цагаан Нуур, Terkhiin Tsagaan nuur)로 가는 길과 북쪽으로 몽골의 세 번째 도시 다르항(Дарханхот)으로 가는 길이 서로 나뉘며, 또 주유소가 하나 있다. 몽골어로 노르(нуур)는 호수를 의미한다. 몽골어 알

파벳에는 "y(오)"와 "γ(우)"가 따로 구분되는데, "нуур"는 영어로 "nuur"로 음역되나 몽골어 발음은 "누르"가 아니라 "노르"이다.

도면 6. 오리항 로드사이드 스테이션 휴게소(사진 정석배)

이곳의 주유소에서 차량에 기름을 넣고(7시 02분), 또 통역인 토야 선생이 CU 상점에서 필요한 물품을 산 다음에 유적으로 출발하였다. 이곳에 한국 유통점인 CU 상점이 있다니! 로터리 주유소에서 멀지 않은 곳 들판에 노란색 꽃밭이 펼쳐져 있었다. 무슨 꽃인지 물어보니 식용유를 만드는 유채(panc 랍스) 꽃이라고 하였다(07시 59분).

도중에 차량 1대가 문제가 생겨 톨강(Туул гол) 건너 바로 곁에 있는 휴게소에서 잠시 쉬기로 하였다(8시 55분). 이 휴게소는 오리항(Урьхан) 로드사이드(Roadside) 스테이션(Station)인데 슈퍼마켓도 있고 또 깨끗한 화장실도 있었다(도면 6). 학생들은 슈퍼마켓에서 아이스크림도 사 먹고 또 아이스 아메리카노도 사서 마셨다. 운전기사들은 차의 바퀴를 떼어 내면서 직접 차를 수리하였다. 차량 수리가 길어져 톨강 다리로 가보았다(도면 7). 멀리 초원에서 풀을 뜯는 말들, 강 위로 날아다니는 제비들, 하늘을 선회하는 매(도면 8)가 몽골의 경이로운 자연을 그대로 보여주었다. 제비들이 다리 아래로 날아다녀 내려가 보니 다리 난간 아래에 제비집이 줄지어 있었다(도면 9).[2] 제비가

도면 7. 톨강과 주변의 초원(사진 정석배)

---

[2] 2023년 8월에 제비가 떼로 날아다니는 것을 동영상으로 촬영하였다.

도면 8. 톨강 주변 초원의 매(사진 정석배)

도면 9. 톨강 다리 난간의 제비집(사진 정석배)

언제 몽골까지 왔는지 궁금하다. 학생들도 오라고 하여 톨강을 함께 보았다.

톨강은 칭기스칸의 유년기 추억과 사후 무덤이 있는 성산(聖山) 부르칸 칼둔이 위치하는 헨티산맥에서 발원하여 서쪽으로 울란바토르를 지나며, 나중에 오르혼강과 합류한다. 우리가 들린 휴게소 곁의 톨강 다리는 이 강의 중류 지역에 해당하며 이곳은 강폭이 약 100m이다. 톨강을 한국에서는 흔히 툴라강(Tula River, Tuul River)이라고도 부르는데 영어식 표현이며, 몽골어 발음은 톨(Туул)이 더 정확하다. 몽골어에서 걸 혹은 골(гол)은 강(江)을 의미한다.

9시 35분경에야 다시 출발할 수 있었다. 나는 앞쪽과 오른쪽의 풍경을 감상하면서 또 사진을 찍으면서 이동하였다. 이곳은 동쪽의 헨티산맥과 서쪽의 항가이산맥 사이 지역이어서 곳곳에 크고 작은 산들이 분포한다. 나는 창밖의 오른쪽, 다시 말해서 북쪽의 풍경을 감상한 것인데 길 곁에는 초원이 펼쳐져 있고 그 너머에는 산들이 지평선 위로 줄지어 있었다(도면 10). 초원에는 가축무리가 평화로이 풀을 뜯고, 또 드문드문 보이는 게르가 이곳이 몽골임을 보여주고 있었다. 하늘은 구름에 가린 곳과 푸른색의 창공이 구름 사이로 드러난 곳이 서로 뒤섞여 있었다.

바양 노르(호수)(Баян Нуур, Bayan nuur)로 흘러 들어가는 작은 개울 다리를 건너자(10시 30분) 멀리 친톨고이 발가스(Чинтолгой балгас) 성 바로 뒤의 중절모 모양 산이 반갑게 우리에게 인사를 하였다.

도면 10. 친톨고이 발가스 성 가는 길 몽골의 초원과 산(사진 정석배)

 이 개울 다리에서 서쪽으로 약 6.6㎞ 거리의 큰길 가까이에 여러 채의 게르가 줄지어 서 있었는데 바로 친톨고이 발가스로 가는 갈림길 부분이다. 이곳에는 바양노르 솜(Баяннуур Сум) 마을을 기준으로 유적 위치가 표시된 표지판이 하나 있다. 친톨고이 발가스, 하르보흐 발가스(Хар Бухын Балгас), 서런 봄바가르(Шороон Бумбагар) 유적의 상대적 방향과 거리가 확인된다. 갈림길에서 북쪽으로 약 2.45㎞ 거리에 친톨고이 발가스 성이 있다. 우리는 흔히 친톨고이 성(城)으로 줄여서 부르고 있는 이 성의 동남쪽 모서리 부분에 도착하였다(10시 41분).

## 2) 발해(渤海) 유민의 흔적이 깃든 친톨고이 발가스 성(城) 답사

 톨강과 하르보흐강(Хар Бух гол) 사이의 들판에 위치하는 친톨고이 발가스 성은 발해 유민들이 남긴 구들 주거지와 유물로 인해 발해 연구자들에게는 잘 알려진 유적이다.
 성은 평면 모양이 긴 네모꼴(장방형)이며(도면 11), 성벽 둘레 길이는 3,822m이다. 이중성벽과 그 사이의 해자로 둘러싸여 있고, 성의 가운데 부분에 동서 방향으로 성벽이 하나 더 있어 남성(南城)과 북성(北城)이 구분된

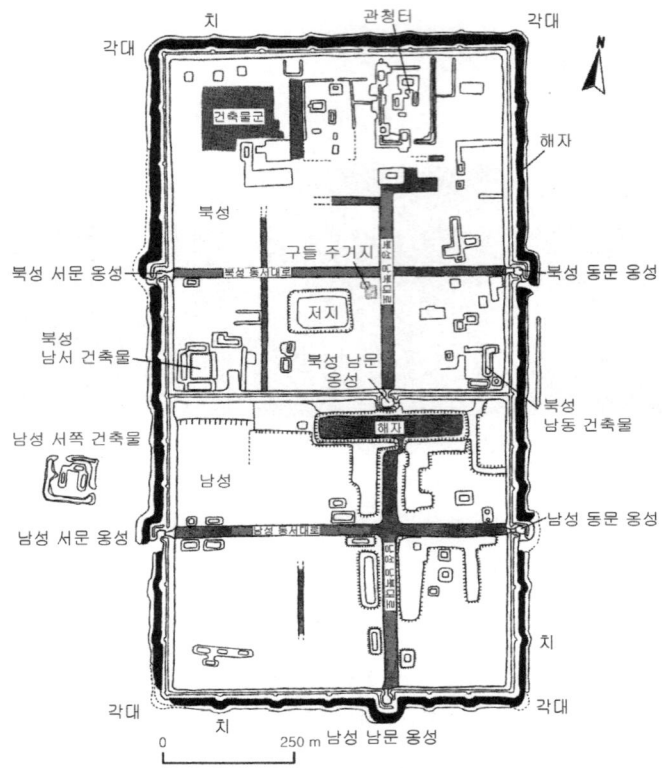

도면 11. 친톨고이 발가스 성 현황도(끄라딘 외, 2018, 필자 재편집)

다. 기본 성벽의 높이는 3~5m, 너비는 아랫부분 최대 35m, 윗부분 2~4m이다. 판축(板築) 토성이다. 성벽에는 각대(角臺)와 치(雉)가 좌우 대칭을 이루게 축조되어 있으며, 성문에는 모두 옹성(甕城)이 시설되었다(끄라딘 책임편찬, 2011; 정석배, 2024, 255~261쪽).

 판축은 성벽을 쌓을 때 흙을 달구질하면서 겹겹이 시루떡처럼 쌓은 방법을 말한다. 이때 나무판, 영정주(永定柱)라 불리는 기둥, 횡장목(橫長木)이라 불리는 가로 방향 및 종장목(縱長木)이라 불리는 세로 방향의 목재를 사용하였다. 흙 속에 자잘한 돌을 섞기도 한다. 하르 발가스 성(도면 136 참조)과 바이 발릭 성(도면 364 참조)의 성벽에서 판축 성벽의 예를 잘 확인할 수 있다.

각대는 성의 모서리에 시설한 바깥으로 돌출한 혹은 볼록한 부분을 말한다. 일반적으로 망루(望樓)가 있었던 자리여서 각루(角樓)로도 불리는데, 망루, 다시 말해서 건물인 누각(樓閣)은 남아있지 않아 루(樓) 대신에 대(臺)라는 글자를 사용하였다.

치는 성벽의 모서리가 아닌 부분에 시설한 바깥으로 돌출한 부분을 말한다. 이곳에도 일반적으로 망루가 있었다.

옹성은 성문 바깥 혹은 안쪽으로 다시 성벽을 둘러 옹(甕), 즉 독과 같은 형태로 만든 구조물을 말하며, 누가 성안으로 들어갈 때 사방에서 감시 혹은 공격할 수 있다. 독은 김치, 간장, 된장 담은 옹기로서 크기가 큰 것을 말한다. 거란의 성에는 일반적으로 성문 바깥에 추가 성벽을 두른 외옹성(外甕城)이 있다.

구들 주거지는 2004~2005년과 2006~2008년에 몽골과 러시아가 공동으로 발굴하였다(도면 12)(끄라딘 책임편찬, 2011; 정석배, 2020). 구들(=온돌)은 고구려 혹은 북옥저에서 기원한 것으로 알려진 한국 고유의 난방시설이다. 구들은 바닥난방을 하여 앉거나 누우면 몸이 따뜻하여 평온함을 느낀다. 하지만 북방 유목민들은 공기를 데우는 공기난방을 하였다. 게르나 유르트의 가운데에 난로를 피워 음식도 만들고, 연기의 도움으로 해충도 쫓아내고, 또 게르 안을 따뜻하게 하였다. 잠은 게르 가장자리에 놓은 침대에서 잤다.

우리는 구들이 추운 지방에서 발명된 난방시설로 알고 있다. 이 말은 틀리지 않았지만, 반드시 옳다고 말할 수는 없다. 북옥저-고구려보다 훨씬 더 추운 시베리아 에스키모인들과 야쿠티아인들은 구들을 사용하지 않는다. 우리보다 훨씬 더 추운 몽골에서, 알타이에서, 하카시아-미누신스크 분지에서도 구들을 사용하지 않는다. 중앙아시아에는 고려인들은 집에 구들을 시설하지만, 그 외에는 구들을 만들지 않는다. 이것은 전통적 생활문화뿐만 아니라 다른 요인도 관련이 있다고 생각된다. 게르나 유르트에서 생활하였던 사람들은

도면 12. 친톨고이 발가스 성 구들 주거지 모습(끄라딘 책임편찬, 2011)

방바닥을 데운 따뜻한 구들방에서는 잠을 이루지 못한다. 등이 따뜻하면 답답하다고 느끼는 것이다.

내가 하고 싶은 이야기는 구들이 발견된 유적들은 그것이 요나라, 금나라, 몽골제국 어느 나라이든지 사실은 고구려나 발해의 후손들, 고려에서 간 사람들과 관련이 있을 것이라는 사실이다. 오늘날 만주 지역에서 조선족 외에도 구들을 쓰는 사람들이 있다. 그것은 요나라, 금나라, 청나라를 거치면서 그 지역에서 일어난 오랜 동화의 결과일 것이다.

다만 최근에는 몽골의 게르에 구들은 아니지만, 구들에서 발전한 형태의 바닥난방을 하는 예가 있는데 관광객을 위한 것이다. 친톨고이 발가스 성에서 발견된 구들은 발해인이 사용한 것이고, 이에 대해서는 유적을 발굴한 몽골과 러시아의 고고학자들이 모두 동의한다.

발해와 관련된 유물로 대상파수(帶狀把手)라고 불리는 토기의 띠 모양 손잡이도 있다(도면 13-1). 띠 모양 손잡이 자체는 고구려와 발해에서 유행하였

도면 13. 친톨고이 발가스 성 출토 토기 띠 모양 손잡이(1), 주사위(2, 3), 뼈 칫솔(5)(끄라딘 책임편찬, 2011) 및 발해 아브리꼬스 주거유적 출토 주사위(4)(吉林省文物考古研究所, 2013)

었다. 이 손잡이가 부착된 토기의 몸체 부분에는 거란에 특징적인 눈금무늬가 베풀어져 있어 발해와 거란의 문화 요소가 토기에 융합되어 있음을 알 수 있다. 발해와 관련된 유물로 뿔로 만든 주사위도 있다(도면 13-2, 3). 이 주사위는 쌍륙(雙六)이라는 놀이에 사용된 것으로 추정되는데, 동일 주사위가 연해주의 발해 아브리꼬스 취락지에서 출토된 것이 있어(도면 13-4), 발해와의 관련성을 상정할 수 있게 한다. 친톨고이 발가스 성에서 발견된 주목되는 유물 중의 하나는 뼈로 만든 칫솔이다(도면 13-5). 아마 발해 유민들이 이 칫솔을 사용하였을 것이다.

그렇다면 발해의 유민은 어떻게 서쪽으로 멀리 떨어진 이곳 친톨고이 발가스 성까지 오게 되었을까? 이 질문에 대한 답은 『요사(遼史)』 권37 「지리지(地理志)」 1의 변방성(邊防城) 진주(鎭州) 건안군(建安軍) 조의 다음 기록에 있다.

"절도사를 두었다. 본래는 옛 가돈성이었다. 통화 22년(1004년)에 황태비가 상주하여 설치되었다. 여러 부족에게 기병 2만을 선발하여 둔군에 충당하고, 오직 실위와 우궐 등의 나라만 막게 하고, 다른 곳의 정벌에 병력을 빼내 이동시킬 수 없게 하였다. 발해, 여진, 한인의 배

류지가(配流之家) 7백여 호를 진주, 방주, 유주 세 주에 나누어 거주하게 하였다. 동남으로 상경까지 3천여 리이다(鎭州 建安軍. 節度 本古可敦城 統和二十二年皇太妃奏置 選諸部族二萬餘騎充屯軍 專捍禦室韋羽厥等國 凡有征討 不得抽移 渤海女直漢人配流之家七百餘戶 分居鎭防維三州 東南至上京三千餘里"(김위현 외, 2012, 번역은 일부 수정함).

여기에서 동남으로 3천여 리의 상경은 요나라 상경 임황부성을 말하는 것이다. 친톨고이 발가스 성에서 동남쪽으로 내몽골 파림좌기 임황진의 요나라 상경 임황부성까지는 직선거리 약 1,250km로서 약 3천리에 해당한다. 오늘날 친톨고이 성은 요 진주성(鎭州城), 방주성(防州城)은 친톨고이 성 서쪽 약 26km 거리의 하르보흐 발가스 성, 유주성(維州城)은 친톨고이 성 동북쪽 약 22.5km 거리의 올란 헤렘 성에 각각 상응하는 것으로 추정되고 있다(끄라딘 책임편찬, 2011).

동남쪽 모서리 부분에서 성 내부와 멀리 중절모 모양의 친톨고이 산을 보면서(도면 14), 먼저 엥흐볼드 선생이 학생들에게 유적 설명을 해주었고, 나도 발해 유민들과 관련된 이야기를 해주었다. 이곳에서 북성 남문지까지는 성벽의 위와 바깥을 오가며 유적을 살펴보았고, 북성 남문지에서 북성 서문지까지는 성 내를 가로질러 갔다. 남성 남벽 위에서는 치와 옹성 남문지가 잘 관찰되었다. 서쪽으로 이동하여 남성 서문지 옹성을 보고 더 북쪽으로 가자 성벽 위에서 거란에 특징적인 눈금 무늬 토기 쪼가리가 여기저기 눈에 띄었다(도면 15). 북성 남문지와 북성 내 둔덕 형태의 건물 기단들에서는 토기 쪼가리뿐만 아니라 기와 쪼가리도 다수 흩어져 있었다.

북성 남문지에서 북성 북벽 쪽으로 성 내를 가로질러 갈 때 성벽 위에서 파란색의 몽골 전통의상을 입은 목동으로 보이는 사람이 오토바이를 타고 성벽 위를 지나가면서 우리 일행과 이야기하였는데, 성 안쪽에서 본 성벽의 높이가 잘 드러났다(도면 16). 마침 북성 북벽 너머의 산기슭에 한 무리의 양 떼가 천천히 이동하면서 풀을 뜯는 모습이 보였다(도면 17). 아마도 오토바이를 타

도면 14. 친톨고이 발가스 성 남성 동남쪽 모서리에서 본 성 내의 건물 기단과 북벽 그리고 친톨고이 산(사진 정석배)

고 지나가는 남성의 가축일 것이다. 나는 북성 서벽을 보고 다음 유적으로 이동하기로 하였다.

아침에 새벽같이 출발하였음에도 불구하고, 중간에 차량 수리로 시간을 뺏겼고 또 다음 답사 유적이 줄지어 기다리고 있어 아쉬운 마음을 뒤로 하고 다음 유적으로 출발할 수밖에 없었다. 성을 충분히 보고 또 성 서북쪽의 모자 모양 산까지 올라가려면 훨씬 더 많은 시간이 필요하다.[3]

도면 15. 친톨고이 발가스 성 남성 성벽 위의 요대(遼代) 거란 눈금무늬 토기편(사진 정석배)

---

3. 2023년에는 성의 북쪽 부분을 보고 친톨고이 산까지 답사를 할 수 있었다.

도면 16. 친톨고이 발가스 성 북성 서벽을 안에서 본 모습(사진 정석배)

도면 17. 친톨고이 발가스 성 북성 안에서 본 북성 북벽과 친톨고이 산 모습(사진 정석배)

### 3) 요(遼)나라 하르보흐 발가스 성(城) 답사와 맛있는 호쇼르

친톨고이 발가스 성을 뒤로 하고 우리는 하르보흐 발가스(Харбухын балгас)성으로 출발하였다(11시 41분). 이 유적은 친톨고이 발가스 성에서 서쪽으로 26㎞ 정도 떨어져 있어 금방 도착할 수 있었다. 이곳 하르보흐 발가스로 들어가는 갈림길 부근에도 여러 채의 게르가 줄지어 서 있었는데, 모두 음식을 파는 곳이었다. 점심시간이 되어 우리는 이곳에서 먼저 음식을 주문하였다(12시 12분). 이곳은 유적과의 거리가 가까워서 북쪽으로 성벽이 보였다. 먼저 성의 남서쪽 모서리 쪽에 도착하였다(12시 21분).

하르보흐 발가스 성은 하르보흐강이 서쪽과 북쪽을 감싸고 있는 모양새여서 서쪽 혹은 서북쪽으로부터의 적을 방어하기 위한 성이었음을 알 수 있다(정석배, 2024, 261~265쪽). 요 방주성(防州城)으로 알려져 있다.

성은 평면 모양이 네모꼴(방형)에 가깝다(도면 18). 성벽의 전체 둘레 길이는 2,780m이다. 성벽에는 모두 26개의 치가 일정 간격으로 설치되었고, 또

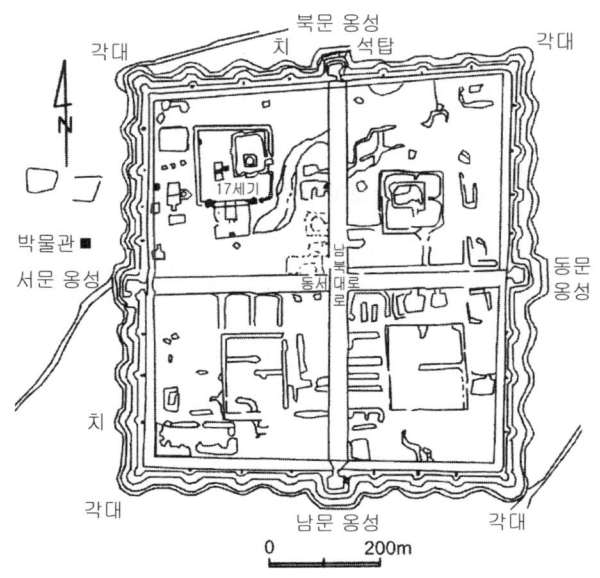

도면 18. 하르보흐 발가스 성 평면도(끄라딘 외, 2018, 필자 재편집)

네 모서리에는 각대가 있다. 네 성벽의 가운데에는 모두 옹성 성문이 있으며, 그 사이는 모두 대로로 연결되어 성 내부는 4개의 구역으로 구획되어 있었음을 알 수 있다(끄라딘 책임편찬, 2011).

성 내 북서쪽 부분에는 17세기의 석축 건물과 탑 흔적이 다수 분포한다. 건물들은 크고 작은 석축 담장으로 둘러싸여 있다. 석탑은 성 내 북서쪽의 것은 모두 흔적만 남아있지만, 성 바깥 북문 옹성 위에 축조된 것은 전체 모습이 아직 남아있다. 이 17세기 건축물 유적은 불교 사원이었으며, 티베트 양식으로 축조되었다. 이 사원을 할하 몽골의 촉트 타이지(Цогт тайж, Tsogt Taij, 1581~1637년)가 세운 티베트 홍모(紅帽) 불교 사원으로 보는 의견이 있다.

북문 옹성 위에 석탑에서는 1970년에 "18조 스텝 법"이라는 법전이 발견되었는데 자작나무 껍질로 만든 책 속에 있었으며, 16세기 말~17세기 1/3분기에 속한다(나실로프, 1986).

남서쪽 모서리 부분에 도착하여 먼저 나와 엥흐볼드 선생이 학생들에게 이 유적에 대해 간략하게 설명을 한 다음에 남벽 위와 아래를 오가며 남문지 옹성까지 갔다. 남벽 위에서 성 안쪽으로 17세기의 석축 건축물 벽체들이 보였으며, 멀리 북벽 밖으로는 석탑도 보였다. 남문지 옹성은 규모가 크고 잘 남아있었다. 이 옹성을 성 바깥에서 보고 옹성 위로 올라가자 우리 학생들은 벌써 성안의 북서쪽에 위치하는 17세기 석축 건축물 쪽으로 가고 있었다(도면 19). 마침 그 오른쪽으로 한 무리의 염소-양 떼가 석탑 앞 북벽을 따라 풀을 뜯으면 지나가는 것이 보였다(도면 20). 나의 발걸음도 자연스럽게 성안을 가로질러 학생들의 뒤를 따랐다. 도중에 눈금 무늬가 있는 거란 토기 쪼가리들이 흩어져 있는 것이 보였다(도면 21).

성 내 북서쪽에 있는 17세기 석축 건축물 답사 도중에는 한 무리의 가축 떼가 우리 바로 곁으로 천천히 풀을 뜯어 먹으며 지나갔다. 한 학생이 이곳 석축 벽 아래 작은 구멍 속에서 고슴도치 한 마리를 발견하였는데, 가서 보니 가시

도면 19. 하르보흐 발가스 성 내 북서쪽 석축 건축물(사진 정석배)

도면 20. 하르보흐 발가스 성 북벽과 석탑(사진 정석배)

3) 요(遼)나라 하르보흐 발가스 성(城) 답사와 맛있는 호쇼르

도면 21. 하르보흐 발가스 성 내의 요대 거란 눈금무늬 토기편(사진 정석배)

도면 22. 하르보흐 발가스 성에서 본 고슴도치(사진 정석배)

털을 뾰족뾰족하게 곤두세운 새끼 고슴도치가 우리가 무서운 듯 웅크리고 숨어 있었다(도면 22). 나는 야생에서는 고슴도치를 1994년에 러시아 노브고라드의 한 숲속에 버섯을 따러 갔을 때 본 적이 있다. 그런데 몽골 초원에서 고슴도치를 만나다니! 놀라운 일이다.

이 석축 건축물은 담장과 벽체 축조 방법이 독특하였다. 한쪽 면이 편평한 덩이돌과 얇고 작은 판석 수 겹을 교대로 층층이 쌓아 올렸는데, 돌 사이의 틈은 회반죽으로 채워 빈틈이 없게 하였다(도면 23). 다만 회반죽은 겉면에서 약간의 틈을 두고 속에만 사용하여 겉에서 보면 표가 나지 않는다. 17세기에 세운 불교 사원인 이곳에서는 몽골을 대표하는 영화 중 하나인 "촉트 타이지(Tsogt taij)"(한국에는 "처트 장군"으로 소개)를 촬영하였다고 한다.

이곳에는 쐐기풀이 많이 자라고 있어 주의하였지만 2~3번 쏘이기도 하였다(도면 24). 쐐기풀은 풀이지만, 몸에 닿으면 벌레인 쐐기에 쏘인 것같이 오랫동안 따끔따끔한다. 바지를 입고 있어도 소용이 없어 피하는 것이 상책이다. 학생들에게도 미리 주의하라고 하였지만, 몇 명은 쐐기풀에 쏘였다. 어릴 때 물앵두나무에 올라가 물앵두를 따먹으면서, 또 산에 소 꼴을 먹이러 가서 쐐기에 쏘인 적이 있었는데 생각이 났다.

다음에는 북문지 옹성에 있는 석탑으로 향하였다. 석탑은 북문 옹성의 북

도면 23. 하르보흐 발가스 성 내 17세기 석축 건축물(사진 정석배)

동쪽 모서리 부분을 기단 삼아 축조하였는데, 티베트 불교(라마교) 스투파(탑)로서 우리에게는 이국적인 형태였다. 에르덴조 사원의 탑과 같은 모양의 불탑이며, 티베트, 네팔, 부탄 등에서도 볼 수 있다. 석탑 앞에서 각자 기념사진을 찍었고, 그중 여학생 4명이 측면으로 탑을 보며 있는 모습이 탑과

도면 24. 하르보흐 발가스 성 내 쑥기풀(사진 정석배)

지평선과 하늘과 어울려 아주 멋지게 나왔다. 이름을 소개하면 송미현, 김다빈, 정다해, 김채민이다(도면 25). 석탑 부근에서는 북벽 치들이 잘 보였다(도면 26). 다음에는 차를 타고 서문지 바깥의 박물관 쪽으로 이동하였다.

박물관은 하얀색의 작은 건물이다. 문이 잠겨 있어 내부는 보지 못하였으나, 문 앞의 마당에 친톨고이 발가스 성에서 출토된 귀부(龜趺) 2개가 전시되어 있었

도면 25. 하르보흐 발가스 성 내 17세기 티베트 불교(라마교) 석탑(사진 정석배)

도면 26. 하르보흐 발가스 성 북벽 치 밖에서 본 모습(사진 정석배)

다(도면 27). 비석 받침인 귀부는 모두 머리가 떨어져 나가고 없었다. 그다음에는 점심을 먹으려 출발하였다(13시 24분).

갈림길의 게르 식당에서는 맛있는 호쇼르(хуушуур)가 우리를 기다리고 있었다(도면 28). 이것은 밀가루 껍질 속에

도면 27. 하르보흐 발가스 성 서벽 바깥 박물관 건물과 친톨고이 성 발견 비석 받침 귀부(사진 정석배)

양고기 혹은 소고기를 갈아 넣은 반달 모양의 납작한 음식이다. 호쇼르는 양고기와 육즙이 듬뿍 들어 있어 아주 맛있었다. 러시아에서 먹은 적이 있는 체부레크와 생김새가 닮았으나 속에 넣은 고기와 양념이 달라 맛이 달랐다. 야외 천막 아래에서 말린 고기를 잘게 썰어 넣은 우유 차인 수태차와 함께 먹었다. 이 식당-게르에서는 젊은 여성과 딸로 보이는 소녀가 음식을 만들어 팔고 있었다. 식사를 마치고 우리는 다음 목적지인 하르가닝 두르불징 성으로로 출발하였다(14시 무렵).

도면 28. 수태차와 호쇼르(사진 정석배)

### 4) 흉노(匈奴) 용성(龍城) 하르가닝 두르불징 성(城)으로 가면서

초원에는 말 떼가 풀을 뜯었다(도면 29). 또 하얀 양 떼가 구름처럼 초원을 하얗게 물들인 곳도 있었다. 나지막한 산마루를 지날 때 잠시 차를 멈추었다(14시 29분). 오보가 보였다. 돌무지 위 가운데에 기둥을 세우고 파란색과 노란색의 천을 감아 놓은 오보였다. 돌 사이에도 천들이 끼워져 있었고, 또 아랫부분에는 돌들 사이에 돈과 작은 향로들이 놓여 있었다. 아마도 이곳을 지나는 사람들이 천지의 신령들에게 여러 소원을 빌었을 것이다.

우리와 동행한 엥흐볼드 선생은 나를 이끌고 오보에 가서 술잔에 보드카를 따라 먼저 어떻게 하는지 시범을 보였다. 술잔 속에 오른손 넷째 손가락을 세

번 넣고 매번 손가락에 묻은 술을 하늘을 향해 튕기고, 남은 술은 마셨다. 그 뜻을 묻자 첫 번째는 하늘에, 두 번째는 땅에, 세 번째는 산에 우리 여행의 무사 안녕을 기원하는 것이라고 하였다. 자연을 경외하는 몽골인들의 마음이 느껴졌다. 답사에 동행한 동방문화재연구원(이하 동방) 이호형 원장도 잔에 보드카를 따라 하늘과 땅과 산에 고수레하였다.

하늘은 구름이 끼기도 하고 또 개이기도 하면서 일정하지 못하였지만, 대체로 맑은 날이 지속되고 있었다. 하르보흐 발가스 성 남동쪽 가까이 다리에서 도로를 따라 서쪽으로 약 74㎞ 거리에서 흉노 용성으로 가는 갈림길이 나왔다.

그런데 내가 탄 1조 차는 갈림길에서 안쪽으로 들어왔으나(15시 09분), 다른 차들이 오지 않아 조금 기다렸다. 주변을 거닐면서 풍경을 감상하였는데, 마침 약 100m 떨어진 곳의 들판 풀 속에서 학 3마리가 노니는 것이 보였다. 나는 가까이 다가가서 사진을 찍고자 약 30m 정도까지 접근하였는데도 나를 보지 못한 것 같았다. 일단 사진을 찍고 더 가까이 다가갔는데 아마도 15m 정도까지 접근하였을 것이다. 한 마리가 나를 쳐다보았으나 그대로 노닐고 있었다(도면 30). 용기를 내어 더 가까이 다가가자 마침내 날아갔는데, 날개를 펴

도면 29. 하라보흐강 북안의 초원(사진 정석배)

고 날아오르는 모습이 정말 멋졌다(도면 31). 새들은 멀리 가지 않고 우리가 들어온 갈림길 부근에 다시 내려앉았다. 들판의 곳곳에 땅다람쥐가 굴속을 들락거리는 것도 보였다.

곧 다른 차들이 도착하였고(15시 24분), 다시 흉노 용성으로 출발하였다.

이 길은 이곳에서 북동 방향의 울지트(Өлзийт) 솜 읍으로 가는 길이었다. 이 갈림길까지는 도로가 왕복 2차선 포장도로여서 길이 좋았지만, 갈림길로 들어서자 비포장도로였다. 더욱이 도로공사를 하고 있어서 길의 이쪽저쪽을 돌아가야만 했고 또 다른 차가 우리 차를 추월할 때마다 먼지가 나서 창문을 닫아야만 하였다. 하지만 곳곳에서 가축 떼가 풀을 뜯는 모습을 볼 수 있었다. 16시 03분에 울지트 솜 초입의 오르혼강 다리를 건넜고, 그다음에 마을을 지나갔는데, 마을의 남쪽 가장자리 쪽에 작은 탑들이 일정 간격으로 세워져 있었다.

이곳에서 남쪽으로 오르혼강의 서안을 따라 약 3㎞를 가서 작은 개울을 하나 건넜으며(16시 14분), 다시 4.15㎞를 가서 남서쪽 갈림길로 들어섰는데, 흉노 용성은 이곳 남서쪽 가까이에 위치한다.

유적 앞에 도착하자(16시 27분), 마침 휴식을 취하고 있던 발굴단원들이 발굴조사 현장으로 막 가고 있었다.

도면 30. 울지트 솜 가는 갈림길 몽골 초원의 학(사진 정석배)

도면 31. 울지트 솜 가는 갈림길 몽골 초원의 학(사진 정석배)

## 5) 흉노(匈奴) 용성(龍城) 하르가닝 두르불징 성(城) 답사

하르가닝 두르불징(Харганын дөрвөлжин) 성은 흉노 용성(龍城)으로 추정되고 있다. 용성, 다시 말해서 용(龍)의 성(城)을 몽골어로는 로트 허트(луут хот)라고 한다. 이곳은 동쪽 오르혼강과 약 2.5km 떨어진 평원이며, 울란바토르의 수흐바타르 동상에서 서쪽으로 약 330km 거리이다.

성은 평면 回(회)자 모양의 내외 이중성이나, 외성 성벽은 북쪽 부분만 간신히 확인되었다(도면 32). 외성의 북벽은 길이 553m, 너비 12~15m이다. 내성은 평면이 동서 긴 네모꼴(장방형)이며, 동서 길이 265m, 남북 폭 200m, 성벽 두께 13~16m이다. 이 성은 몽골지역에서 발견된 흉노 성 중 최대 규모이다(정석배, 2024, 131~134쪽).

이 유적은 T. 이데르항가이(Timur-Ochir Iderhangai) 교수가 2017년에 발견하였다. 그는 2019년에 "선우(單于)"명 와당편을, 2020년 4월에 "천자선우(天子單于)"명 와당편 발견하였고, 2020년 7월에 발굴을 시작하였다. 이데르항가이 교수는 "선우"와 "천자선우"명 와당을 통해 발굴 전에 이미 이 유적이 흉노의 용성(龍城)임을 확신하였다(이데르항가이, 2021). 이 사실은 전체 글자가 확인된 천자선우여천무극천만세(天子單于與天毋極千萬世) 명문 와당(도면 33)에 의해 다시 한번 뒷받침되었다. 이 글귀는 "하늘의 아들 선우, 하늘과 함께 끝이 없길, 천만세를 누리길"로 해석될 수 있을 것이다. "선우천강(單于天降)"과 "선우화친(單于和親)" 등 "선우"명 와당은 내몽골의 다른 유적에서 발견된 적이 있지만(張靖硏·張

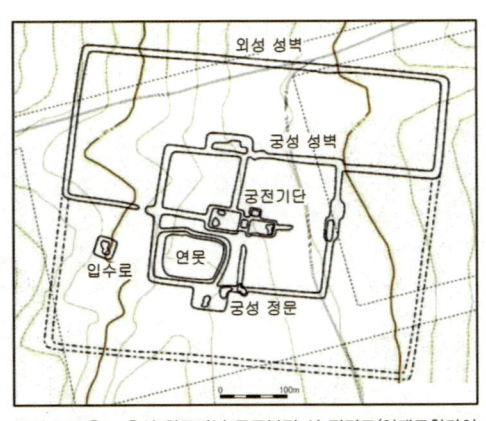

도면 32. 흉노 용성 하르가닝 두르불징 성 평면도(이데르항가이, 2021, 필자 수정)

麗, 2010), "선우천자"명 와당은 이곳을 제외하면 아직 발견된 곳이 없다.

흉노의 용성에 대해서는 『사기』와 『한서』에 관련 기록이 있다. 『한서』「흉노전」에는

도면 33. 흉노 용성 하르가닝 두르불징 성 출토 천자선우여천무극천만세(天子單于與天毋極千萬世) 명문 와당(칭기스칸 박물관, 사진 정석배)

"매년 정월에 여러 장(長)이 선우정(單于庭)에서 작은 모임(小會)을 갖고 제사를 지냈다. 5월에는 용성(龍城)에서 큰 모임(大會)을 갖고 그 조상, 천지, 귀신에게 제사를 지냈다. 가을 말이 살찔 무렵에 대림(蹛林)에서 큰 모임(大會)을 갖고 백성과 가축의 숫자를 세었다(歲正月 諸長小會單于庭祠 五月 大會龍城祭其先天地鬼神 秋馬肥 大會蹛林 課校人畜計)"

라고 하였다. 『사기』「흉노열전」에도 이와 같은 기록이 있는데 용성(龍城)을 농성(蘢城)으로 기록한 것만 차이가 난다.

선우정의 위치에 대해서는 『사기』「흉노열전」과 『한서』「흉노전」 모두 "선우정은 대(代), 운중(雲中)과 마주하고 있다(單于庭直代雲中)"라고 하여 대략적인 위치를 말해주지만, 용성과 대림의 위치에 대해서는 언급이 없다.

이 유적에서 처음 만난 고고학자는 몽골 울란바토르대학교의 S. 오르길바야르(S. Orgilbayar) 선생이었다. 그는 우리를 반갑게 맞이해 주었고 또 우리에게 유적 발굴조사 내용을 자세하게 설명해 주었다.

유적은 사각형 울타리를 둘러 보호하고 있었는데, 북쪽 중간쯤에 만들어 놓은 출입시설 안으로 들어가자 정면의 남쪽으로 내성의 중심 건물이 있었던 둔

도면 34. 흉노 용성 하르가닝 두르불징 성 내성 중심 건물 궁전 기단과 답사 모습(사진 정석배)

덕 모양의 궁전 기단이 보였고(도면 34), 또 풀들 사이에서 보라색과 하얀색의 꽃들이 우리에게 인사를 하였다(도면 35). 궁전 기단 위로 올라가니 성안은 물론이고 성 바깥으로 멀리까지 사방이 잘 관찰되었다. 기단은 2개가 연결된 것으로 보였는데, 장축이 거의 동서 방향이었다. 남서쪽으로는 연못이 있었고(도면 36), 남쪽으로는 내성의 남문터를 발굴하는 모습이 보였다. 기단의 남동쪽에 말을 가두는 것으로 생각되는 나무로 만든 구조물이 하나 있었다.

남문터 발굴 현장은 마침 기와와 짝 깔린 와적층을 정리하고 있어 흉노의 기와와 와당을 바로 눈앞에서 실견하는 좋은 기회였다. 더욱이 이 유적은 "천자선우여천무극천만세(天子單于與天毋極千萬世)"라는 명문 와당으로 인해 이미 세계적으로 유명하다. 이 명문 와당의 "천자선우(天子單于)"는 이 유적이 바로 학계에서 오랫동안 찾고 있던 흉노의 용성(龍城)임을 증명하였다. 『한서』「흉노전」에 따르면 흉노는 자신의 최고 지도자를 "텡그리 쿠트 선우(撑犁孤塗單于 탱리고도선우)", 즉 "하늘의 아들(天子) 선우"라 불렀는데, 바로 이 유적에서 그 기록을 입증하는 명문 와당이 출토된 것이다.

나는 흉노의 기와와 와당을 그림이나 사진으로는 많이 보았어도, 직접 실견하는 것은 처음이었다. 흉노 수키와와 암키와의 특징이 한눈에 들어왔고,

또 심지어는 편 상태이기는 하여도 "天子單于與天母極千萬世"명 와당까지 보였다(도면 37). 곁에서 "교수님 여기요!, 저기도 보세요!" 하는 소리가 들려왔다. 흉노의 용성에 와서 발굴 현장과 "천자선우"명 와당까지 직접 보게 되다니 그야말로 감동 그 자체였다. 동방 이호형 원장과 김은옥 박사, 김영길 박사 과정, 그리고 학생들 모

도면 35. 흉노 용성 하르가닝 두르불징 성의 꽃(사진 정석배)

두의 얼굴에 기쁨이 가득해 보였다. 발굴하는 몽골 학생들 사이에는 러시아에서 온 박사 과정 대학원생도 있어 잠깐 러시아어로 이야기를 나누기도 하였다.

연못가의 도랑을 본 다음에 오르길바야르 선생과 단체 기념사진을 찍고, 울타리 밖으로 나오니 마침 이 유적 발굴조사단장인 이데르항가이 교수가 와 있었다. 함께 인사를 나누고 얼른 함께 사진을 찍자고 제안하자 흔쾌히 응하였다. 알아감의 큰 기쁨을 준 발굴단 모두에게 진심으로 감사의 마음을 전한다.[4]

도면 36. 흉노 용성 하르가닝 두르불징 성 집수지(사진 정석배)

---

4. 2023년에 다시 이 유적을 방문하였을 때는 발굴조사를 하지 않았다. 이때 동영상을 찍었다.

도면 37. 흉노 용성 하르가닝 두르불징 성 천자선우여천무극천만세(天子單于與天毋極千萬世) 명문 와당편 출토 모습(사진 정석배)

## 6) 우기 (노르) 호숫가의 게르 캠프로 가면서 그리고 캠프에서

흉노 용성 답사를 마치자 시간이 늦어졌고, 또 하늘에는 구름이 점점 짙어져 비가 올 수도 있는 상황이었다. 다음 답사 예정 유적은 타미르-2 유적(탈링 고르왕 헤렘성)과 타미르-1 유적이었다. 타미르-2 유적은 흉노 용성에서 남서쪽으로 약 27㎞ 떨어져 있다. 거리가 그렇게 멀지는 않았으나, 비가 올 것 같았고 또 산길을 이리저리 둘러서 가야 했기에 과연 이날 답사가 가능할지 고민을 할 수밖에 없었다. 운전기사들은 시간이 늦은 상태에서 비가 오면 어두워져 잘 보이지 않고 또 길까지 미끄러워 위험할 수 있다고 하였다. 논의한 끝에 이 유적답사는 포기하기로 하였는데, 결과적으로 올바른 선택이었다.[5]

---

5. 나는 학생들과 함께 2023년에 기어이 타미르-2 유적을 답사하였다.

작별 인사를 하고 숙소로 예약이 된 하탄 우기(Хатан Өгий, Khatan Ugii) 캠프로 출발하였다(17시 14분). 이 캠프는 오르혼강 동쪽 가까이 우기 노르(호수)의 남쪽 가까이 위치한다. 흉노 용성에서 하탄 우기 캠프는 직선거리는 멀지 않으나 길을 돌아서 가야 했고, 또 비포장도로이거나 혹은 산길이어서 시간이 많이 필요하였다.

울지트 솜 읍에서 차량에 기름을 넣었는데, 차가 5대라 시간이 꽤 걸렸다. 이 틈을 이용하여 마을 초입에 있는 오르혼강 다리로 가서 강을 구경하였다(도면 38). 강 위로 물새들이 날아다녔고, 또 강변과 모래톱에는 물새들이 앉아 있는 것이 보였다. 이곳은 오르혼강의 중류 중간쯤인데 강폭은 약 130m이다. 이곳에도 다리 난간 아래에는 제비가 줄지어 집을 지어 놓은 것이 보였고, 또 두 마리의 염소가 휴식을 취하고 있었다. 남학생들은 강가에 내려가 납작한 조약돌을 던지면서 물제비 놀이도 하였다. 우리 차들이 다리를 건너와 다시 타고 출발하였다(17시 57분). 차창 밖 오르혼강 너머로 흉노 용성이 멀리 보이는 것 같기도 하고 아닌 것 같기도 하였다. 포장도로 큰길 갈림길까지의 도로는 아직도 공사를 하고 있어 여전히 길이 험난하였다.

도면 38. 울지트 솜 읍 부근의 오르혼강(상류 방향)(사진 정석배)

큰길 포장도로에서 더 서쪽으로 가서 방향을 남쪽으로 틀어 우기 호수로 간다고 생각하고 있었는데, 우리의 운전기사들은 거꾸로 동쪽으로 약 11.5㎞를 가서 남쪽 산길로 방향을 잡았다. 산길은 산등성이와 계곡부를 지났고 좁고 험하였지만 새로운 풍경을 볼 수 있어 좋았다.

산길을 들어 선지 얼마 후에 하늘이 어두워지면서 가랑비가 내리기 시작하였고, 주변은 곧 동화 영화 속의 나라로 바뀌었다. 길가의 돌 위에 혹은 풀 속 땅 위에 매가 한 마리씩 앉아 있는 것이 보였다. 다만 동화 영화 속에서는 매가 아니라 올빼미 혹은 부엉이가 앉아 있었던 것이 다른 점이다. 비는 내리는 듯 그친 듯 심하지 않아 처음에는 움직이는 차 안에서 창밖으로 사진을 찍으려 몇 번 시도해보았지만, 차 바퀴가 돌부리에 치이면서 가고 있어 덜컹거려 사진이 되지 않았다. 할 수 없이 앞쪽에 다른 한 마리가 앉아 있는 것을 보고 잠깐 차를 세워 달라고 하였는데, 마침 우리 쪽을 보고 있는 매 한 마리를 찍을 수 있었다. 이 매는 갈색 깃털이 조금씩 섞인 하얗고 멋진 새였다(도면 39).

우리는 마침내 어느 한 산마루에 도착하여 잠시 쉬기로 하였다(19시 00분). 운전기사들이 우리에게 우기 호수를 멀리서 볼 수 있게 배려한 것이었다. 바람이 세게 불어 추웠지만 비는 그쳐 모두 나와서 호수를 구경하고 또 기념사진을 찍으면서 즐거워하였다. 호수 너머 멀리 게르 캠프들이 보였다. 그중 한 게르 캠프에 우리가 묵을 것이다. 우리가 지나온 산길 주변에는 나무가 없었고, 이곳 산마루도 마찬가지였다. 풀들만 짧게 그것도 띄엄띄엄 자라고 있었다. 표토(表土) 바로 아래는 암반임이 분명할 것인데 편암(片岩) 암반 노두가 드러난 곳도 있었다.

우기 호수는 동서 약 7.5㎞, 남북 약 4.6㎞가 되는 큰 호수이다. 이 호수 동쪽 절반의 북안, 동안, 남안에는 게르 캠프가 다수 포진해 있는데,

도면 39. 우기 (노르) 호숫가 게르 캠프 가는 산길의 매(사진 정석배)

도면 40. 우기 (노르) 호숫가의 게르 캠프(사진 정석배)

우리가 가는 하탄 우기 캠프는 호수 남안에 있는 게르 캠프 중 동쪽에서 서쪽으로 세 번째의 것이었다.

갈매기가 날고 있는 호수를 보면서 마침내 게르 캠프에 도착하였다(19시 35분). 게르 관계자들이 우리를 반갑게 맞이해 주었고, 그중에는 한국어를 아는 젊은 여성도 있었다. 먼저 각각 숙박할 게르를 배정받고, 간단하게 세수를 한 다음에 식당으로 향하였다.

캠프의 앞쪽에는 우기 호수가 펼쳐져 있었고(도면 40), 캠프 입구 왼쪽 귀퉁이에 화장실과 샤워장이 함께 있었다. 처음에는 뜨거운 물이 나오지 않았으나, 한참 후에 나왔다. 그래서 어떤 학생들은 찬물로 씻었고, 또 어떤 학생들은 따뜻한 물로 씻을 수 있었다. 식당은 입구에서 볼 때 캠프의 중간 조금 지나 왼쪽에 있었다.

저녁 식사는 식빵, 국물 수프, 양고기(혹은 소고기)+쌀밥+감자 푸레(도면 41), 차, 수태차였다. 이곳에서 우리는 쌀밥을 먹게 된다는 사실에 놀랐는데, 아마도 우리가 한국인이라 식당에서 배려를 해 준 모양이다.

6) 우기 (노르) 호숫가의 게르 캠프로 가면서 그리고 캠프에서

도면 41. 하탄 우기 게르 캠프의 저녁 주메뉴(사진 정석배)

저녁 식사를 한 다음에 식당에서 우리는 마침내 운전기사들과도 서로 자기소개를 하였다. 운전기사는 5명이 되어 사실 처음에는 누가 누구인지 이름이 파악되지 않았다. 그래도 얼굴은 구분이 되었다. 그중 한 명은 한국말을 하였는데, 한국에서 수년간 일을 하였다고 한다. 식당 밖으로 나오니(20시 54분) 하늘은 이미 컴컴해지고 있었다. 우리가 타미르-2와 타미르-1 유적을 갔다면 아마도 2~3시간은 더 걸렸을 것인데 그렇게 하였다면 너무 늦었을 것이다.

나는 동방 원장 및 소현성 대학원생과 함께 5호 게르의 룸메이트가 되었는데, 여행하는 동안 줄곧 게르 룸메였다. 식당에서 마침 보드카를 팔아서 사서 학생들과 나누어 마셨다. 우리 게르에 학생들이 몇 명 와서 함께 여러 가지 이야기도 하였다. 추울 때는 보드카가 몸을 데워주고 또 잠을 잘 이루게 한다. 몽골에는 여름에도 밤이면 춥다. 8월 중순이 지나서 갔기 때문에 게르에서의 추운 밤을 예상하고 미리 모두에게 따뜻한 옷을 챙겨가게 하였지만, 그렇게 하지 못한 학생들도 있었다.

게르는 나무 막대기를 엇갈려 만든 벽을 둥글게 두르고, 지붕은 가운데 둥근 천창(天窓)을 남겨 둔 채 우산 살대 모양으로 서까래 막대기를 얹고, 그 위를 펠트 천이나 다른 두꺼운 천을 두르고, 천이 날아가지 않게 밧줄을 걸쳐 잡아맨 집이다. 게르는 쉽게 해체하고 다시 세울 수 있어 이동 생활에는 매우 편리하다. 하지만 추위로 인해 반드시 난방이 필요한데 보통 가운데 난로를 설치한다. 자기 전에 게르 캠프 직원이 와서 난로에 장작을 지펴 주고 또 장작도 남겨 땔 수 있게 한다. 하지만 중간에 불이 꺼지기도 하고 또 장작을 추가로 넣는 것을 잊어 우리 학생들은 추위 속에서 밤을 보낸 적이 많았다고 하였다. 아침에 일어나면 대부분 밤새 추위에 떤 이야기를 하였다.

## 3. 제3일 : 2022년 8월 18일 목요일

이날은 이동 거리가 그렇게 멀지 않았고, 또 첫날 힘든 여정이었기 때문에 조금 늦게 출발하기로 하였다. 후슈 차이담 박물관, 빌게칸 제사유적, 퀼 테긴 제사유적, 카라코룸, 에르덴조 사원, 하르허룸 박물관을 보는 일정이었다.

### 1) 돌궐(突厥)의 보고(寶庫) 후슈 차이담 박물관으로 가면서

나는 조금 일찍 일어나 화장실에 들리고 세면을 한 다음에 캠프 바깥의 호숫가로 갔다(6시 59분). 동방 원장은 먼저 호숫가를 거닐고 있었다. 하늘에는 구름이 덮여있어 아직 날이 어슴푸레하였다. 호숫가에는 갈매기들이 무리를 지어 서 있거나, 걷거나 혹은 날아다녔고(도면 42), 또 참새로 보이는 작은 새들도 떼로 날아다녔다. 풀 위에는 마른 소똥이 간간이 널려 있었으며, 또 여기 저기 땅다람쥐의 굴도 보였다.

우리는 고고학자의 본능에 따라 단순히 산책만 한 것이 아니라 유적이 없는지 흙이 드러난 길에 유물은 없는지도 살펴보았다. 먼저 온 동방 이호형 원장이 "여기는 다 유적이네요"라고 하였다. 캠프와 호수 사이에는 돌로 만든 구조물들이 여러 개 흩어져 있었는데 대부분 고대의 유적임이 분명하였다. 그중에는 청동기시대 히르기수르로 보이는 것도 있었고, 또 긴 네모꼴로 돌을 두르고 그 사이를 돌로 채운 구조물과 다른 원형의 돌무지도 다수 보였다. 히르기수르는 구조가 특별하고, 또 내가 2012년에 실물을 본 적이 있어 금방 알아볼 수 있었다. 하지만 긴 네모꼴과 둥근 돌 구조물은 어떤 시기의 유적인지 알 수가 없었는데, 그것은 그 전에 그와

도면 42. 우기 (노르) 호숫가의 갈매기 (사진 정석배)

도면 43. 하탄 우기 게르 캠프 곁 도로의 거란 토기편(사진 정석배)

같은 실물을 본 적이 없었기 때문이다. 책으로 보는 것과 백문이불여일견(百聞而不與一見)의 차이가 실감 났다. 길이 움푹 파인 곳에서는 거란에 특징적인 토기 쪼가리도 보았다(도면 43). 요나라의 영향력이 서쪽으로 이곳까지도 미쳤다는 증거일 것이다.

거란의 토기는 가늘고 짧게 그리고 얕게 약간 사선 방향으로 그은 선들로 이루어진 특징적인 눈금 무늬로 인해 금방 구분이 된다. 나는 이 무늬를 러시아 연해주의 발해 끄라스끼노성 우물에서 출토된 토기 병, 내몽골 파림좌기의 요 상경 임황부유적, 파림우기 박물관 등에서 본 적이 있고, 또 전날에는 친톨고이 발가스 성 및 하르보흐 발가스 성에서도 보아 금방 알아볼 수 있었다.

호수로 내려가 맑고 잔잔한 호숫물로 다시 세수도 하고 또 잠깐 발을 담그는 여유도 가졌다. 아침 식사 시간이 되어 식당에 가니(7시 30분) 곧 음식이 나왔다. 아침 식단은 식빵, 버르척(Боорцог, 꽈배기 모양 빵), 소시지+계란 후라이+오이+토마토+겨자, 버터, 잼, 차였다(도면 44). 식사 후에 모두 짐을 챙겨 차에 싣고 난 다음에 나는 학생들을 데리고 호숫가로 다시 가서 아침에 본 유적을 보여주었다(도면 45).

하늘의 물새와 갈매기 그리고 하룻밤을 보낸 캠프를 뒤로 하고 우리는 다시 새로운 여정을 시작하였다(9시 00분). 남쪽으로 산 비탈길을 지나 산마루에 오르자 잠시 차를 세웠는데(9시 14분) 우리에게 우기 호수의 멋진 모습을 보여주려는 것이었다. 이곳 산마루에는 돌무지 형태의 오보가 하나 있었고, 그 곁에서 우리가 지나온 산길 너머로 우기 호수와 이제는 맑아진 푸른 하늘이 한눈에 들어왔다(도면 46). 산비탈 초원에서는 양들이 풀을 뜯고 있었고, 우리가 하룻밤을 보낸 하탄 우기 캠프도 보였다. 우리 모두 신이 났고, 호수를 배경으로 기념사진도 찍었다. 아침의 신선한 공기와 양들이 풀을 뜯는 초원,

도면 44. 하탄 우기 게르 캠프의 아침 메뉴(사진 정석배)

도면 45. 우기 (노르) 호숫가 히르기수르에서(사진 정석배)

 푸른 하늘과 푸른 호수, 아늑히 보이는 호숫가의 게르 캠프, 학생들이 즐거워하는 모습, 이 얼마나 멋진 광경인가!
 이곳 산마루에도 돌들이 땅 위로 드러난 것이 많았으며, 곳곳에 땅다람쥐의 굴이 있었다. 우리는 산마루를 지나 계곡의 측면 길을 따라 남쪽으로 이동하였다(도면 47). 이곳도 산과 들이 모두 초원이었으며, 나무는 보이지 않았다.

1) 돌궐(突厥)의 보고(寶庫) 후슈 차이담 박물관으로 가면서     53

길가에는 앉아 있는 매가 가끔 보였다. 곧 얼마 가지 않아 왕복 2차선 포장도로가 나왔고, 곧이어 후슈 차이담 박물관에 도착하였다(09시 51분). 하탄 우기 캠프에서 남쪽으로 약 21.5㎞ 떨어진 곳이다.

도면 46. 산 고갯마루에서 바라본 아침의 우기 (노르) 호수(사진 정석배)

도면 47. 고갯마루 너머 후슈 차이담으로 가는 산길(사진 정석배)

## 2) 돌궐(突厥)의 보고(寶庫) 후슈 차이담 박물관 관람

후슈 차이담 박물관(Хөшөө Цайдам Музей, Khushuu Tsaidam Museum)은 오르혼 박물관이라고도 불리며, 2010년에 개관하였다. 한국에는 호쇼 차이담 박물관으로 알려져 있다. 유네스코 세계문화유산인 "오르혼 계곡 문화경관(Orkhon Valley Cultural Landscape)"에 포함된 빌게칸(毗伽可汗 비가가한) 비석, 퀼 테긴(闕特勤 궐특근) 비석, 이 일대 제사유적 발견 석물, 빌게칸 제사유적 출토 귀금속 유물 등이 전시되어 있다.

남쪽의 하르허롬 박물관과는 약 40.6㎞ 거리이다. 서쪽에 오르혼강의 본류와 지류가 흐른다. 남서쪽 330m 거리에 빌게칸 제사유적, 북서쪽 680m 거리에 퀼 테긴 제사유적이 있다(도면 48). 모두 박물관에서도 보인다.

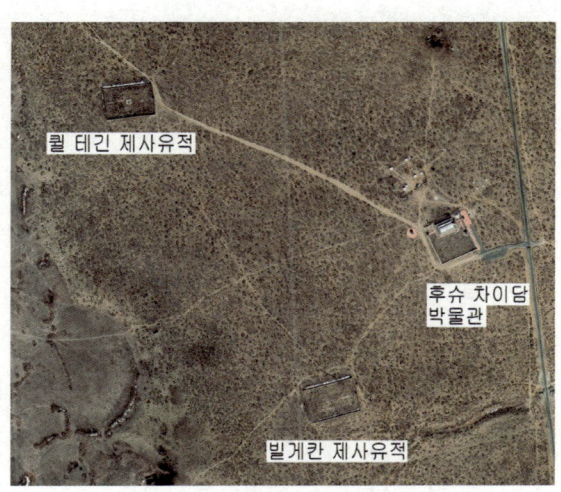

도면 48. 후슈 차이담 박물관과 주변 유적(구글어스, 필자 편집)

박물관 건물의 외관은 하카시아에서 발견된 흉노시대 "이릉(李陵)"의 관저-궁전 복원도 모습과 비슷하며 복층 지붕이다(도면 49). 박물관 담장 바깥에는 돌기둥이 몇 개 세워져 있고, 담장 사이의 출입구는 팔작기와지붕이며, 출입구 가까이 마당에는 정자가 하나 있었다. 건물 처마 아래의 제비집으로 제비들이 들락거렸다.

박물관에 들어서면 정면에 박물관 로고(?) 바탕에 후슈 차이담 박물관이라는 글자가 적힌 판이 하나 걸려 있고, 그 곁에는 석인상이 하나 있다. 여기에서 왼쪽으로 돌면 복도가 나오는데 복도의 좌우에는 "빌게칸과 퀼 테긴 유적

도면 49. 후슈 차이담 박물관(사진 정석배)

보호구역"이 표시된 지도, 동돌궐과 서돌궐 강역도, 빌게칸과 퀼 테긴 유적조사 사진, 대표 유물 사진 등이 걸려 있다. 복도 오른쪽의 전시실에는 이 일대에서 발견된 돌궐의 대표적인 유물들이 전시되어 있다.

전시실 입구에 들어서면 오른쪽 안쪽에 세워져 있는 높고 육중한 비석이 2개 가장 먼저 눈에 띈다(도면 50). 앞쪽에서 보았을 때 오른쪽의 것은 732년에 세워진 퀼 테긴 비석이고, 왼쪽의 것은 735년에 세워진 빌게칸의 비석이다. 두 비석 모두 앞면과 양쪽 측면은 룬 문자, 뒷면은 한자가 새겨져 있고(도면 51), 또 이수(螭首), 즉 머릿돌 앞면에는 그들의 부족 상징인 산양 모양 탐가(Tamga)를 선으로 새겨 놓았다(도면 52-1, 53). 탐가는 "종족 혹은 씨족 표시 기호"로 이해될 수 있을 것인데, 산양 모양 탐가는 돌궐 제2제국 시기의 씨족 표식이다. 퀼 테긴 비석의 머릿돌 이수 뒷면에는 한자로 "고궐특근지비(故闕特勤之碑)"가 새겨져 있다(도면 52-2). 빌게칸 비석의 머릿돌 뒷면은 한자가 작게 새겨져 있어 퀼 테긴 비석과는 차이를 보인다. 이 두 비석은 고구려 사절이 이곳까지 조문을 왔다는 내용으로 인해 우리에게도 잘 알려져 있다.

퀼 테긴(闕特勤 궐특근) 제사유적에서 발견된 퀼 테긴 비석은 돌궐 제2제국 3대 칸인 빌게칸의 동생 퀼 테긴(684~731)의 비석이다. 비석의 크기는 높이 3.75m, 너비 1.22m(위)~1.32m(아래), 두께 44~46㎝이다(도면 50 오른쪽).

도면 50. 빌게칸 비석(왼쪽)과 퀼테긴 비석(오른쪽) 모습(후슈 차이담 박물관, 사진 정석배)

도면 51. 퀼 테긴 비석 앞면 룬 문자 명문 세부(1)와 뒷면 한자 명문 세부(2)(후슈 차이담 박물관, 사진 정석배)

도면 52. 퀼 테긴 비석 이수 앞면(1)과 뒷면(2)(후슈 차이담 박물관, 사진 정석배)

2) 돌궐(突厥)의 보고(寶庫) 후슈 차이담 박물관 관람

도면 53. 빌게칸 비석 이수 앞면(후슈 차이담 박물관, 사진 정석배)

『구당서』「돌궐전」에 따르면, 퀼 테긴은 형인 빌게칸을 옹립한 인물이며, 731년에 사망하였다(동북아역사재단 편, 2011a).

비문에는 552년에 유연을 멸망시키고 성립한 돌궐제국의 시조 부민 카간(伊利可汗 土門 이리가한 토문: 552~553)과 그 동생으로서 서돌궐 한국의 시조인 이스태미 카간(室点密 실점밀, 瑟帝米 슬제미: 552~576)의 장례식 때 조문 사절을 파견한 나라들의 이름이 열거되어 있다. 바로 "동쪽으로 해 뜨는 곳으로부터 보클리(뷔클리), .., 중국, 티베트, 아바르, 비잔틴, 키르기스, .., 거란.. 사람들이 와서 울고 애도하였다"라는 구절이다. 보클리는 일반적으로 고구려를 말하는 것으로 인식되고 있으며, 따라서 이 내용은 당시 고구려 사절들이 오르혼강까지 갔다는 주요 증거의 하나로 제시되고 있다. 이와 관련하여 지금의 우즈베키스탄 사마르칸트 아프라시아브 궁전 벽화의 고구려 조우관 사절들이 오르혼강을 지나서 갔다고 추정하는 연구자도 있는데(이재성, 2013), 상당히 설득력 있는 의견이다.

이 비문에는 또한 "동쪽으로 해 뜨는 곳의 보클리 카간까지 정벌하였다"라고 하는 내용도 있다. 보클리, 다시 말해서 고구려를 정벌하였다는 내용은 과장이며 왜곡이다. 왜냐하면 고구려는 돌궐에 정복된 적이 없기 때문이다. 다만 『삼국사기』「고구려본기」에 양원왕 7년(551년)에 돌궐이 고구려 신성(新城)을 포위하고, 또 백암성(白巖城)을 공격하였다는 기록이 있다. 아마도 이 전투와 관련하여 『삼국사기』에는 고구려가 승리한 것으로 기록되어 있지만, 돌궐은 자신이 승리한 것으로 기록하였을 수도 있다고 생각된다. 오늘날 국가 간의 전쟁에서 서로가 패배를 인정하지 않고 서로 자신이 이겼다고 주장하는 경우가 허다한 사실이 이를 뒷받침하고 있다.

빌게칸 제사유적에서 발견된 빌게칸 비석은 크기는 퀄 테긴의 것보다 조금 더 크다(도면 50 왼쪽). 비문의 보존 상태가 상대적으로 나쁜 편이며, 비문의 내용은 퀄 테긴 비석과 서로 같은 것이 많다. 빌게칸은 716년에 즉위하였으며, 『구당서』「돌궐전」에 비가가한(毗伽可汗)으로 기록되어 있다. 톤유쿠크(暾欲谷 돈욕곡)를 중용하여 돌궐을 부흥시켰으나, 734년에 독살당하였다(동북아역사재단 편, 2011a).

이 두 비석의 둘레로 전시실 오른쪽 절반에는 벽을 따라 석인, 석양, 석사자, 귀부 등의 석물이 전시되어 있는데, 대부분 빌게칸 혹은 퀄 테긴 제사유적에서 발견되었다. 전시실의 왼쪽 모서리 부분에는 이 두 유적과 주변에서 발견된 석인상들이 세워져 있다.

입구에서 안쪽을 보았을 때 왼쪽에는 돌 상자(石箱)의 형태를 이루는 큰 판석 구조물이 2개 있는데, 하나는 후슈 차이담-3 제사유적, 다른 하나는 후슈 차이담-4 제사유적에서 발견된 것이다. 후슈 차이담-4 제사유적에서 발견된 돌 상자의 한쪽 면에는 서로 마주 보는 봉황이 한 쌍 새겨져 있다. 봉황은 입에 보석 혹은 열매를 물고 있다(도면 54). 후슈 차이담-3 제사유적에서 발견된 돌 상자에는 한쪽 면에 꽃으로 보이는 문양이 확인된다.

이 일대에는 4곳의 제사유적이 있는데 후슈 차이담-1 제사유적은 빌게칸 제사유적, 후슈 차이담-2 제사유적은 퀄 테긴 제사유적이다.

도면 54. 후슈 차이담-3 제사유적 돌상자(석상 石箱) 문양(후슈 차이담 박물관, 사진 정석배)

도면 55. 빌게칸 혹은 퀼 테긴 제사유적 복원 모형(후슈 차이담 박물관, 사진 정석배)

돌 상자 앞에는 빌게칸 혹은 퀼 테긴 제사유적을 복원한 모형도가 있어 돌궐 칸들의 제사유적이 어떤 모습을 가졌는지 바로 알 수 있다(도면 55). 기와지붕을 한 긴 네모꼴의 담장으로 둘러싸인 제사유적은 사방에 문을 배치하였고, 네 문 사이는 십(十)자 모양으로 전돌을 깔아 길을 만들어 놓았다. 정문 바로 앞에는 비석을 세웠고, 그 안쪽에는 사당을 세웠으며, 정문과 사당 사이의 좌우에는 양, 문인석, 무인석을 차례로 배치하였고, 사당의 앞쪽 좌우에는 사자상을 배치하였다. 정문 가까이 좌우의 석양 뒤와 또 비석 좌측에는 각각 향로를 세워 두었다. 사당 뒤쪽에는 좌우에 돌 상자와 가운데 크고 둥근 구멍이 있는 입방체 모양의 돌 제단을 놓아두었다.

전시실의 가운데와 왼쪽 절반 둘레를 따라서는 빌게칸 제사유적 내 퇴장유적 발굴에서 출토된 금은 유물이 전시되어 있었다. 금관(金冠), 금병, 금제 내만(內灣) 팔각(八角) 장식, 금제 대장식구(帶裝飾具), 금귀걸이, 은병, 은제 사슴 상(像), 은제 화변(花邊) 포(泡), 은박을 입힌 철제 배목과 둥근 고리 등이다. 그 외에 출토지를 알기 힘든 봉황무늬 동경과 스키타이 동물 양식으로 장식된 청동 칼도 1점 전시되어 있었다.

금관은 매우 흥미롭다(도면 56). 모자에 비유하자면 앞쪽 절반만 있는 형태이다. 본체는 금판 하나를 타출기법으로 만들었을 것으로 보이며, 정면에 봉황 머리가 돌출되게 표현되었는데 따로 만들어 부착하였을 것이다. 입에는 끈으로 연결한 붉은색 보석이 하나 걸려 있다. 기저 부분에는 삼엽(三葉) 넝쿨무

도면 56. 빌게칸 제사유적 출토 금관(후슈 차이담 박물관, 사진 정석배)

늬를 대칭되게 반복적으로 배치하였고, 그 위는 정면의 금판 좌우에 2개씩의 금판이 세워져 있다. 정면 금판의 봉황 좌우는 날개를 형상화한 모습이고, 위는 꼬리를 형상화하였을 가능성이 있어 보인다. 다시 말해서 정면에는 붉은색 보물을 입에 걸친 한 마리의 봉황이 날아가는 모습이 표현된 것이다. 좌우의 금판에는 삼엽 넝쿨무늬로 장식되었는데 넝쿨이 하트 모양을 이루기도 한다. 몽골국립박물관에 전시된 퀼 테긴 석제 두상(頭像) 관(冠)에 한 마리의 새가 돋을새김으로 표현되어 있는데(도면 491 참조), 이 왕관과 닮은 점이 많다. 후슈 차이담-4 제사유적 돌 상자에 표현된 봉황도 서로 관련이 있을 것이다.

금병(도면 57-1)과 은병은 경주 황남대총 남분에서 출토된 봉수형 유리병과 생김새가 비슷하며, 유사한 유리병이 동로마 시리아 유리병 및 사산조 페르시아의 금병과 은병에서도 다수 확인된 바 있다. 은으로 만든 사슴은 상당히 사실적으로 표현되었으며, 어깨와 엉덩이에 음각으로 아칸서스 문양을 새겨 놓았다(도면 57-2).

금제 대장식구, 다시 말해서 요대(腰帶) 부속품들은 특히 주목되었는데, 버클(교구), 장방형 수공이 있는 직기원형(반원형)과 방형의 띠꾸미개, 무수공 반원형 꾸미개, 대단구(사미) 및 수하대 장식으로 구성되어 있다(도면 58). 이 대장식구는 734년이라는 역연대(曆年代)를 가지기 때문에 다른 유적 대장식구 편년에 아주 중요하다. 이와 같은 돌궐식 대장식구는 발해와 통일신라의 유

도면 57. 빌게칸 제사유적 내 퇴장유적 출토 황금 병(1)과 은제 사슴(2)(후슈 차이담 박물관, 사진 정석배)

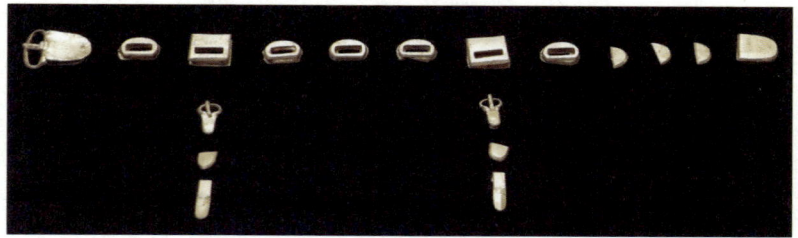

도면 58. 빌게칸 제사유적 내 퇴장유적 출토 돌궐식 황금 대장식구(후슈 차이담 박물관, 사진 정석배)

적에서도 많이 발견되었다. 대장식구 사진을 찍을 때 전등 빛이 반사되어 제대로 사진이 나오지 않았다. 그래서 학생들에게 밀집하여 대장식구에 그림자를 만들어 달라고 하였는데 덕분에 사진이 어느 정도는 괜찮게 나왔다.

### 3) 돌궐(突厥) 제2제국의 빌게칸 제사유적 답사

빌게칸 제사유적에는 10시 52분쯤 도착하였다. 담장으로 둘러싸인 빌게칸 제사유적 정문 곁에는 제목을 영어로 "Turkish Cooperation and Coordination Agency"라고 크게 쓴 표지판이 있었다(도면 59). 제목 아래에는 터키어(튀르키예어), 몽골어, 영어로 유적의 발견 과정, 비문의 판독 과정, 돌궐(Göktürk) 비문의 중요성, 룬 문자로 알려진 돌궐 문자, 돌궐제국 약사, 몽골 교육문화과학부와 터키 협력조정청이 1994년에 서명한 몽골돌궐기념비프로젝트 협약서에 기초한 양국 학자들의 빌게칸, 퀄 테긴, 톤유쿠크 비석에 대한 학술교류와 빌게칸 제사유적 발굴성과, 빌게칸 비석 개요 등이 간략하게 소개되어 있었다. 주목되는 것은 오르혼 비문에서 돌궐 문자로 된 최초의 "튀르크"라는 단어가 확인되었던 사실이다(정석배, 2024, 199~205쪽).

도면 59. 빌게칸 제사유적 앞의 표지판(사진 정석배)

빌게칸 제사유적은 후슈 차이담 박물관 남서쪽 330m 거리에 위치하며 박물관에서도 보인다. 이 제사유적에는 앞에 길이 2.3㎞에 걸쳐 발발이 세워져 있었다고 하나(보이또프, 1996), 보지 못하였다. 발발은 무덤의 주인공이 생전에 죽인 적의 수를 표시한 것이다. 『수서』「돌궐전」에 "일찍이 한 사람을 죽이면 하나의 돌을 세웠는데 그 수가 천 개 백 개에 이른 사람도 있다(嘗殺一人 則立一石 有至千百者)"라고 하였다.

발발은 톤유쿠그 제사유적 앞에 잘 남아있으며(도면 526 참조), 또 규모가 작은 소형의 제사유적 앞에서도 흔하게 확인된다(도면 205 참조).

유적의 둘레는 평면 긴 네모꼴의 담장과 도랑-주구(周溝)가 둘러싸고 있었는데 담장의 규모는 72×36m이며, 주구는 담장과 6m 떨어져 있다. 담장 내부는 동쪽에서 서쪽으로 비석이 있는 입구 부분, 사당이 있는 중앙 부분, 제단(희생 석단)이 있는 서쪽 부분이 구분된다.

표지판을 보고 또 유적에 대해 간략하게 이야기한 다음에 안으로 들어갔다. 그러자 풀로 덮인 유적에서 먼저 빌게칸 비석 복제품을 세워 놓은 것이 보였다. 박물관에서 진품 비석을 보았기 때문에 자세하게 보지 않았다. 주변에 원래 있었던 석물들은 보이지 않았다. 원래 비석이 있는 동쪽 입구 부분에서는 돌로 만든 양, 사자, 석인상, 귀부(龜趺) 등이 발견되었었다.

더 안쪽으로 가자 주춧돌들과 함께 기와 쪼가리들이 흩어져 있는 것이 보였다. 바로 빌게칸의 사당이 있던 자리였다. 이곳은 지형이 주변보다 조금 높았는데 아마도 사당 건물의 기단이 있기 때문일 것이다(도면 60). 기단 위에서 4개의 초석이 발견되었고, 또 기단 주변에서 무너진 건물 벽체 아래로 두꺼운 기와층이 확인되었다고 하나 보이지 않았다.

사당 안쪽의 서쪽 부분에는 화강암으로 만든 입방체의 큰 돌이 놓여 있었다. 바로 희생 석단(sacrificial stone), 즉 제단이다. 크기는 240×228×130㎝이며, 가운데에 크고 둥근 구멍이 뚫려 있다. 발굴조사 당시 제단의 구멍 안에서 다량의 동물 뼈가 발견되었고, 또 이곳에서 소형의 룬 문자 비석 조각도

도면 60. 빌게칸 제사유적 답사 모습(사진 정석배)

도면 61. 빌게칸 제사유적 서쪽 부분 발굴조사 모습(바야르, 2004)

발견되었다. 제단 주변에서 모닥불 흔적인 재와 숯 얼룩들도 확인되었으며, 동물 뼈, 말 머리 등도 발견되었다. 제단 북쪽 가까이에서는 네 장의 판석으로 만든 160×130㎝ 크기의 돌 상자(石箱)가 발견되었다(도면 61).

가운데에 구멍이 있는 입방체의 제단은 빌게칸 제사유적, 빌게칸의 동생인 퀼 테긴 제사유적, 돌궐 제2제국의 제1대 카간인 쿠틀룩(骨咄綠 골돌록: 재위

도면 62. 빌게칸 제사유적 안쪽의 화강암 희생 석단(사진 정석배)

682~691년, 일테리쉬 카간)의 제사유적(넘건-2 제사유적)에서만 발견되어 최고 등급의 인물들에게만 설치되었음을 알 수 있다.

제단(희생 석단)은 윗부분을 조금 제외한 나머지 대부분은 땅속에 묻어 놓은 상태였다(도면 62). 석단 가운데에 만든 둥근 구멍 안에 이 유적에서 발견된 와당의 복제품이 하나 들어있었다. 이곳 주변에서는 발굴한 흔적도 확인되었다. 이 돌 제단과 지금은 보이지 않는 돌 상자(石箱) 사이에서 후슈 차이담 박물관에서 본 엄청난 황금과 은 유물이 발견된 퇴장(退藏)유적이 있었다. 2000~2001년에 몽골과 터키(=튀르키예)의 공동 발굴조사에서 발굴된 이 퇴장유적은 크기가 40×80×30㎝에 불과하지만, 은제 유물 17개 종류, 금제 유물 20개 종류 78점, 보석 유물 6개 종류 26점, 청동 못 304점 등 1,878점의 유물이 출토되었다(바야르, 2004). 금과 은으로 만든 중요 유물들은 후슈 차이담 박물관, 몽골국립박물관, 칭기스칸 박물관에 전시되어 있다.

퇴장유적 유물은 빌게칸 사당을 735년에 건립한 이후, 745년에 위구르, 바스밀, 카를룩의 침략으로 돌궐이 멸망 당할 때 사당에 사용한 귀중품을 적으로부터 숨기기 위해 매장한 것으로 추정되었다. 비슷한 역사적 사건은 어디에서나 일어나는 것인가? 이 유물들의 운명이 나당연합군의 공세 속에서 백제의 정기가 깃든 보물을 보호하기 위해 급하게 구덩이를 파고 숨긴 충청남도 부여 능산리 절터에서 발견된 백제금동대향로와 비슷한 느낌이다.

나는 제사유적을 두르고 있던 원래의 담장과 주구(周溝) 흔적도 찾아보았다. 지금의 담장 안쪽으로 유적 둘레가 조금 오목한데 아마 주구가 있었던 자리일 것이다. 나는 혹시나 하는 마음에 밖으로 나갈 때 원래 주구와 담장이 있다고 생각되는 곳을 지나갔다 (11시 11분).

남동쪽의 담장 잔해에서는 흑색 물감(먹?)으로 기마 인물을 그린 기와가 발견되었는데, 그중 한 기마 인물은 말

도면 63. 빌게칸 제사유적 남동쪽 담장 부분 발견 기와(바야르, 2004)

위에서 몸을 뒤로 돌려 활을 쏘는 파르티안 샷 자세를 하고 있다(도면 63). 파르티안 샷 혹은 기마반사(騎馬反射) 자세는 아직 신라의 유물 중에서는 확인된 것이 없으나, 고구려 고분벽화에서도 볼 수 있고, 백제금동대향로에서도 볼 수 있다(정석배, 2017a).

제사유적 담장 정문 앞에 원래는 발발이 보여야 하는데 한눈을 판 탓인지 보지를 못하였다. 다음에는 퀼 테긴 제사유적으로 향하였다.

### 4) 돌궐(突厥) 제2제국의 퀼 테긴 제사유적 답사

이 유적은 빌게칸 제사유적과 가까워 바로 도착하였다(11시 20분). 이곳에도 정문 앞 한쪽에 영어로 "Turkish International Cooperation and Coordination Agency"라고 쓴 표지판이 있었다. 내용은 빌게칸 제사유적 앞에 있는 것과 비슷하였으나, 다만 가장 아랫부분에는 퀼 테긴 비석을 소개하는 내용이었다.

퀼 테긴 제사유적은 장축이 동서 방향인 평면 긴 네모꼴이며, 둘레가 67.25×28.85m 크기의 담장과 그 바깥의 너비 1.5~2m의 도랑-주구(周溝)로 둘러싸여 있다. 동쪽 출입구 문이 있는 부분에는 담장과 주구가 모두 단절된 모습이었다. 담장 내부에는 동쪽에서 서쪽으로 귀부와 비석, 두 줄의 석물, 사당, 제단(희생 석단)이 차례로 배치되어 있었다(도면 64). 담장 바깥 동쪽에는 약 3㎞의 거리에 걸쳐 발발이 세워져 있었는데, 1958년 당시 169개가 남아있었다고 한다(보이또프, 1996; 정석배, 2024, 191~199쪽).

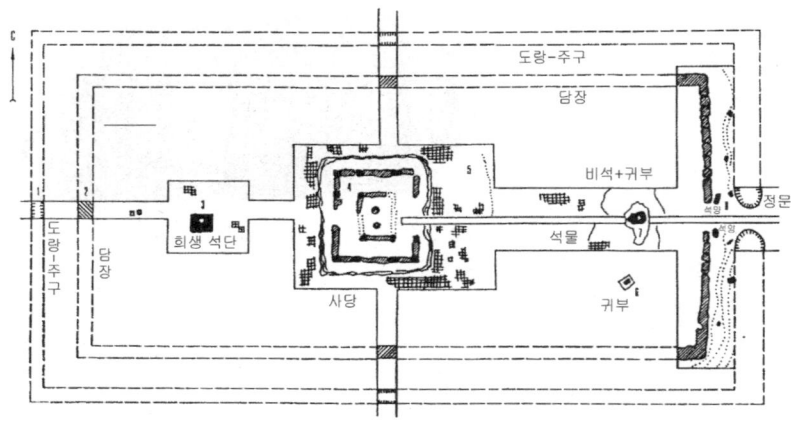

도면 64. 퀼 테긴 제사유적 평면도(보이또프, 1996, 필자 수정)

이 유적에도 담장 안으로 들어가자 먼저 비석 복제품을 세워 놓은 것이 보였다. 이곳에는 정문에서 안쪽으로 보았을 때 비석 왼쪽 가운데에 긴 네모꼴로 홈을 낸 돌과 다른 건축자재였던 것으로 보이는 돌이 몇 개 놓여 있었다(도면 65).

출입구에서 서쪽으로 약 8m 거리의 지점은 비각의 흔적과 귀부(잔존 길이 2.25m)가 발견된 곳이다. 비각은 기와지붕이었으며, 귀면도 하나 발견되었다. 비석은 귀부와 분리된 채 원래 자리를 이탈하여 세워져 있었다. 비각과 사당 사이 좌우에는 다수의 문인석과 무인석이 있었을 것인데, 발굴 당시에는 검이나 도끼를 가진 남성, 수건을 가진 여성, 무릎을 꿇은 남성 등의 인물상이 발견되었다.

더 안쪽으로 사당이 있었던 곳은 건물 기단으로 인해 지형이 더 높았고, 사당 건물에 사용되었던 주춧돌이 모두 지상에 드러나 있었다(도면 66). 주춧돌은 평면 모양이 네모꼴이면서 가운데에 둥근 구멍이 있는 것, 한쪽으로 크게 홈을 낸 것, 윗면이 편평한 것 등 여러 종류가 보였다. 초석의 아랫부분이 보이는 것들은 아래에 돌을 채운 적심이 없고 대신 흙을 겹겹이 다진 흔적이 확인되었다. 초석의 윗면은 잘 가공하였고 또 선을 그어 장식하기도 하였다. 이 건

도면 65. 퀼 테긴 제사유적(사진 정석배)

도면 66. 퀼 테긴 제사유적 사당터(사진 정석배)

도면 67. 퀼 테긴 제사유적 화강암 희생 석단(사진 정석배)

도면 68. 퀼 테긴 제사유적 앞 발발(사진 정석배)

물 자리는 가운데 부분이 움푹 파여 있고, 그곳에는 쐐기풀이 자라고 있었다. 이곳 일대에서 기와 쪼가리들과 함께 전돌도 몇 개 보였다.

사당의 방 안에서 3개의 구덩이가 조사되었는데, 그중 한 구덩이에서 퀼 테긴의 두상(頭像)과 그 부인의 두상 일부가 발견되었다. 방 안에서 벽화 쪼가리가 다수 발견되어 원래 방의 벽은 모두 벽화로 장식되었을 것으로 추정되었다.

가장 안쪽에는 화강암으로 만든 입방체의 희생 석단(sacrificial stone), 즉 제단이 놓여 있었다(도면 67). 가운데에 크고 둥근 구멍이 뚫려 있는 이 돌 제단은 전체가 지면 위로 노출되어 있었고, 일부가 부러져 나갔다. 바로 곁이 이 돌 제단에서 깨어져 나간 부분으로 생각되는 화강암 돌이 하나 있었다. 주변에 전돌과 기와 쪼가리들이 흩어져 있었다.

이 돌 제단의 원래 크기는 2.23×2.23×1.15m이고, 일부가 잘리기 전 원래 무게는 14.3톤이었다. 돌 제단도 점토 기단 위에 놓여 있었고, 또 이곳에서 기와와 치미의 편 등이 발견되어 이곳에도 보호각이 있었을 것으로 추정되었다.

사당 자리 주변에는 하얀색의 꽃들이 피어 있었다. 유적 이곳저곳에는 쐐기풀이 많이 자라고 있었고, 또 염소가 다녀간 흔적이 곳곳에 남아있어 나중에 차를 탈 때 신발을 몇 번이고 털어야만 하였다. 밖으로 나오자 유적 앞쪽에 돌이 하나 서 있는 것이 보였다(도면 68)(11시 40분). 아마 발발일 것인데 다른 발발은 보지 못하였다.

### 5) 칭기스칸의 도성이 있는 하르허롬으로 가면서

퀼 테긴 제사유적을 본 다음에는 하르허롬(Хархорум Kharakhorum)으로 출발하였다(11시 41분). 하르허롬에는 몽골제국의 첫 번째 수도였던 카라코룸과 16세기 후반에 창건된 에르덴조 사원이 있고, 또 하르허롬(혹은 카라코룸) 박물관이 있다. 하르허롬은 오르혼강 상류 지역에 항가이산맥의 남동쪽 지맥 가까이에 위치하며, 이 도시의 서쪽에는 오르혼강이 흐른다.

나는 유서 깊은 이 도시를 오랫동안 가보고 싶었는데 마침내 가게 된 것이다. 후슈 차이담에서 나는 앞쪽과 서쪽 오르혼강 들판을 보면서 남쪽으로 이동하였다. 이곳은 길이 좋았고, 드넓게 펼쳐진 초원에서는 가축들이 평화롭게 풀을 뜯고 있었다. 하르허롬 가까이 다가가자 멀리 도시 너머로 항가이산맥의 지맥들도 가까이 다가왔고, 도시 바로 앞에서는 송전소가 제일 먼저 눈에 띄었다. 우리는 하르허롬 박물관으로 곧바로 갔는데, 가는 길에 에르덴조 사원의 담장 위로 이국적인 탑들이 보였다. 하르허롬 박물관에는 12시 21분쯤 도착하였다.

하르허롬으로 이동하면서 다음 날(8월 19일) 답사하기로 계획한 머일팅암 유적도 오후에 마저 보기로 하였다. 그것은 다음 날 일정이 너무 빡빡하였기 때문이었다. 이곳에는 카라코룸 성, 에르덴조 사원, 하르허롬 박물관이 동북-남서 방향으로 거의 일직선을 이루며 배치되어 있는데, 박물관은 그중 가장 남서쪽에 위치한다. 하르허롬시(市)로 본다면 동쪽 가운데쯤에 해당한다.

### 6) 하르허롬 박물관 관람

하르허롬 박물관(Хархорум музей Kharakhorum museum)은 2011년에 일본국제협력단 등의 도움으로 개관하였으며, 단층 건물이다(도면 69). 박물관 마당에는 몽골어와 한자를 새긴 비석이 하나 서 있었는데[6] 1348년 몽골제국 시기에 세워졌다고 한다.

---

6. 2023년 답사 시에 이 비석은 박물관 정문에서 안쪽으로 볼 때 왼쪽으로 옮겨져 있었고, 그 자리에는 다른 비석 복원품이 귀부와 함께 세워져 있었다.

도면 69. 하르허롬 박물관 모습(사진 정석배)

첫 번째 홀-전시실에는 돌궐 고분 발굴을 보여주는 영상이 하나 상영되고 있었고, 또 벽에는 암각화 등의 사진이 걸려 있었다. 이 고분의 명칭을 알지 못하였는데, 나중에 알고 보니 2011년에 발굴된 서런 봄바가르(Шороон Бумбагар, Shoroon Bumbagar) 고분이었다. 이 고분은 바양노르(Bayannuur) 또는 울란 헤렘(Ulaan Kherem) 벽화묘로 불리기도 하며, 국내 학계에 소개되어 있다(박아림, 2014; 박아림·L.에르데네볼드, 2020), 심지어 그 글을 읽은 적도 있었는데 깜빡하고 전혀 생각하지를 못한 것이었다. 미리 파악하였다면, 아마 이 유적도 답사 여정에 포함하였을 것이다. 다음번 답사 때는 꼭 가서 보아야겠다고 마음먹었다.[7]

이 돌궐 벽화고분은 다량의 금제 및 은제 유물과 엄청난 수의 토우 등이 출토된 벽화고분이다. 24명의 남녀인물상 벽화, 140여 점의 금속제품, 약 150점의 토용(土俑)과 목용(木俑), 약 40점의 금화가 발견되었다(도면 70~72). 장법은 화장한 유골을 비단 주머니에 넣고 이것을 직물로 싼 금박 장식을 한 나무 상자에 넣은 다음에 다시 목관에 넣는 방법을 사용하였다(도면 73). 우리는 정말 뜻하지 않게 이 고분 출토유물 특별전을 보게 된 것이다. 행운이라고 말할 수 있다. 영상실 다음의 전시실에 이 고분 출토품이 전시되어 있었다.

다음 전시실은 메인 홀이었다. 유물 설명이 몽골어, 영어, 일본어로 되어 있었는데, 일본어가 들어간 것은 아마도 일본이 이 박물관을 세울 때 재정지원을 하였기 때문일 것이다. 홀의 앞쪽 가운데에 몽골제국의 첫 번째 수도였던 카라코룸의 복원 모형이 전시되어 있었다(도면 74). 성의 남서쪽 모퉁이에 궁성이, 그 남쪽에 인공 호수가, 북동쪽 중간 부분에 동서로 길게 가옥 거주 구

---

7. 2023년 답사 시에 이 유적을 일정에 포함하였으나, 그 전에 비가 많이 와 길이 좋지 못해 가지를 못하였다.

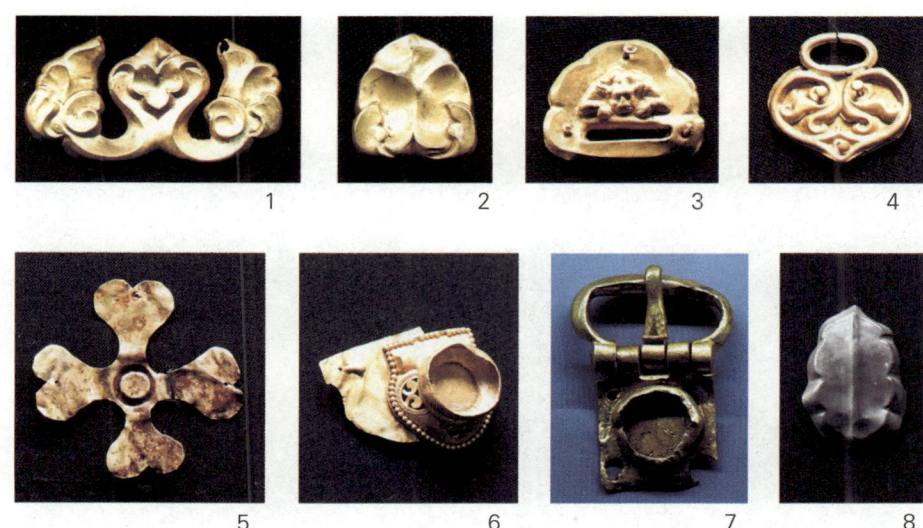

도면 70. 서런 봄바가르 돌궐 벽화고분 출토 금제(1~7)와 은제(8) 장식품 각종(하르허롬 박물관, 필자 촬영 편집)

도면 71. 서런 봄바가르 돌궐 벽화묘 출토 금화(하르허롬 박물관, 필자 촬영 편집)

6) 하르허롬 박물관 관람

도면 72. 서런 봄바가르 돌궐 벽화묘 출토 토용(하르허롬 박물관, 사진 정석배)

도면 73. 서런 봄바가르 돌궐 벽화묘 발견 목관과 화장 인골(하르허롬 박물관, 사진 정석배)

역이, 북서쪽 모퉁이에 게르 거주 구역이, 궁성과 가옥 거주 구역 사이에 띄엄띄엄 담장을 두른 저택들이 각각 배치되어 있었다. 또 곳곳에 종교 사원도 배치되어 있었다. 이 복원 모형이 어느 정도 진실에 상응하는지는 알 수 없지만, 아마도 유적의 잔존 유구들과 발굴조사 결과를 토대로 한 복원안일 것이다. 박물관의 한 여성 직원이 우리를 안내하면서 설명해 주었다.

이 박물관에는 칭기스칸의 손자이자 몽골제국 제3대 대칸인 구유크 칸(재

도면 74. 카라코룸 모형(하르허롬 박물관, 사진 정석배)

위 1246~1248년)이 카르피니(Giovanni de Piano Carpini, 1182~1252년)를 통해 교황 인노첸시오 4세에게 보낸 서한의 사본과 영어 및 몽골어 번역본도 전시하고 있다. 영어 번역본을 참고하면 교황은 몽골의 대칸에게 세례를 받을 것을 권하였지만, 몽골의 대칸은 자신들이 해 뜨는 곳에서 해지는 곳까지 모든 제국을 소유하게 된 것은 하늘의 뜻이므로 오히려 교황이 복종해야 한다고 하였다.

그 외에도 많은 유물이 전시되어 있었는데 13~14세기 여성 석인상, 먹 그릇, 각종 은화, 역참 사용을 위한 청동 패자, 토제 불상과 미니어처 불탑들(도면 75), 청자와 청화백자(도면 76), 자기 사자상(도면 77), 시유 지붕 건축재(도면 78), 파라오 마스크 등이 특히 눈에 띄었다. 대부분 카라코룸 유적에서 출토된 유물이었다.

흉노의 영역을 표시한 지도도 눈에 띄었다. 그 외에 1341년에 세워진 페르시아어 비석, 1372년 금나라 동인(銅印), 청동-초기 철기시대 화살촉, 사슴돌, 흉노 유물, 유연 유물 등도 있었다. 한곳에는 흉노, 위구르, 거란(요나라),

6) 하르허롬 박물관 관람   75

도면 75. 카라코룸 발견 13~14세기 토제 불상과 미니어처 불탑(하르허룸 박물관, 사진 정석배)

몽골제국 시기의 토기가 함께 전시되어 있어 각 시기 토기의 특징을 비교할 수 있었다. 파라오 마스크는 당시 몽골이 이집트와도 교류하였음을 보여준다.

나의 주의를 끈 전시물이 하나 더 있었는데 바로 몽골과 독일이 카라코룸에서 공동 조사한 구들(온돌)이었다(도면 79). 혹시 몽골의 마지막 대칸 토곤테무르(妥懽帖睦爾)가 명(明)의 주원장에게 밀려 이곳까지 왔을 때 고려에서 간 기황후(奇皇后)나 다른 공녀들이 잠시 쉬면서 향수를 달래던 곳은 아니었을까? 구들은 북옥저-고구려에서 가장 일찍부터 사용되기 시작하였으며, 북방지역에는 고구려 발해를 거쳐 요와 금에서, 그리고 몽골제국에서도 사용되었다. 구들은 어떻게 보면 한류(韓流)의 가장 이른 예라고도 할 수 있다. 흉노의 이볼가성과 버러유적에서도 구들로 주장되는 시설물이 발견된 것이 있다. 내가 알기로 가장 서쪽의 구들 유적은 이곳보다 훨씬 더 서쪽의 볼가강 유역 까잔시(市) 일대에서 발견된 것이다.

전시실 한쪽에서 몽골의 한 고고학자가 일본 사람들과 인터뷰하는 것이 보였다. 나는 처음에는 그냥 지나쳤는데, A.오치르 교수였다. A.오치르는 몽골의 여러 중세 유적 발굴에 참여하였고, 바양노르 돌궐 고분(서런 붐바가르 고

도면 76. 카라코룸 발견 13~14세기 자기(하르허롬 박물관, 사진 정석배)

도면 77. 카라코룸 발견 13~14세기 자기 사자 상(하르허롬 박물관, 사진 정석배)

도면 78. 카라코룸 발견 13~14세기 시유 지붕 건축재(하르허롬 박물관, 사진 정석배)

6) 하르허롬 박물관 관람   77

도면 79. 카라코룸 발굴 13~14세기 주거지 구들(하르허룸 박물관, 사진 정석배)

분)도 발굴하였다. 나는 몽골 답사를 준비하면서 그의 이름이 이미 익숙하였기에, 인사를 나누었다.

박물관 건물 밖으로 나와 마당에 세워진 비석을 다시 찬찬히 살펴보았고 (13시 29분), 마침 사람들이 없는 상태에서 박물관 전경을 사진에 담았다. 박물관 안내도를 보니 하절기에는 09:00부터 18:00까지 쉬는 날 없이 일한다고 적혀 있었다. 박물관은 보통 월요일이 휴관인데 아마도 멀리서 오는 관광객들을 배려하기 때문일 것이다.

### 7) 몽골제국의 첫 도성 카라코룸 1차 답사

카라코룸은 어떻게 하다 보니 두 번 답사하게 되었다. 첫 번째는 점심 식사 전이었는데 궁성의 만안궁(萬安宮)과 그 앞의 대형 비석 받침 귀부(龜趺)를 보았다. 두 번째는 점심을 먹고 에르덴조 사원을 본 다음에 카라코룸의 남동쪽 모서리 부분부터 다시 본 것이다. 성벽과 성내 건축물 흔적들은 이때 어느 정도 볼 수 있었다.

카라코룸(Karakorum)은 몽골제국의 첫 번째 도성이며, 몽골어 발음은 하르허룸(Хархорум)이다. 『元史』 등의 문헌 자료와 19세기 말에 발견된 흥원각비(興元閣碑)에 따르면, 원 태조(칭기스칸) 15년인 1220년에 창건되었고, 도성 내의 만안궁(萬安宮)과 다른 각종 건축물은 원 세조 우구데이(=오고타이)가 금을 멸망시킨 다음 해인 1235년에 축조하였다. 하지만 제5대 쿠빌라이칸(世祖, 재위 1260~1294년)이 1263년에 지금의 내몽골에 있는 상도(上都)로 천도하면서 카라코룸은 수도의 지위를 상실하였다. 이후 몽골제국의 마지막 대칸이자 원의 마지막 제11대 혜종(惠宗: 재위 1333~1368년, 사망 1370년)이었던 토곤테무르(妥懽帖睦爾)가 카라코룸을 북원(北元)의 수도로 사용하였다. 고려 공녀 출신 기황후(奇皇后)가 바로 토곤테무르의 황후였고, 그 아들이 북원의 제2대 황제인 소종(昭宗: 재위 1370~1378)이었다(정석배, 2024, 284~290쪽).

카라코룸 도성은 외성과 궁성으로 이루어진 이중성이다(도면 83). 외성은 평면 모양이 6각 사다리꼴에 가깝다. 동벽, 서벽, 북벽은 흙으로 쌓은 성벽의 윤곽이 비교적 뚜렷하나, 남벽은 경계가 분명하지 못하다. 외성의 규모는 남북 1,500m, 동서 긴 부분 1,120m, 동서 짧은 부분 580m이다. 성벽의 잔존 높이는 0.5~2m이다. 성 내부는 남북과 동서 방향으로 크게 '十'자 모양을 이루며 대로가 형성되어 있어 각기 동서남북의 성문과 연결되었을 것으로 추정된다.

궁성은 외성 내 남서쪽 모서리 부분에 위치한다(도면 74, 80). 평면 모양은 방형이며 네 모서리가 방위 방향이다. 궁성의 규모는 길이 255m, 너비 220~255m이다. 궁성 내에는 만안궁을 포함하여 모두 5개의 건물 기단이 남아있다.

카라코룸 첫 번째 답사 때에는 하르허룸 박물관에서 유물 설명을 해준 박물관 직원이 카라코룸 도성까지 우리를 안내해 주었다. 우리는 에르덴조 사원의 정문이 있는 남벽과 서벽 앞으로 난 길을 따라 에르덴조 사원의 북서쪽 모서리 쪽으로 갔다(13시 41분). 이곳에 울타리 사이로 카라코룸으로 들어가는 출입문이 있었다. 하늘은 맑고 푸르러 답사하기 좋은 날씨였다. 에르덴조 사원의 북서쪽 모서리 부분 카라코룸 입구에서는 에르덴조 사원의 서벽이 비스듬히 잘 보였고, 출입문 안으로 들어서니 사원의 북서쪽 모서리와 북벽 위로 쌓

도면 80. 카라코룸 도성과 주변 현황도(白石典之, 1999, 필자 수정)

아 올린 불탑이 멋지게 늘어선 모습도 볼 수 있었다(도면 81).

 북쪽으로 더 걸어가자 멀리 카라코룸 도성의 대표 건축물인 만안궁 기단이 보였다(도면 82). 만안궁 기단 쪽으로 성벽의 흔적으로 보이는 둔덕이 보였지만, 성벽인지 혹은 건물 기단인지 잘 구분이 되지 않았다. 더 가까이 가자 대형 귀부(龜趺)가 하나 보였다(도면 83). 한 마리의 큰 거북이가 네 모서리를 둥글게 깎은 긴 네모꼴의 받침돌 위에 서쪽 오르혼강 쪽을 바라보며 앉아 있었다. 머리와 다리, 꼬리, 등껍질이 모두 온전하게 남아있었다. 비석이 없는데 어떤 내용의 비문이었을까? 혹시 흥원각비(興元閣碑)가 이 귀부 위에 놓여 있지는 않았을까?

 만안궁은 장축이 약간 기울어진 남북 방향이며, 평면 모양이 남쪽이 두 번

도면 81. 카라코룸 남서쪽 출입구 안쪽에서 본 에르덴조 사원 담장의 북서 모서리와 북벽(사진 정석배)

도면 82. 만안궁 전경(사진 정석배)

꺾이면서 축약된 긴 네모꼴이다. 64개의 초석이 방형을 이루며 배치되어 있고, 정면인 남쪽에 다시 4+2개의 초석이 추가되어 있다. 기단의 전체 규모가 남북 61m 이상, 동서 41m 이상인 대형 건축물이다. 지금은 각 초석 자리에 낮은 보호 담을 돌려놓았다. 1948~1949년에 이곳을 발굴한 S.V.끼셀료프 만

도면 83. 만안궁 앞 비석 받침 귀부(龜趺)(사진 정석배)

도면 84. 카라코룸 궁성 만안궁 복원 조감도(하르허룸 박물관, 사진 정석배)

안궁 건물 아래에 칭기스칸 시기에 축조한 불교 사찰이 있었다고 결론을 내렸다(끼셀료프, 1957). 하지만 이후 1995~1996년도의 몽·일 발굴조사단은 그 기단 아래에서 불교 사찰 문화층을 확인하지 못하였다고 보고하였다(白石典之, 1999). 만안궁터가 사실은 흥원각 불탑 자리였다는, 초석 배치가 만당주식으로서 경주 황룡사 목탑지와 유사하다는 의견도 있다. 하르허룸 박물관에는 팔작지붕의 3층 만안궁 복원 조감도가 걸려 있다(도면 84).

카라코룸 도성 내에서는 만안궁 기단 위가 가장 높아서 성 내부는 물론이고 이곳의 오르혼강 분지를 멀리까지 조망할 수 있다. 성 내 곳곳에 건물의 기단으로 보이는 둔덕들이 관찰되었다. 남쪽으로는 귀부 너머로 에르뎬조 사원도 잘 보였다.

만안궁 너머로도 가보고 싶었지만, 점심시간이 지나서인지 우리는 모두 배도 고프고 힘도 빠져 식당으로 가기 위해 울타리 밖으로 걸어 나왔다(14

시 16분). 점심은 우리가 숙소로 사용할 테르건 잠민 노츠 캠프에 있는 식당에서 하였다(14시 48분). 식당에 가기 전에 먼저 캠프의 게르에 짐을 풀었다. 식당 홀에는 우리를 위해 길게 식탁을 늘어놓았고, 점심 메뉴는 야채 샐러드, 차, 죽(호박죽?), 커틀릿+밥+샐러드(도면 85)였다. 모두 배

도면 85. 점심 주메뉴(사진 정석배)

가 고파서인지 아니면 요리가 원래 맛있는지 맛있게 잘 먹었다. 식당이 있는 건물 밖 동쪽으로 멀리 잘 정비된 개울이 하나 보였는데, 오르혼강의 지류였다. 그 곁에서 풀을 뜯는 가축 떼가 보였다.

### 8) 몽골 삼국시대 할하 몽골의 첫 불교 사원 에르덴조 사원 답사

에르덴조 사원(Эрдэнэ-Зуу хийд, Erdene Zuu Monastery)은 유네스코 세계문화유산인 "오르혼계곡 세계유산 문화경관(Orkhon Valley Cultural Landscape World Heritage Site)"의 하나이다. 할하 몽골의 첫 번째 불교 사원이었으며, 티베트 불교 겔룩파(Gelugpa), 즉 황모파(Yellow hat)에 속한다(정석배, 2024, 290~295쪽).

할하 몽골의 칸이었던 아브타이 생 칸(압타이 사인 한)(Abtai Sain Khan)이 1585년에 에르덴조 사원의 축조를 명령하였다. 그가 이 명령을 내린 것은 제3대 달라이라마를 만나고 또 티베트 불교를 몽골의 국교로 공표한 다음이었다. 사원을 축조하면서 카라코룸 도성의 건축물에 있던 석재들을 뜯어내 사용하여 당시 카라코룸이 심하게 훼손되었다. 사원에는 모두 108개의 사리

탑을 세우고자 하였는데, 오늘날 사원의 벽 위에 일정 간격으로 세워진 사리탑을 볼 수 있다. 아브타이 생 칸은 몽골의 제1대 잡잔담바 호탁트(젭준담바 후툭투)(Жавзандамба хутагт, Javzandamba Khutagt / Jebtsundamba Khutuktu)인 자나바자르(Zanabazar)의 할아버지이다.

이 사원은 1688년에 준가리아와 할하 몽골의 전쟁으로 인해 많이 파괴되었고, 전성기인 1872년에는 62개의 사찰과 최대 1,000명의 승려가 있었다. 1939년에 공산주의자들이 몽골의 불교 사원들을 파괴하고 승려들을 죽였을 때 이 사원도 대부분 파괴되었으나 3개의 건물과 담장은 살아남았다. 역사의 아이러니라고나 할까 1944년에 소련의 스탈린이 공산국가에도 종교가 있음을 외부 세계에 보여주기 위한 전시용으로 이 사원의 보존을 요청하였다고 한다. 1947년에 이 사원은 박물관이 되었고, 1990년에 몽골에서 공산주의가 몰락하면서 이 사원은 다시 라마 불교 사원의 역할을 하게 되었다.

현재 에르덴조 사원의 서쪽 부분에만 사찰 건물이 잔존 혹은 복원된 상태이다(도면 86). 사원 내 서남쪽에는 중앙사원과 달라이라마전(殿)이 남아있다(도면 87). 중앙사원에는 기단 위에 북전(北殿), 중전(中殿), 남전(南殿)이 남북 방향으로 나란히 배치되어 있고, 그 앞쪽 월대 기단 아래에 쌍탑이 있으며, 그 좌우의 남쪽에는 참바전(殿), 북쪽에는 아유시전(殿)이 각각 위치한다(대한민국 국립중앙박물관 외, 2004).

사원 내의 북서쪽에는 라브린 사원의 건물들이 있다. 중앙사원과 라브린 사원 사이의 가운데에는 금탑이 위치하며(도면 88), 금탑과 라브린 사원 사이에는 푸른전(殿)과 장라이식전(殿)이 배치되어 있다. 남문 안 동쪽 가까이에는 너몽한전(殿) 건물이 있다. 금탑은 1749년에 축조한 것이며, 높이는 약 13m이고, 둘레에 8개의 작은 소탑이 둘러싸고 있다. 금탑의 남쪽에 있는 높이 약 4.5m의 작은 탑은 남질(Namjil)탑이다.

사원의 정문, 다시 말해서 남문에 도착하니(15시 45분). 몽골 전통의상을

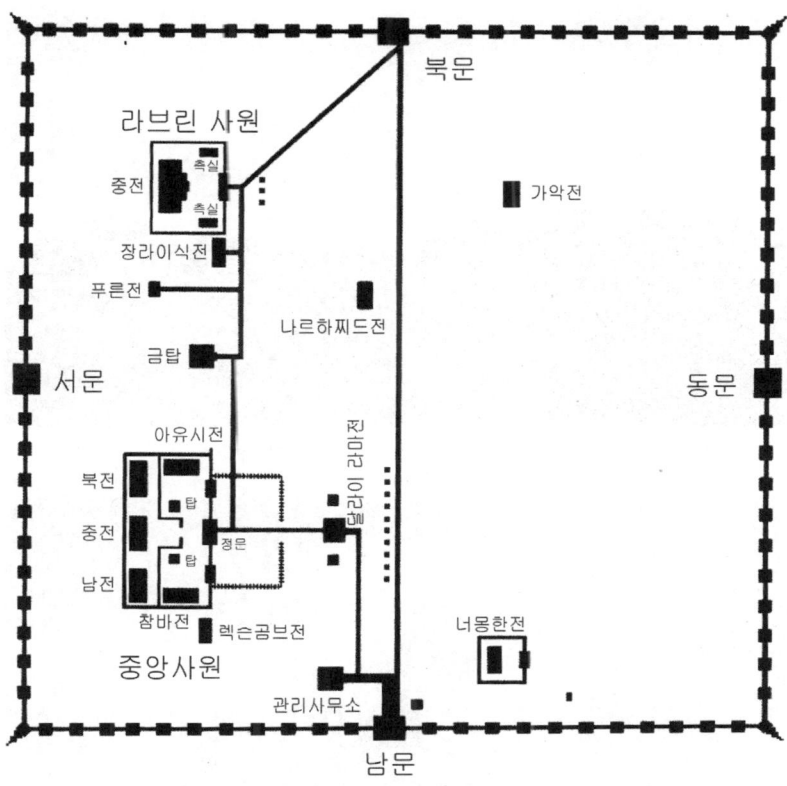

도면 86. 에르덴조 사원 건물 배치도(국립중앙박물관 외, 2004, 필자 수정)

입고 기념 촬영을 하는 사람들이 보였다. 이 사원은 담장에 의해 구분되는 사역의 범위가 동서 약 470m, 남북 약 420m로서 규모가 엄청나다.

우리는 사역의 남벽 가운데에 있는 정문을 지나 먼저 정문 가까이 왼쪽에 있는 중앙사원(中央寺院)을 보기로 하였다. 중앙사원으로 가는 길에는 달라이라마전 앞에 각종 석물이 줄지어 있는데, 그중에는 돌사자, 절구, 초석, 돌기둥, 비석 등도 있었다(도면 89). 석물 가까이에서는 비둘기들이 구구하면서 노닐고 있었다. 석물 가까이 표 검사하는 건물은 나중에 알고 보니 달라이라마전(殿)이었다. 달라이라마전의 한쪽 전각 안에는 한 번 돌리면 불경을 한 번 읽는 것과 같은 공덕이 생긴다는 마니륜(摩尼輪)이 들어 있었다.

8) 몽골 삼국시대 할하 몽골의 첫 불교 사원 에르덴조 사원 답사

도면 87. 에르덴조 사원 중앙사원(왼쪽)과 달라이라마전(오른쪽)(사진 정석배)

도면 88. 에르덴조 사원 금탑 모습(사진 정석배)

　표 검사하는 건물을 지나자 양쪽으로 통나무에 구멍을 내고 막대기를 엇갈리게 끼워서 만든 차량 통제용 바리케이드 모양 목책으로 울타리를 쳐 놓은 것이 보였다. 이 울타리 너머로 금탑이 보였고, 또 사역 담장 북문에서 승려들과 함께 수많은 사람이 들어와 열을 지어 걷는 것이 보였다. 우리의 통역이 저 행렬은 이곳 에르덴조 사원에서 1년에 한 번 하는 불교 행사이니 구경

도면 89. 에르덴조 사원 달라이 라마전(殿) 앞의 석물들(사진 정석배)

을 하는 것이 어떠냐고 제안하였다. 나는 당연히 동의하고 학생들과 함께 다시 밖으로 나와 그 행렬로 향하였다. 가면서 보니 지금은 들판으로 변한 사역 내의 여러 곳에 건축물 흔적도 보였다. (나중에 들으니 1년에 한 번만 하는 행사는 아닌 것 같다고 하였다).

  이 행렬은 사역의 동문을 지나(도면 90) 밖의 들판으로 나갔는데, 동벽 담장 아래 언덕에 올라 바라보니 맨 앞쪽에는 삼지창 깃발을 든 남자가, 그 뒤는 허리에 금색 띠를 두르고 손에는 무언가를 든 사람들이, 그 뒤에는 어린 승려들과 머리에 큰 새 부리 모양의 빨간색 모자를 쓰고 바라를 치거나 혹은 피리를 부는 승려들이, 그 뒤에는 새 부리 모양의 노란색 모자를 쓰고 위가 우산 모양인 장대를 든 승려와 다른 승려들 그리고 티베트 불교 호법신 중 하나의 얼굴이 장식된 모자와 옷을 입은 사람이, 그 뒤는 다른 승려들이 줄지어 가고 있었고, 이 모든 승려의 좌우 양측은 물론이고, 그 사이사이에도 일반인들이 뒤섞여 가고 있었다.

도면 90. 에르덴조 사원 동문으로 가는 불교 행사 행렬(사진 정석배)

　일반인들 사이에는 중년 남성과 여성, 청년, 노인, 어린이, 아이를 안은 여성 등이 모두 섞여 있었다. 행렬 앞으로 말 떼가 지나가기도 하였다. 나도 그들과 합류하였는데, 이 행렬은 천천히 들판 한 곳에 나무를 모아 세워 둔 곳으로 갔다. 그곳에서 그 나무에 불을 지피고 행사를 진행한다고 하였다. 끝까지 보고 싶었지만, 시간이 자꾸 지체되어 다시 우리가 원래 보려고 한 에르덴조 사원 중앙사원으로 되돌아가기로 하였다(16시 12분).

　동문으로 다시 들어와 중앙사원으로 가는 길에 풀 사이에 부추와 닮은 풀이 자라는 것도 보였다(도면 91). 부근에 평면 원형인 기단 건물터가 하나 주목되었는데, 대부분 초석 가운데에 구멍을 내었고, 또 얕은 원형 기둥 자리, 즉 주좌(柱坐)의 바깥을 연꽃잎으로 장식한 것도 있었다(도면 92). 이 부근에는 석등을 모방한 철등(鐵燈) 1개와 청동 솥 3개가 있었다(도면 93).

　마침내 다시 중앙사원 정문으로 들어섰다(16시 22분). 정문 한 짝은 닫혀 있었는데, 청동 귀면(鬼面)의 입에 끈으로 문고리를 매달아 놓았다. 문을 들어서자 정면에 건물 기단, 기단 앞 좌우에 1개씩의 탑, 다시 말해서 쌍탑이 눈에

도면 91. 에르덴조 사원의 부추(?)(사진 정석배)

도면 92. 에르덴조 사원 안의 초석(사진 정석배)

도면 93. 에르덴조 사원 안의 청동 솥과 철등(鐵燈)(사진 정석배)

들어왔다(도면 94). 탑은 2층의 녹색 기와지붕을 하고 있었다. 티베트 양식 쌍탑으로서 1999년에 복원된 것이며, 높이는 약 7m이다. 쌍탑 좌우에는 1674년에 축조한 참바전과 1771년에 축조한 아유시전이 있다.

중앙사원 기단은 앞쪽에 월대(月臺)가 있는 구조이다. 월대에는 정면 3

도면 94. 에르덴조 사원 중앙사원의 쌍탑 중 오른쪽 탑(사진 정석배)

칸, 측면 2칸의 사각형 초석이 있다. 초석의 주좌는 모두 원형이며, 앞쪽과 뒤쪽 열 주좌에는 모두 사각형의 구멍이 있다. 월대 뒤로 철등이 하나 있고 그 뒤로 3채의 불전(佛殿)이 나란히 배치되어 있다. 모두 중층이며, 팔작지붕을 하였고, 기와는 모두 녹유 기와이다.

중앙 불전(佛殿), 다시 말해서 가운데 중전(中殿)은 1586년에 축조한 에르덴조 사원 최초의 불전이며, 안에 이곳에서 가장 많은 불상과 불화가 봉안되어 있다. 불상의 형식이나 불교 용어에 대해 잘 알지를 못해 불전의 외관과 내부가 어떠한지 자세한 설명을 할 수가 없지만, 중전(中殿)을 간단하게 소개하면 다음과 같다. 지붕 용마루 가운데에는 사방과 위로 향한 큰 금강저가 세워져 있고, 그 양쪽에서는 흰 코끼리와 4마리씩의 신수가 금강저를 지키고 있으며, 용마루 양쪽 끝에는 취두(鷲頭)로 보이는 형상이 있다. 용마루 자체에는 좌우로 3마리씩의 용이 양각되어 있다. 지붕의 내림마루는 용두(龍頭)와 잡상(雜像)으로 장식되었으며, 추녀마루 끝에도 용두가 있다(도면 95, 96).

불전의 정문 좌우 벽에는 하늘색의 네모 바탕에 암갈색으로 둥근 법륜(法輪)을 그려 놓았다(도면 97). 법륜에는 불교의 팔정도(八正道)를 상징하는 바퀴 살대 바깥으로 1개씩 및 3개씩의 보주(寶珠)가 교대로 그려져 있다. 3개의 보주가 혹시 삼보(三寶)를 의미할 수도 있겠는데, 그렇다면 1개의 보주는 무엇을 의미할지 궁금하다. 네모 바탕 주변에는 다시 4개씩의 금강저를 배치한 둥근 원을 모두 8개 네모꼴로 배치해 놓았다.

불전의 정문은 안쪽으로 열려 있었지만, 안에서 보면 붉은색 물감을 칠한 바깥면이 귀면 문고리 아래와 위에 금강저와 연꽃 위로 물보라 속에서 솟아나는 6마리의 물고기 그림으로 장식되었음을 볼 수 있다(도면 98). 정문 안으로 들어서면 복도가 나오는데, 한쪽에 큰 바라가 걸려 있다. 복도에서 안쪽으로 문을 지나면 불실(佛室)이 있다. 불실에는 가운데 양쪽으로 붉은색 칠을

도면 95. 에르덴조 사원 중앙사원 월대와 중전-불전(佛殿)(사진 정석배)

도면 96. 에르덴조 사원 중앙사원 중전 지붕 용마루 가운데 모습(사진 정석배)

한 기둥이 하나씩 있다. 기둥의 배치로 본다면 복도를 포함하여 정면 3칸, 측면 3칸이다. 즉 측면에서 볼 때 앞쪽 1칸은 복도, 중간 칸과 안쪽 칸은 부처를 모신 불실인 셈이다. 복도의 바깥 가운데 기둥은 붉은색 바탕에 금색으로 용을 그려 놓았다.

불전의 가운데에는 정면 벽 앞에 차양 아래로 각 칸에 1구씩 모두 3구의 좌

도면 97. 에르덴조 사원 중앙사원 중전 입구 바깥 왼쪽의 법륜 (사진 정석배)

도면 98. 에르덴조 사원 중앙사원 중전 입구 문짝 바깥면(사진 정석배)

불(座佛)이 안치되었는데, 가운데 석가모니불은 보관을 썼지만(도면 99), 좌우 불상은 모두 보관이 없이 나발 상태이다. 가운데는 30세의 석가모니불, 오른쪽은 약사여래, 왼쪽은 아미타여래가 모셔져 있다고 한다.

3구 불상의 사이 벽에는 불화가 걸려 있다. 3구 불상의 광배는 비슷하나, 세부 그림은 차이가 난다. 가운데 불상 앞에는 나무로 만든 단이 하나 놓여 있고, 그 위에는 유리 상자 안에 불교 성물로 보이는 물품들이 진열되어 있고 안쪽 한쪽에 승려의 사진이 하나 있

도면 99. 에르덴조 사원 중앙사원 중전 석가모니불(사진 정석배)

다. 성물 중에서 가장 주목되는 것은 수많은 홍옥 구슬로 장식한 단 위에 세워져 있는 황금색의 법륜인데, 불전 정문 바깥 좌우 벽에 그려 놓은 것과 모양이 같다.

이 단의 앞쪽에는 불전함과 바라가 있다. 단의 좌우에는 안쪽에는 승려가, 바깥쪽에는 각각 보관을 쓴 보살이 서 있다. 불상은 모두 옷을 걸친 것이 눈에 띈다. 좌우의 측면 벽에는 위에는 불화가 걸려 있고, 그 아래로 4구씩의 작은 입불(立佛)이 안치되었다. 입불에는 양쪽 팔

도면 100. 에르덴조 사원 중앙사원 중전 판텐 라모(Palden Lhamo)(사진 정석배)

꿈치 쪽에 각각 한 송이씩의 연꽃이 꽂혀 있다. 그 좌우 측면 문 쪽으로는 창과 칼을 든 불교 호법신이 1구씩 배치되어 있는데 모두 3개씩의 눈을 가졌으며, 머리 위에 5개씩의 해골 장식이 있다. 그중 입구에서 안쪽으로 볼 때 오른쪽의 호법신은 나귀를 타고 붉은 머리카락과 해골 왕관을 쓴 판텐 라모(Palden Lhamo)이다(도면 100). 오른손에는 금강저 검을, 왼손에는 창을 쥐고 있다. 불실의 천장은 꽃과 용 등으로 장식된 천으로 덮여있다.

다음에는 북전과 남전의 불실도 차례로 들어가 보았다. 북전은 압타이 사인 한의 아들 부인 손타이호(Suntaikhu) 등에 의해 축조되었으며, 중앙에 80세 석가모니불이 모셔져 있다. 남전은 1998년에 복원되었다.

8) 몽골 삼국시대 할하 몽골의 첫 불교 사원 에르덴조 사원 답사

도면 101. 에르덴조 사원 내의 승려 행렬(사진 정석배)

도면 102. 에르덴조 사원에서 만난 몽골 전통의상을 입은 중년 부부(사진 정석배)

　불전들을 보고 밖으로 나오니(16시 50분), 불교 행사를 하던 행렬이 되돌아가고 있는 것이 보였다. 이번에는 대부분이 승려들이어서 승려들의 구성이 어떠하였는지 잘 보였다(도면 101). 다시 동문 쪽으로 가고 있는데, 몽골 전통의상을 멋지게 차려입은 중년의 부부가 작은 접이식 의자에 다정하게 나란히 앉아 있는 것이 보였다(도면 102). 나는 정중하게 사진을 찍어도 되냐고 물

도면 103. 에르덴조 사원 동문 밖에서 카라코롬 도성 동남쪽 모서리로 가면서 만난 말들(사진 정석배)

어보았고, 그들은 흔쾌히 승낙하였다. 나는 우리에게 몽골의 부드러운 미소를 보여 준 그들이 항상 건강하고 행복하길 바란다.

  동문 밖으로 다시 나오자(16시 58분) 들판에는 말 떼가 언제 불교 행사가 있었느냐는 듯 평화롭게 풀을 뜯고 있었다(도면 103). 우리는 가까이 말 떼가 있었기에 바로 앞에서 말 사진을 찍을 수 있었다. 다만 말 떼가 못 보던 사람들이 너무 가까이 다가가면 흥분할 수 있다고 생각되어 학생들에게 주의하라고 하였다.

### 9) 몽골제국의 첫 도성 카라코롬 2차 답사

  에르덴조 사원 담장의 동북쪽 모서리 부근에서 나는 학생들에게 이번에는 자유롭게 움직이고, 1시간 후에 이곳에 다시 모이자고 하였다. 따라서 우리는 삼삼오오 따로따로 움직였으며, 몇몇 학생들은 힘들다고 사원 담장의 언덕 아래 앉아 휴식을 취하기도 하였다. 나는 동방 이호형 원장과 함께 카라코롬 도성 평면도를 참고하여 동벽을 따라 북쪽으로 걷기 시작하였다. 우리 뒤로는 김은옥 박사와 김영길, 강나루, 정해봉, 소현승 등 대학원생들이 따라오고 있었다. 카라코롬 도성 동벽은 낮은 둔덕이 길게 이어진 형태였고, 풀로 덮여있었다(도면 104). 성 안쪽으로 둔덕들이 보였는데, 모두 건축물의 기단 혹은 담장 흔적일 것이다. 사원 동북 모서리에서 동벽을 따라 약 320m 거리의 안쪽에 성벽과 약 40m 거리를 두고 담장으로 둘러싸인 건물 기단이 하나 잘 보여 가서 보았다. 기단 위에 회색, 적색, 녹유 기와 쪼가리들이 많이 흩어져 있었다.

우리는 결과적으로 동벽의 중간 정도 약간 꺾이는 부분까지 갔으며(사원 동북 모서리에서 북쪽으로 약 680m 거리), 그곳에서 시간 관계로 되돌아가기로 하였다. 이때 왔던 길을 되돌아가는 것보다 성 내부를 보면서 가는 것이 더 좋겠다는 생각이 들어서 모이는 장소를 아침에 카라코룸으로 들어간 에르덴조 사원의 서북쪽 모서리 부분으로 바꾸었다. 전화기에 몽골 유심을 끼웠기 때문에 서로 전화로 연락도 하고, 또 카톡으로도 연락할 수 있었다. 우리는 이곳에서 방향을 바꾸어 처음에는 서쪽으로, 그다음에는 만안궁이 있는 서남쪽으로 방향을 바꾸어 이동하면서 성 내의 여러 건축물 흔적을 답사하였다(도면 105).

연못이 있었다고 생각되는 오목한 곳도 있었고, 또 대형의 건축물 자리도 있었으며, 여러 곳에서 토기나 기와 쪼가리, 드물게는 백자 쪼가리를 볼 수 있었다. 하지만 그것들이 구체적으로 어떤 용도 건물의 흔적이었는지는 알 수 없

도면 104. 카라코룸 동벽(남→북)과 성 내의 둔덕들(왼쪽)(사진 정석배)

도면 105. 카라코룸에서 토론하는 일행(사진 정석배)

었다. 양과 염소 떼가 풀을 뜯으며 우리의 곁을 지나가기도 하였다.

  우리는 만안궁과 귀부를 다시 보고 카라코룸의 서벽도 확인하였다. 마침 햇빛의 방향이 좋아 에르덴조 사원이 잘 보였다(도면 106). 다음에 밖으로 나갔고, 출입구 가까이에서 뒤를 돌아 만안궁을 배경으로 하여 기념사진도 찍었다(18시 01분). 다음에는 머일팅 암 유적으로 향하였다.

도면 106. 카라코룸 남서쪽에서 본 에르덴조 사원(사진 정석배)

## 10) 구석기시대 머일팅 암 유적에서

머일팅 암(Мойлтын ам, Moiltyn-Am) 유적은 하르허름 서쪽의 오르혼 강 다리를 건너자 바로 길 왼쪽 산에 있어 금방 도착하였다(18시 12분). 그런데 유적 표지판도 있었지만(도면 107), 무언가 내가 사전에 준비하였던 머일팅 암 유적과는 위치가 달랐다(글라드이쉐프, 2008; 정석배, 2024, 13~15쪽). 어쨌든 유적이 맞으니 답사하였는데, 발굴한 장소를 찾을 수가 없었다. 이곳저곳을 돌아다녔으나 유물도 찾을 수 없었다. 앞쪽으로 오르혼강 건너 하르허름 시내가 한눈에 들어왔고, 뒤쪽 산언덕에는 양과 염소 떼가 풀을 뜯고 있었으며(도면 108), 푸른 하늘에는 몇 마리의 매가 우리 머리 위를 선회하고 있었다(도면 109).

계곡 쪽에 가니 단절된 면이 있어 혹시 구석기시대 문화층이 있는지 살펴보았으나 무언가 아닌 듯하였다. 하지만 지층의 단면이 잘 드러나 있어 이호형 원장이 학생들에게 층위(層位)에 대해 설명해 주었다. 그 아래 샘이 하나 있어 물을 마셔보니 시원하고 맛있었다. 샘이 작은 개울을 이루는 곳 주변에 쐐기풀이 자라고 있었는데, 보라색의 꽃이 피어 있었다(도면 110). 나는 쐐기풀은 많이 보았지만, 꽃이 핀 것은 처음 보았다.

도면 107. 머일팅 암 유적 표지판(사진 정석배)

도면 108. 머일팅 암 유적 주변의 양과 염소들(사진 정석배)

우리는 언덕 아래로 내려와 오르혼강 곁의 산자락 가장자리 부분에서도 발굴 장소를 찾아보았는데, 마침 누군가 조사를 한 듯한 곳이 있었다. 하지만 유적이 구체적으로 어느 지점인지 확신을 갖지는 못하였다. 강가에 온 김에 오르혼강 물에 손을 넣어 오르혼강을 느껴보았다(도면 111). 아마도 흉

도면 109. 머일팅 암 유적의 매(사진 정석배)

노, 돌궐, 몽골제국의 전사들은 이 물을 마시면서 휴식을 취하였을 것이다. 이곳은 깊지 않아 걸어서도 건너갈 수 있을 것 같았다. 마침 말 떼가 강가에서 풀을 뜯고 있었는데, 그중 두 마리가 차례로 땅에 구르고 있었다. 나중에 구른 한 마리는 동영상에 담을 수 있었다. 아마도 파리나 모기 같은 해충이 몸에 달라붙어 가려웠기 때문일 것이다.

다시 표지판이 있는 언덕으로 올라가자 마침 다른 고고학자들이 유적을 방문하고 있었다. 영어와 일본어도 들렸다. 그 일행 중에는 머일팅 암 유적을 발

10) 구석기시대 머일팅 암 유적에서    99

굴한 몽골 고고학자 B. 군친수렝(B. Gunchinsuren) 교수도 있었다. 인사를 하고 러시아어로 이야기를 나누었는데, 내가 원래 가려고 한 최근 발굴한 머일팅 암 유적은 그곳에서 7㎞ 떨어져 있다고 하였다. 머일팅 암 유적은 몇 개의 지점이 있는 것이다. 군친수렝 교수는 우리에게 유적에 대해 간략하게 설명해 주었고, 또 주변에서 석기를 몇 개 주어서 보여주었다. 이런! 표지판이 있는 곳 일대에 석기 유물이 있다니! 그 석기를 보고 나자 내 눈에도 땅 위에 흩어져 있는 석기가 눈에 들어왔다(도면 112). 다시 한번 백문이불여일견(百聞而不如一見)을 느끼는 순간이었다. 학생들에게도 석기를 찾아보라고 하였다. 석기는 응회암

도면 110. 머일팅 암 유적 아래 개울가의 꽃이 핀 쐐기풀(사진 정석배)

도면 111. 하르허룸 서쪽 머일팅 암 유적 앞의 오르혼강(사진 정석배)

계통의 격지나 긁개로서 주변의 다른 돌들과는 뚜렷하게 구분되었다. 군친수렝 교수는 동료 연구자들과 함께 구석기시대 동굴유적을 탐색하는 중이라고 하였다. 좋은 성과가 있길 기대한다.

도면 112. 머일팅 암 유적의 석기(사진 정석배)

### 11) 카라코룸 부근의 게르 캠프에서

답사를 마치고(19시 10분), 숙박할 게르 캠프로 가는 길에 규모가 상당히 큰 슈퍼마켓에 들리었다(19시 22분). 학생들은 각자 먹고 싶은 것을 샀고, 나는 보드카 3병과 오이절임 2병을 사서, 캠프에 와서 보드카 1병과 오이절임 1병을 1조 차 운전기사에게 주었다. 아마도 다른 운전기사들과 함께 나누어 마셨을 것이다.

우리가 숙박을 한 곳은 터르건 잠민 노츠 캠프(Торгоны Замын Нууц Жуулчны Бааз 터르건 잠민 노츠 졸치니 바즈, Secret of the Silk Road Tourist Camp)였다. 에르덴조 사원 남동쪽 모서리에서 이 캠프 서북쪽 모서리까지 약 2.07㎞ 거리이다. 이 캠프는 새로 만들어 게르와 식당 건물이 모두 깨끗하였다. 식당이 있는 건물은 게르 쪽에서 보면 3층이고, 식당 입구 쪽에서 보면 2층인 건물이다. 캠프 화장실은 게르와 지면이 같은 1층 가운데쯤에 있고, 샤워실은 측면으로 돌면 있다. 나는 침대가 4개 놓인 46호 게르에서 3명이 함께 숙박하였다. 이 캠프에는 게르가 모두 바닥난방이어서 난로가 없었다.

저녁 식사를 하러 가는데 동쪽 하늘에서 먹구름이 일고 천둥 번개가 치기 시작하였다(20시 00분). 저녁 메뉴는 식빵, 샐러드, 닭고기+밥+오이 조각+감자 튀김(도면 113), 차 혹은 커피였다. 식사하면서 엥흐볼드 선생과 몽골의 고고학 유적들에 관해 이야기를 나누었다. 마침 다른 식탁에서 한국어가 들려왔는데, 우리 외에 다른 한국 팀들도 이곳을 여행하고 있었다.

식사를 마치고 나오자 먹구름은 북쪽을 지나 서쪽으로 이동하고 있었으며, 동쪽 하늘에는 구름 속에 반쯤 가려진 번개 섬광이 지평선 위로 계속해서 일어나고 있었다. 차가운 바람이 심

도면 113. 터르건 잠민 노츠 캠프에서의 저녁 주메뉴(사진 정석배)

하게 불었고, 나와 몇몇 학생 및 다른 한국 여행자가 식당 건물의 난간에서 그 현상을 촬영하였다. 조금 지나 게르가 있는 쪽으로 내려오자 서쪽으로 이동한 먹구름에서 번개가 계속해서 치는 것이 보였다. 늘 번개 치는 모습을 사진으로 담고 싶었지만, 한 번도 그렇게 하질 못하였다. 마침내 이곳 몽골의 하르허룸에서 기회가 온 것이다. 하지만 나타났다가 순식간에 사라지는 번개를 사진에 담기는 불가능에 가까웠다. 초점을 잡을 수가 없었기 때문이었다. 대신 동영상으로는 찍을 수가 있었다. 한 가지 놀라운 사실은 먹구름 사이에서 천둥 번개가 치고 있는데, 그 곁은 푸른 하늘이라는 점이었다(도면 114). 곧 비가 오기 시작하였다.

나중에 우리 게르에서 가까운 슈퍼마켓에서 산 오이 피클과 다른 사람이 산 소시지를 안주 삼아 보드카를 마셨다. 러시아나 몽골의 오이 피클은 한국의 것과는 완전히 다르다. 한국의 것은 식초가 많이 들어가 매우 시큼하지만, 러시아나 몽골의 것은 식초가 조금 혹은 거의 안 들어갔고, 그 외에 겨자무(horseradish)와 딜(dil)의 잎사귀, 마늘 등이 들어가 맛이 향긋하다. 가장 큰 차이는 작은 오이를 병에 통째로 담는다는 것이다. 보드카 안주로는 나쁘지 않다. 엥흐볼드 선생은 개인적 일이 생겨 내일 울란바토르로 돌아간다고 하였다. 그를 대신하여 툭소 선생이 와서 함께 보드카를 마시면서 인사를 나누었

다. 누군가 내일 계속해서 비가 오면 어떻게 하냐고 물었다. 걱정하지 말라고, 내일은 날씨가 좋을 거라고 대답하였다. 나는 답사를 다닐 때 날씨를 걱정하지 않는다. 중국 흑룡강성에서 발해유적인 목단강장성을 답사할 때 소나기가 와서 옷이 몽땅 젖고 신발에 물이 가득 찬 적이 있지만, 대부분 경우 날씨는 우리 편이었다. 아침 식사는 7시에 하기로 하였다.

나는 잘 몰랐지만, 비가 갠 하르허롬의 밤하늘은 밝게 빛나는 별들로 가득 차 있었다. 나중에 대학원생 강나루가 캠프에서 찍은 별빛 가득한 밤하늘의 사진을 보여주었다(도면 115). 은하수가 흐르고, 별똥별이 떨어지는 멋진 밤하늘을 그냥 두고 나는 쿨쿨 잠만 잤던 것이다.

도면 114. 터르건 잠민 노츠 캠프에서 본 몽골 초원의 번개(동영상 캡처, 정석배 촬영)

도면 115. 터르건 잠민 노츠 캠프에서 본 몽골의 밤하늘(사진 강나루)

## 4. 제4일 : 2022년 8월 19일 금요일

　이날은 원래는 아침에 구석기시대 머일팅 암 유적을 보기로 계획하였으나, 이 유적은 어제 이미 보았기에 위구르 한국의 왕족 혹은 귀족이 묻혔다고 생각되는 홍딘 허얼러이 고분군과 우부르 합찰 고분군을 먼저 보기로 하였다. 그다음에는 위구르 한국의 도성인 하르 발가스와 히르게수링 암 고분군을 차례로 보고, 체체를렉시(市)로 가서 아르항가이 아이막 박물관에 들리고, 다음에는 저녁에 숙박할 타이하르 캠프로 가서 캠프 곁의 타이하르 촐로를 보는 것이었다. 일정대로 움직여졌으나, 아르항가이 아이막 박물관만큼은 계획대로 되지 못하였다.

### 1) 카라코룸 부근 게르 캠프에서 그리고 위구르(回鶻)의 유적으로 가면서

　아침에 일찍 일어나 캠프 주변을 산책하였다. 간밤의 먹구름은 어디로 갔는지 하늘은 높고 푸르렀고, 초원의 일출 모습도 장관이었다.[8] 캠프 입구 길에는 양쪽에 나무 기둥을 세워 놓았는데, 윗부분은 모자를 쓴 사람 얼굴을 조각하였고, 그 아래에는 몽골어로 무언가 글자를 새겨 놓았다(도면 116). 한국의 장승을 연상시켰다. 동쪽 바깥에서 보니 나무 기둥들과 식당 건물 그리고 게르 캠프가 조화를 이루는 모습이었다(도면 117). 캠프 둘레에는 낮게 울타리를 쳤고, 각 모서리에는 망루를 세워 놓았다. 동북쪽 모서리 망루에 올라 캠프와 에르덴조 사원의 전경 사진을 찍고 또 멀리 주변의 초원을 구경하였다. 식당으로 가려니 마침 학생들이 게르에서 나오고 있어 각자의 게르 앞에 서게 하여 사진을 찍어 주기도 하였다.

　7시에 식당으로 갔다. 아침 식사는 뷔페식이었다. 여러 가지 음식이 준비되어 있었는데 나는 식빵, 삶은 계란, 소시지, 밥, 오믈렛을 조금씩 가져다 먹

---

8. 2023년에 몽골 초원의 다른 곳에서 일출 모습을 동영상으로 찍은 것이 있다.

도면 116. 터르건 잠민 노츠 캠프의 장승(사진 정석배)

었고, 음료수는 오렌지주스를 마셨다. 차에 다시 짐을 싣고 모두 탑승한 다음 상쾌한 기분으로 출발하였다(7시 42분).

하르허룸의 게르 캠프에서 저녁에 숙박할 호이드(허이드) 타미르강 곁 타이하르 캠프까지는 직선거리 약 130㎞에 불과하였지만, 항가이산맥의 여러 산 사이로 난 구불구불한 길이어서 실제 거리는 훨씬 더 멀다.

우리는 캠프에서 출발하여 오르혼강을 건너 전날 저녁 무렵에 본 머일팅 암 유적 곁을 지나 항가이산맥 지맥의 동쪽 가장자리 산자락을 따라 난 길을 갔다. 길은 포장도로였고, 창밖에는 초원이 펼쳐져 있었으며, 멀리 파란 하늘 아래로 지평선 가까이 산들이 지나가고 있었다. 작은 개울을 하나 지나자 왼쪽으로 유적으로 가는 산길이 보였다. 산길을 따라 조금 더 가자 바로 위구르 두르불징 홍딩 허얼러이 유적에 도착하였다(8시 08분).

## 2) 위구르(回鶻) 두르불징 홍딩 허얼러이 유적 답사

두르불징(Дөрвөлжин, Durvuljin)은 "네모", "사각형"이라는 뜻이다. 발굴 전에 민간에서 네모꼴 외곽의 생김새를 보고 "두르불징"이라고 불렀다고 한다. 발굴 후에 위구르 시대 유적이라는 사실이 밝혀지자 앞에 "위구르"를 붙여 "위구르 두르불징"이라고 부르게 되었다. 직역하면 "위구르 네모" 혹은 "위구르 사각형"이 될 것이다. 위구르 두르불징은 거의 모두 고분이지만, 고

도면 117. 동쪽에서 본 터르건 잠민 노츠 캠프 모습(사진 정석배)

분이 아닌 것도 있다. 한국어로는 "위구르 사각형 구조물" 혹은 "위구르 방형 구조물"로 부르면 어떨까?

위구르 두르불징은 겉으로 보기에 흙으로 만든 네모꼴의 담장(土墻), 그 바깥을 두르고 있는 넓은 도랑 모양의 주구(周溝), 가운데의 볼록하게 솟아있는 봉분(封墳) 혹은 구단(丘壇)으로 이루어져 있다. 담장과 주구의 동쪽에는 단절부(斷絶部) 형태의 출입구가 있다(Ochir 외, 2010). 종류는 가운데 봉분 아래에 무덤구덩이를 파고 묘실(墓室)과 묘도(墓道)를 조성한 것, 지상의 봉분 안에 무덤을 만든 것, 무덤이 없는 것 세 종류로 구분된다. 묘실과 묘도가 있는 위구르 두르불징 중에는 무덤 벽에 그림을 그린 벽화고분도 있다(山西大學歷史文化學院 외, 2016; 정석배, 2024, 241~245쪽).

지금까지 발굴된 위구르 두르불징에서는 유물은 기와와 전돌 등 건축재를 제외하면 매우 빈약한데 도굴이 원인이었을 수도 있지만, 박장(薄葬)의 풍습도 배제할 수 없을 것이다.

위구르 두르불징은 고분의 경우 도성이었던 하르 발가스 가까이 있고 또 큰 규모로 보아 위구르 왕족과 귀족의 무덤이 분명할 것이다.

2) 위구르(回鶻) 두르불징 홍딩 허얼러이 유적 답사   107

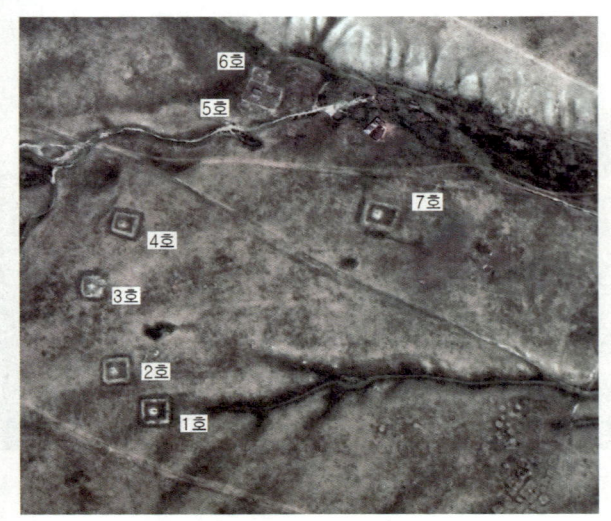

도면 118. 홍딩 허얼러이 유적 모습(구글어스, 필자 재편집)

우리는 이 일대에 분포하는 위구르 두르불징 5개 유적 중 홍딩 허얼러이(Хундын хоолой, Khundiin khooloi), (Өвөр хавцал, Uvur Khavtsal), 히르게수링 암(Хиргэсүүрийн ам, Khirgesüüriin am)이라 불리는 3곳 유적을 답사하였다.

홍딩 허얼러이 유적은 유구 배치도를 구하지 못한 상태에서 답사하여 각 두르불징의 번호를 알지 못하였다. 이후 유구 배치도를 구하게 되어 우리가 답사한 경로를 두르불징 번호로 설명할 수 있게 되었다. 유구 배치도의 상태가 좋지 못하여 구글어스에 두르불징의 번호를 표시해 보았다(도면 118). 동남쪽에는 몽골제국 시기의 고분들이 있지만 가 보지 못하였다.

우리 차량은 큰길에서 가장 가까운 동쪽의 7호 두르불징 주변에 정차하였다. 따라서 이 유적에서의 답사는 자연스럽게 7호부터 시작되었다. 이곳을 본 다음에 작은 개울을 건너 북서쪽에 위치하는 5호로 이동하였는데, 주구와 담장 너머 석축 봉분 위에 머리와 가슴은 흰색이고 나머지는 갈색인 매가 1마리 앉아서 우리를 기다리고 있었다(도면 119). 주구와 석축 봉

도면 119. 홍딩 허얼러이 유적 5호 두르불징(방형 구조물)(사진 정석배)

분에는 쐐기풀이 띄엄띄엄 자라고 있었다. 5호의 북쪽에는 바로 인접하여 6호가 위치한다. 5호와 6호는 발굴된 고분으로서 한쪽에 승문(繩文) 전돌을 비롯하여 편 상태인 전돌이 많이 흩어져 있었다(도면 120). 5호 두르불징의 석축 봉분에는 단이 확인되었다. A.오치르 등이 이 5호의 석축 봉분 위에

도면 120. 홍딩 허얼러이 유적 5호와 6호 고분 사이의 승문 전돌(사진 정석배)

탑이 있었을 수도 있다고 하였지만, 봉분에 잇대어 비탈길 시설을 하여 탑으로 보기에는 문제가 있다고 생각된다.

 나는 이 유적의 전경 사진을 찍어야겠다고 생각하고 북쪽 산언덕으로 올라갔다. 마침 한 무리의 양-염소 떼가 유적을 지나가고 있었다. 산언덕 위에서 해가 아직은 동쪽에 떠 있어 사진찍기에 좋았다. 언덕 위에서는 두르불징들이 있는 골과 그 주변의 풍경이 모두 한눈에 들어왔다(도면 121). 한 학생이 5호 두르불징을 보다 휴대폰을 떨어트린 것을 깜빡하였다가 다시 가지러 갔는데 마침 금방 찾아서 다행이었다. 맑은 공기, 높고 파란 하늘, 푸른 초원, 눈 앞에 펼쳐진 처음 보는 위구르 사각형 구조물들의 모습! 멀리 유적을 내려보면서 우리는 환호하였고, 가슴이 뛰는 것을 느꼈고, 멋진 풍경과 알아감의 기쁨에 감동하였다. 나는 유적의 원경은 물론이고, 두르불징 하나하나의 모습도 여러 가지 크기와 조합으로 모두 사진에 담고자 하였다. 풀 사이에서는 몽골의 곤충이 우리를 쳐다보고 있었다. 언덕에서 내려가기 전에 함께 기념사진을 찍기로 하였다(도면 122). 이렇게 멋진 곳에서 기념사진을 남기지 않는다면, 나중에 오랫동안 후회가 될 것이다.

 우리는 아래로 내려와 북쪽에서 골을 가로질러 남쪽으로 가면서 다시 5호, 그다음에는 4호, 3호, 2호, 1호 순서로 두르불징을 하나하나 살펴보았다. 담

도면 121. 홍딩 허얼러이 유적을 북쪽 언덕에서 본 모습(사진 정석배)

도면 122. 홍딩 허얼러이 유적 북쪽 산언덕에서(사진 이호형)

장 안의 봉분 위에서는 대부분 전돌과 기와가 발견되었는데, 회색기와 중에는 내면에 모골의 흔적이 있는 것도 보였다. 9시 22분쯤 다음 위구르 두르불징 유적으로 출발하였다.

### 3) 위구르(回鶻) 두르불징 우부르 합찰 유적 답사

우부르 합찰 유적(도면 123)은 홍딩 허얼러이 유적에서 북서쪽으로 약 1.9 ㎞ 거리여서 금방 갈 수 있었다. 이곳에는 큰길 왼쪽에 도랑이 크게 파여있어 차가 유적까지 갈 수가 없었다. 길가에 차를 줄줄이 세워 놓고 동쪽으로 산언덕을 따라 이동하였는데, 약 200m 거리에 흉노 고분군이 하나 확인되었다(09시 38분). 이곳의 흉노 고분은 소형의 무덤으로서 지상에 평면 원형으로 얇게 돌을 깐 돌무지 형태를 하고 있었다(도면 124). 나는 답사를 준비할 때 이 유적의 존재를 몰랐기 때문에 뜻하지 않게 흉노 고분 유적을 하나 더 보게 된 것이다. 동행한 툭소 선생이 유적과 흉노 고분의 특징을 설명해 주어 나와 학생들에게 많은 도움이 되었다.

원래의 목적지인 우부르 합찰 유적으로 가면서 뒤돌아보니 소

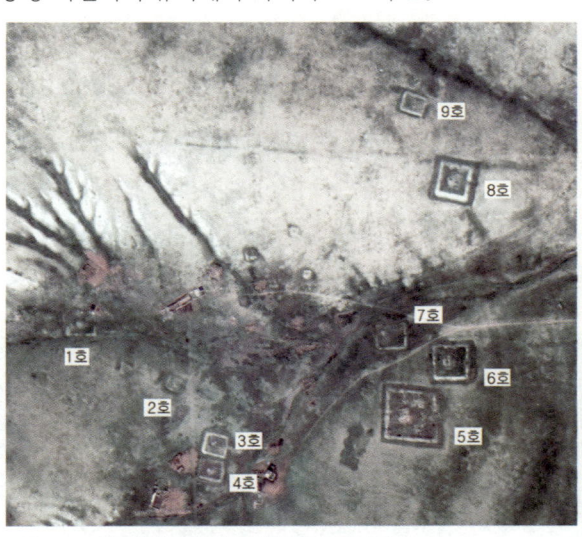

도면 123. 우부르 합찰 유적 현황도(구글어스, 필자 작성)

도면 124. 우부르 합찰 유적 부근의 흉노 고분군(사진 정석배)

형 흉노 고분은 지상에 작은 돌들이 무질서하게 흩어져 있는 것처럼 보여, 멀리서는 고분인지 구분이 되지 않았다. 우부르 합찰 유적에 가니(09시 48분), 학생들은 벌써 먼저 가서 유적을 둘러보고 있었다.

　우부르 합찰 유적은 입지가 홍딩 허얼러이 유적과 비슷하나 차이가 있다면, 넓은 골뿐만 아니라 북쪽 산언덕 등성이 부분에도 방형 구조물(두르불징)이 축조되어 있다는 점이다(정석배, 2024, 245~247쪽). 우리가 북쪽의 등성이를 따라 유적으로 갔기 때문에 답사는 북쪽에서 시작되었다.

　산언덕 위의 8호는 홍딩 허얼러이 유적의 위구르 두르불징에 비해 규모가 월등하게 더 컸다(도면 125). 그뿐만 아니라 골 안쪽에 분포하는 5호는 담장의 규모가 약 67×68m로 엄청났다(도면 126). 이 대형 두르불징들은 아마도 위구르 왕들을 위해 축조하였을 것이나 묘지석이 발견되지 않아 무덤의 주인공이 누구인지는 알 수 없다.

도면 125. 우부르 합찰 유적 8호 방형 구조물(사진 정석배)

도면 126. 우부르 합찰 유적 5호 방형 구조물(사진 정석배)

    8호의 가운데 봉분에는 돌들이 일정한 형태를 이루면서 흩어져 있었고, 그 가운데에는 하얗게 탈색된 말의 머리뼈가 하나 뒹굴고 있었다. 8호의 남쪽 담장 위에서 골 안의 다른 두르불징들이 모두 한눈에 들어왔고, 또 골 안쪽으로 말을 가두는 목조 구조물이 몇 개 보였다. 해는 아직도 동쪽에 떠 있어서 유적 사진을 찍기에 더없이 좋은 시간이었다.

    아래로 내려가 6호, 5호, 7호 사각형 구조물(두르불징)을 시계 방향으로 보았다. 각 두르불징의 사진이 헷갈리지 않게 차례로 전경과 세부를 찍었다. 5호의 남쪽 산 경사면 위에서는 북쪽과 서쪽 원경을 좋은 각도에서 찍을 수 있었고, 또 오면서 본 흉노 고분군도 보였다. 발굴된 5호의 가운데 봉분 위에도 전돌이 다수 깔려 있었다.

    5호에서 7호로 걸어갈 때 도중에 하얗게 탈색된 전체 모습이 잘 남아있는 말 머리뼈가 하나 보였다(도면 127). 청동기시대 재갈 등 마구의 발생과 관련하여 학생들에게 말 머리뼈 사진을 보여주어야 하는데 지금까지는 다른 사람이 촬영한 사진을 보여주었다. 또 내가 2019년 여름에 알타이 파지리크 5호

도면 127. 우부르 합찰 유적에서 발견된 말 두개골(사진 정석배)

쿠르간 발굴 현장에 실습을 나간 우리 학생들을 보러 가서는 아직 탈색되지 않은 말 머리뼈를 보고서도 아무 생각 없이 멀리서만 사진을 찍어 너무나 후회하고 있었기 때문에 이게 웬 떡이냐 하고 여러 각도에서 자세하게 찍었다. 이제 재갈을 이야기할 때면 이 사진을 보여주어야겠다.

다시 8호가 있는 산언덕으로 돌아오자 마침 조금 전에 흉노 고분군 아래에 있던 가축 떼가 골 안으로 들어와 사각형 구조물들 사이를 지나갔다. 새까만 염소들이 선두에서 나아갔고, 그 뒤를 염소와 양들이 뒤섞여 따르고 있었다. 파란 하늘에는 매들이 우리를 감시하며 선회하고 있었고, 학생들은 마침 큰길로 내려가면서 흉노 고분군을 지나가고 있었다(10시 28분). 나는 잠시 학생들을 세워 흉노 고분에서 함께 사진을 찍었다. 저쪽 큰길가에 우리의 차량 5대가 나란히 서 있는 것이 보였다. 흉노 고분군 너머에는 하얀 양 떼가 언제 왔는지 풀을 뜯고 있었다.

### 4) 위구르 회골성(回鶻城) 하르 발가스 답사

다음 목적지인 하르 발가스 궁성은 우부르 합찰 8호 두르불징과 직선거리로 약 12.8㎞ 떨어져 있어 금방 갈 수 있었다. 이곳 큰길에서 서북쪽으로 약 1.7㎞ 거리에 북쪽 하르 발가스로 가는 갈림길이 있다. 그런데 우리 운전기사는 거리가 너무 가까워서인지 깜빡하고 이 갈림길을 지나쳐 갔다. 내가 얼핏 유적으로 가는 화살표 모양 간판을 보아 다행히 바로 차를 돌릴 수 있었다. 하르 발가스 궁성에 도착하기 전에 먼저 멀리서 차를 세워 궁성의 원경 사진을 찍었다(10시 59분). 가까이 다가가니 유적 안내 표지판과 함께 작은 산언덕을 연상시키는 거대한 성벽이 보였다(11시 03분).

하르 발가스(Хар Балгас, Kharbalgas)는 745년에 위구르 제1대 쿠틀룩-빌게(骨力裵羅 골력배라) 카간(재위 742~747년)이 세운 위구르 한국의 수도 회골성(回鶻城)이다(정석배, 2024, 225~234쪽).

하르 발가스는 "검은 도시" 혹은 "검은 성(黑城)"를 뜻한다. 하르 발가스는 카라발가순(Карабалгасун, Karabalghasun) 혹은 오르두 발릭(Орду-Балык, Ordu-Baliq)이라고도 부른다. 840년경 예니세이 키르기스(힐알사)의 공격으로 폐기되었다. 유네스코의 오르혼 계곡 세계문화유산(Orkhon Valley World Heritage Site)의 하나이다.

하르 발가스에는 도성(都城) 전체를 둘러싸는 외곽성벽이 처음부터 없었다. 유적 전체는 크기가 분명하지 못하나 남북 약 8~9㎞, 동서 약 4~5㎞일 것으로 생각된다.

도성의 가운데를 따라 북동-남서 방향으로 대로가 위치하고, 이 대로의 북동쪽 끝부분에 궁성이 있다(도면 128). 궁성의 남쪽에는 작은 방형 성(약 275×255m)이 있는데, 한자, 소그드어, 위구르어로 된 구성회골가한비문(九姓回鶻可汗碑文)이 발견된 곳이다. 그 서쪽에는 주거와 수공업 구역으로 추정된 약 1×1㎞ 크기의 다른 성이 있다.

궁성은 평면이 긴 네모꼴(장방형)이나 서벽 바깥에 돌출된 부분이 있어 이것을 포함한 평면은 "凸(철)"자 모양이다(도면 129). 크기는 360×406m이다. 성벽은 시루떡 모양의 판축으로 조성하였고, 높이는 약 8~10m이다. 성벽에는 치가 설치되었으며, 북벽의 좌우 모서리에는 바깥으로 돌출하는 각대가 있다. 성문은 동벽 가운데에 하나 있다. 서벽 남쪽 부분에도 단절부가 하나 있는데, 이곳에도 성문이 있었을 가능성이 있다. 성벽 바깥에는 해자가 두르고 있으며, 그 바깥에는 북쪽과 남쪽에는 일정 간격으로 돈대가 배치되어 있다(라들로프, 1893; 끼셀료프, 1957).

궁성 내의 남동쪽에는 높은 성벽과 높은 단에 의해 구분되는 별도의 구역이 있는데 바로 궁전구역이며, 높이가 12m이다. 중구의 서쪽에는 판축으로 튼

튼하게 쌓아 올린 높이 14m의 고대(高臺)가 있고, 고대 앞에는 2개의 기단이 있다. 궁성의 동쪽에는 약 300m 길이로 이어진 낮은 성벽으로 둘러싸인 공간이 있는데, 정원(庭園)이었을 것으로 여겨진다.

    2010년에 몽·독 공동조사단이 고대 앞의 한 기단에서 연꽃으로 장식된 9개의 원형 주좌 방형 초석을 조사하였다(Burkart Dohne, 2010). 9개의 초석은 8칸 건물을 암시하는 것으로서 일반적인 홀수 칸 건물과는 구분된다. 따라서 발굴 보고자는 이 건물이 마니교와 관련되었을 수도 있다고 판단하였다. 궁전구역에서는 우물을 비롯하여 연꽃으로 장식된 초석 등이 조사되었다.

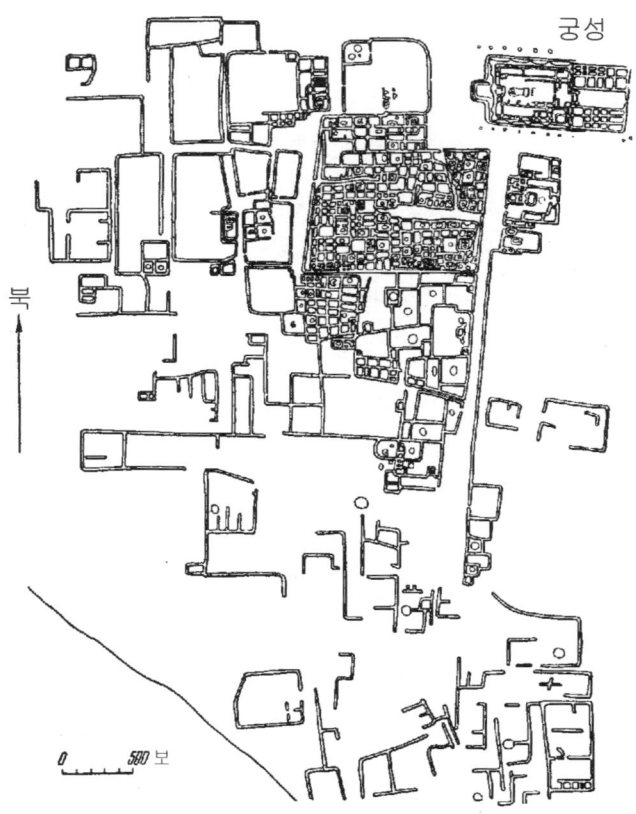

도면 128. 하르 발가스 유적 현황도(끼셀료프 S.V., 1957, 필자 수정)

116    Ⅱ. 몽골, 초원의 나라로

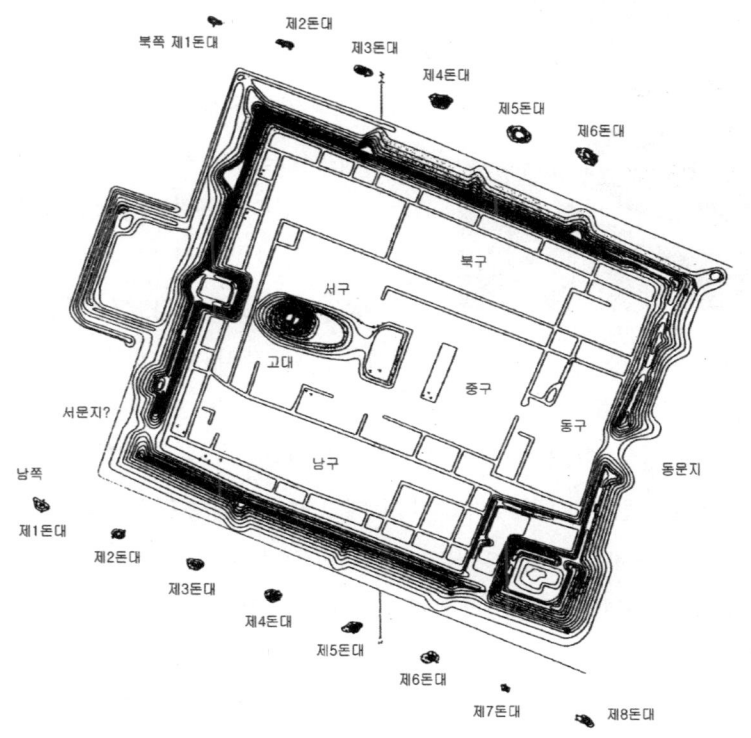

도면 129. 하르 발가스 궁성 현황도(라들로프, 1893, 필자 재편집)

　궁성 남쪽의 방형 소성에서는 2010년 발굴에서 전돌로 마감을 한 토축 기단의 건축물이 확인되었고, 또 점토로 만든 고누판 등의 유물이 출토되었다. 이 고누판은 연해주에서 발굴된 발해 끄라스끼노성 출토 고누판과 시기가 비슷하여 당시 발해와 위구르 사이에 상호 교류가 있었음을 보여 준다(정석배, 2017b). 고누는 우리의 전통 놀이 중 하나로서 고구려 때부터 그 존재가 확인된다. 나는 고구려 토기와 관련하여 수업을 준비하면서 청원 남성골산성 출토 고구려 토기 사진을 보다가 그중 한곳에 고누판이 새겨져 있는 것을 발견하고 깜짝 놀란 적이 있다(정석배, 2021, 385쪽). 하르 발가스 궁성에 대해 종교 시설인 사원(寺院)이었다는 주장도 있는데 앞으로 연구가 필요하다.

도면 130. 하르 발가스 궁성 남벽 바깥 제7 돈대(사진 정석배)

우리가 도착한 곳은 바로 하르 발가스 궁성 남동쪽 모서리 가까이였다. 학생들에게 유적에 대해 간단하게 설명하고 남벽 바깥 제7 돈대부터 답사를 시작하였다. 돈대(墩臺)는 궁성의 남벽과 북벽 바깥에 성벽과 약 60m 거리를 두고 상호 약 77m 간격으로 대칭을 이루며 배치되어 있다. 돈대의 번호는 서쪽에서 동쪽으로 내가 붙여 본 것이다. 돈대는 문자 그대로 시루떡 모양의 판축(板築)을 하여 쌓아 올렸는데 횡장목(橫長木)과 종장목(縱長木) 흔적이 관통된 구멍 형태로 잘 남아있다(도면 130). 동방 이호형 원장이 판축기법의 전형이라고 하면서 학생들에게 신나게 설명하였고, 나는 내가 할 일을 대신 해주니 마침 잘되었다 싶어 성의 하나하나를 모두 사진에 담기 위해 열심히 왔다 갔다 하면서 돌아다녔다.

성의 남동 모서리 부분은 성 내의 고대를 제외하면, 이 성에서 가장 높은 곳이다. 이곳에서는 궁성 내부는 물론이고, 바깥으로 하르 발가스 유적 전체가 모두 잘 조망되었다.[9] 남벽 바깥으로 해자와 줄지어 서 있는 돈대도 보였다(도면 131). 이곳이 가장 높은 것은 성내 남동쪽 모서리 부분에 높은 단 위의 궁전 구역이 있기 때문이다(도면 132). 이곳에서 우물과 초석 등이 조사된 바 있다.

동문지도 그 규모가 엄청났다(도면 133). 동문지 좌우 망루가 있는 성벽의 높이는 내가 본 내몽골 파람좌기에 있는 요 상경 임황부 성이나 흑룡강성 하얼빈 부근 아성에 있는 금 상경 회령부 성보다 훨씬 더 크고 높았다. 동문지 북쪽의 치에서 서쪽으로 궁성 내부와 동산 모양의 고대가 잘 보였고(도면 134), 동쪽으로는 궁성보다는 늦게 축조한 것이 분명한 정원 구역과 그 안을 구획한 담장과 건물 기단인 둔덕들, 그리고 성벽 언저리에서 풀을 뜯는 양 떼, 또 그

---

9. 2023년 답사 시 이곳에서 동영상을 촬영하였다.

도면 131. 하르 발가스 궁성 남벽과 바깥의 해자 및 돈대(사진 정석배)

도면 132. 하르 발가스 궁성 고대에서 본 동남 모서리 궁전구역 모습(사진 정석배)

도면 133. 하르 발가스 궁성 바깥에서 본 동문지 모습(사진 정석배)

도면 134. 하르 발가스 궁성 동벽 치에서 본 내부 모습(사진 정석배)

도면 135. 하르 발가스 궁성 동쪽 정원 모습(사진 정석배)

너머로 게르와 지평선 위로 줄지어 있는 산들이 보였다(도면 135).

  북벽 바깥으로는 해자 너머로 돈대가 줄지어 있는 것이 보였다. 북벽 북서쪽 모서리 가까이 안쪽과 서벽 안쪽이 모두 시루떡 모양 판축 부분이 그대로 노출되어 있었다(도면 136). 나와 학생들은 성벽 위로 올라갔다 내려갔다 하면서 성벽을 살펴보았는데, 내가 성 안쪽 아래에 있을 때 북서 모서리 위에서 몽골의 한 남성과 같이 있던 여성이 나를 보고 휴대전화기로 사진을 찍었다. 그것을 보고 나도 그 사람들을 찍자 그 여성은 멋쩍지만 환하게 웃으며 인사를 하였다. 조금 있다가 그들이 있던 북서 모서리로 올라가자 판축 망루 자리가 2개의 탑처럼 나뉘어 남아있었고, 또 바깥으로는 돌출한 각대가 잘 보였다. 이곳에서는 서벽 바깥으로 돌출한 부분도 잘 보였다.

  나는 서벽 안쪽으로 내려와 성벽을 자세하게 관찰하였고, 정면, 비스듬한 측면, 세부 등 가능한 모든 각도와 크기로 사진을 찍었다. 판축 층의 두께는 10㎝ 정도가 많았고, 그 외에 조금 더 얇은 층과 두꺼운 층도 보였다. 몇몇 종장목 구멍에 축성 시에 사용하였던 나무의 잔재가 마른 상태로 아직도 남아

도면 136. 하르 발가스 궁성 북벽과 서벽의 판축 모습(사진 정석배)

있는 것이 놀라웠다. 학생들이 신나서 성벽 앞을 왔다 갔다 하면서 사진도 찍고, 토론도 하는 것이 보였다. 어떤 학생은 벌써 높은 언덕 모양의 고대에 올라가 있었다(도면 137).

서벽 가운데 바깥 돌출부는 궁성 동쪽 "정원"과 마찬가지로 성벽이 낮아 나중에 덧쌓은 것으로 보인다. 겉으로 볼 때 출입구가 보이지 않았고, 옹성의 역할을 한 것인지 아니면 다른 용도로 사용된 것인지 알 수 없다. 서벽 가운데 안쪽 돌출부를 지나 고대로 올라가자 서쪽 바깥 돌출부, 안쪽 돌출부, 고대 앞 건축 기단, 동문이 동일 축선 상에 배치된 것이 잘 확인되었다(도면 138). 궁성을 사원(寺院)로 보는 의견도 있는데 사원에 이렇게 높은 성벽이 필요하였을 것 같지는 않다. 혹시 이 성이 궁성과 마니교 사원 역할을 동시에 하였을까?

동산 모양의 고대 위에는 기둥을 세우고 천을 감아 놓았는데, 파란색 천 사이에 푸른색과 붉은색 천도 보였다. 고대는 탑의 흔적이라는 의견이 있다.

다음에는 성 내를 가로질러 남서 모서리 쪽으로 갔다. 이곳에서 남벽을 따라 동쪽으로 이동을 하다가 치 하나를 지나 남벽 바깥 제4 돈대 쪽으로 내려

도면 137. 하르 발가스 궁성 고대(사진 정석배)

도면 138. 하르 발가스 궁성 고대에서 본 서벽 안과 바깥의 사각형 공간(사진 정석배)

4) 위구르 회골성(回鶻城) 하르 발가스 답사

왔다. 해자는 메워져 얕았지만 물기를 머금어서인지 풀이 무성하게 자라고 있었다. 돈대들과 해자 그리고 성벽을 관찰하면서 차량이 있는 곳으로 이동하였다. 표지판 주변에 기와 쪼가리들이 흩어져 있는 것이 눈에 들어왔다(12시 24분). 차에 타고 이동할 때 이곳 지형이 거의 수평이라는 사실을 알게 되었다. 두 강 사이의 완전한 평지에 건설한 위구르 도성 약 100년의 역사가 이곳 들판에 잠들어 있다. 우리는 궁성만 보았지만, 이곳에는 아직도 곳곳에 도성의 도로와 건축물들이 둔덕 형태로 남아있다.

### 5) 위구르(回鶻) 두르불징 히르게수링 암 유적으로 가면서

하르 발가스 궁성을 뒤로 하고 큰길로 나오는데 상당히 큰 돌들이 드문드문 보였다. 나는 혹시 유적이 아닌가 하고 주의해서 보았고, 큰길 가까이 와서는 잠깐 차를 세워 확인해 보기로 하였다. 가서 보니(12시 47분), 청동기시대 히르기수르와 그 곁에 판석을 세워서 만든 판석묘로 보이는 구조물들이 보였다(도면 139). 나는 판석묘를 삽화나 사진으로만 보았기에 확신을 할 수가 없었는데, 툭소 선생이 와서 판석묘가 맞다고 하였다. 예기치 않은 곳에서 오랫동안 실물로 보고 싶었던 판석묘를 마침내 보게 된 것이다. 나는 기쁜 마음으로 학생들에게도 이곳 히르기수르와 판석묘를 보게 하였다. 다만 원래 답사 예정지가 아니어서 바로 출발하였다(12시 52분).

우리는 이곳에서 위구르 두르불징의 다른 한 그룹인 히르게수링 암 유적을 보러 갔다. 하르 발가스 가는 큰길 갈림길에서 서쪽으로 약 6.5km 떨어져 있지만, 가면서 헤매는 바람에 시간이 지체되었다. 우리는 유적 가까이 산모퉁이를 지나 개울이 나오기 전에 큰길에서 남쪽으로 방향을 틀었고, 개울과 평행을 이루며 난 길을 따라서 가다가 얕은 곳 개울을 건넜다. 개울 건너편에는 경작지들이 있었는데 생김새가 너무 비슷비슷하여 어느 경작지쯤에서 다시 방향을 틀어야 하는지 헷갈린 것이다. 결과적으로 우리는 유적으로 진입하는 곳을 지나 골 하나와 산등성이 하나를 더 지나쳐 갔다. 나는 무언가 아니라는 생

도면 139. 하르 발가스 갈림길의 판석묘(사진 정석배)

각이 들어서 가지고 간 유적 도면과 되었다 안되었다 하는 인터넷을 켜 우리의 현 위치와 유적의 상대적인 위치를 파악하여 다시 길을 찾았다. 그런데 길을 잘못 들기는 하였으나 유적 남쪽 산 너머까지 간 것이 헛지지는 않았다. 이곳에서 독수리로 보이는 새들이 몇 마리 앉아 있는 것이 보였기 때문이다. 이 새들은 날개를 펼치면 좌우 폭이 2m나 된다고 하였다. 다만 새들이 내가 앉은 자리의 반대편 쪽에 있었고 또 길을 헤매는 상황에서 차마 차를 세워달라 하지 못해 아쉽게도 사진을 찍지는 못하였다.

우리는 차를 뒤로 돌려 다시 북쪽으로 갔고, 유적이 있는 골의 남쪽 완만한 산언덕에서 길이 없는 서쪽으로 방향을 틀어 유적 부근까지 차를 타고 갔다(13시 29분). 원래 예정한 시간보다 20분 이상 지체되었다.

### 6) 위구르(回鶻) 두르불징 히르게수링 암 유적 답사

히르게수링 암(Хиргэсүүрийн ам, Khirgesüüriin am) 유적에는 1호부터 7호까지의 두르불징과 2기의 다른 시기 고분이 확인되었다(도면 140)(정석배, 2024, 247~251쪽). 우리가 동남쪽으로 접근하였기에 답사는 그곳에서 시작되었다. 맑고 푸른 하늘에 하얀 달의 잔영이 보였고, 또 두 마리의 매가 우리 머

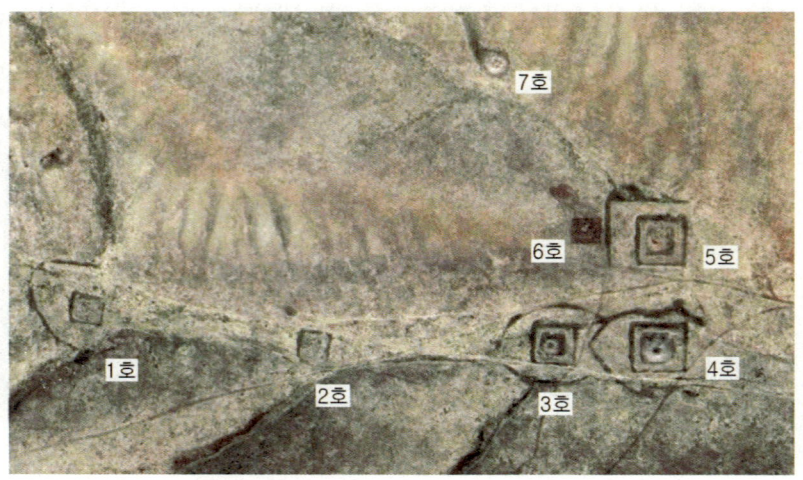

도면 140. 히르게수링 암 유적 유구 배치도(구글 어스, 필자 작성)

  리 위를 맴돌았다. 풀 사이에는 하얀 꽃들이 가득 피어있었다. 이곳 언덕에서는 유적이 한눈에 들어왔다(도면 141). 마침 해가 머리 위에서 남쪽으로 조금 치우친 곳에 있어 사진 찍기에도 좋았다. 시간의 부족을 느껴 4호, 3호, 5호를 시계방향으로 빠르게 돌면서 보고, 나머지는 원경만 찍었다.

  4호의 봉분은 높이가 상당히 높았고, 가운데가 움푹하게 함몰되었으며, 또 겉으로 엄청난 양의 돌이 드러나 있었고, 함몰부에는 쐐기풀들이 자라고 있었다. 3호의 봉분은 돌로 축조한 것인데, 몇몇 지점에서 면이 맞는 단이 확인되었다(도면 142). 계단식 적석총을 연상시키는 구조였다. 이곳에도 말 머리뼈가 1개 있었다. 발굴된 5호의 가운데 봉분은 겉이 흙으로 덮여있었고, 가운데 조금 함몰된 곳에는 다량의 전돌 쪼가리가 있었다. 3호, 4호, 5호 모두 담장과 그 바깥의 주구가 있는 구조이다.

  운전기사들이 차를 언덕에서 골 아래로 옮겨 놓았고, 그중 한 명이 큰 곤충을 잡아 우리에게 보여주었다(도면 143)(14시 03분). 이 곤충의 이름이 무엇인지 궁금하다. 유적에서 큰길로 나갈 때는 경작지의 남쪽에 난 길을 따라 서쪽으로 갔는데, 길이 좋아 금방 나갔다.

도면 141. 히르게수링 암 유적 전경(왼쪽 3호, 가운데 4호, 오른쪽 5호, 5호 뒤로 6호와 7호)(사진 정석배)

도면 142. 히르게수링 암 유적 3호 방형 구조물 적석 봉분 세부(사진 정석배)

도면 143. 히르게수링 암 유적에서 만난 곤충(사진 정석배)

6) 위구르(回鶻) 두르불징 히르게수링 암 유적 답사

### 7) 아르항가이 아이막 박물관이 있는 체체를렉으로 가면서

점심은 서쪽으로 가는 도로에서 첫 번째 마을인 허턴트(Хотонт, Hotont)에서 먹기로 하였다. 내가 탄 차는 이 마을에 도착하기 전에 길 오른쪽 가까이에 있는 어느 목장으로 갔고(14시 19분), 나머지 차들은 큰길가에서 기다렸다. 내가 왜 이곳으로 왔냐고 물으니 저녁에 마실 마유주(Айраг 아이락, 애룩)를 사러 왔다고 하였다. 목장 게르에서 바로 만든 것이어서 아주 싱싱하다고 하였다. 나는 마침 잘 되었다 싶어 몽골 초원의 목장 게르를 구경하였다.

이 목장에는 2채의 게르가 있었고, 게르 뒤쪽에는 한 무리의 말 떼가 쉬고 있었다(도면 144). 말 무리 사이로 한쪽에 나무 기둥을 박거나 옆으로 걸쳐 만든 말을 가두는 구조물이 보였고, 또 밧줄을 땅에 깔아 쭉 두른 것이 보였다. 어떤 말들은 고삐를 그 밧줄에 매어 놓았다. 대부분의 말은 고삐를 매지 않았다. 어떤 말은 배를 아래로 깔고 앉아 있었고, 어떤 말은 서 있었으며, 또 어떤 말들은 배의 측면이 아래로 가게 하여 누워있는 것이 모두 평화스러워 보였다.

조금 지나자 게르에서 나를 들어오라고 하였다. 게르 안은 하나의 가정집

도면 144. 허턴트 마을 부근 몽골 초원의 목장(사진 정석배)

방이었다. 가운데에 난로가 있었고, 정면 벽에는 카펫 위로 가족사진과 그 아래 서랍장, 우측과 좌측에는 게르 벽을 카펫으로 막고 그 앞에 소파-침대가, 입구 곁 오른쪽에는 큰 찬장이, 왼쪽에는 말 젖 혹은 마유주를 넣은 큰 통들이 각각 놓여 있었다. 그 곁의 한쪽 게르 벽에 소가죽 자루가 하나 걸려 있었는데, 바로 이 소가족 자루에서 아이락을 만든다고 하였다(도면 145). 싱싱한 말 젖을 넣고 막대기로 천 번을 저으면 발효가 되면서 아이락이 된다고 하였다. 툭소 선생이 소파-침대에 앉아 먼저 아이락을 한 사발을 마시고, 나에게도 한 사발을 따라 주었다. 내가 단숨에 들이키자(도면 146), 놀라워하면서 '잘 마시는군요' 하였다. 나는 2012년에 몽골에 갔을 때, 또 2015년에 카자흐스탄에 갔을 때 마셔본 적이 있어 이미 맛이 익숙하였다. 처음에는 좀 그렇지만 마시다 보면 맛있다. 아이락은 한국에서 마유주(馬乳酒)라고 부르듯이 술의 일종이라고 하지만, 실제는 알코올 성분이 매우 적어 술보다는 음료수에 가깝다.

 소파-침대 곁의 탁자 위에는 말젖으로 만든 딱딱한 음식이 놓여 있었고, 난로 위에서는 무엇인가 말젖으로 음식을 만들고 있었다. 젊은 여성이 아이락을 긴 국자와 깔때기를 사용해 병에 넣었고(도면 147), 우리는 5병을 받아서 다시 출발하였다(14시 30분).

도면 145. 아이락을 만드는 소가죽 자루(사진 정석배)

도면 146. 게르 안에서 아이락을 마시는 필자(사진 토야)

7) 아르항가이 아이막 박물관이 있는 체체를렉으로 가면서

도면 147. 소가죽 자루에서 아이락을 퍼서 병에 담는 여성(사진 정석배)

조금 지나자 우리는 허턴트 마을에 도착하였다. 그런데 원래 이곳에서 점심을 먹어야겠다고 한 호텔 겸 레스토랑의 문이 잠겨 있었다. 예상치 못한 상황에 약간 당황한 우리 통역은 이 마을에 있는 저깅 가자르(ЗООГИЙН ГАЗАР)라는 간판이 있는 작은 식당을 찾아 음식을 주문하였다. 그런데 식당 한 곳에서는 음식을 빨리 만들 수 없어 다른 식당에서도 나누어 주문하였다고 하였다. 그동안 우리는 처마 아래 그늘과 식당 안에서 쉬면서 이것저것 이야기하였고, 또 화장실도 다녀왔다. 화장실이 재래식이어서 모두 불편하였지만 어쩔 수 없었다.

이 식당은 게르 모양으로 만들어서 식탁이 둥글게 배치되어 있었다. 식당에서도 갑작스레 음식을 만드는 것이었고, 또 두 식당에서 음식을 만들긴 하였어도 전체 합이 29인분이라 시간이 지체되었다. 양고기 만두와 면에 양고기를 섞어 만든 음식이 나왔는데, 만두는 맛있었지만(도면 148), 면은 부풀고 퍽퍽하였다. 우유 차와 함께 먹었다. 점심을 먹고 다음 목적지로 출발하였다(15시 45분).

점심 식사 때 빼앗긴 시간은 우리의 다음 일정에 큰 차질을 주었다. 우리의 다음 목적지는 이 마을에서 서쪽으로 직선거리 약 78㎞ 떨어져 있는 체체를렉시(市)의 아르항가이 아이막 박물관이었는데, 17시에 문을 닫는다고 하였다. 우리 운전기사는 부지런히 차를 달렸고, 나는 몽골 초원의 풍경을 놓치지 않으려 창밖을 계속해서 바라보았다. 창밖으로 가축 떼가 풀을 뜯는 모습, 한 젊은이가 초원 위로 말을 타고 가는 모습 등이 보였다. 쳉헤르 솜(Цэнхэр Сум)이라고 적

도면 148. 허턴트 마을에서 먹은 만두(사진 정석배)

힌 도로 위를 가로지르는 간판을 지나자 곧 쳉헤르(Цэнхэр, Tsenher) 마을 서쪽의 오르드 타미르(Урд Тамир, Urd Tamir)강 다리가 나왔다(16시 33분). 오르드(오르뜨)는 남쪽이라는 뜻이나 오르드 타미르는 남(南) 타미르강으로 번역될 수 있다. 다리의 동쪽에는 마을 집들이 있었고, 서쪽에는 게르가 무리 지어 위치하였으며, 조금 더 가자 검정 털을 가진 야크들이 들판에서 풀을 뜯는 것이 보였다. 울란바토르에서 이곳까지 오면서 야크는 처음 보는데, 아마도 자연환경에 따라 목축하는 가축이 조금씩 차이가 있는 것으로 보인다.

길에서 가까이 산이 보이기 시작하였고, 산 사이의 들판에서 오토바이를 탄 목동이 양을 치는 것도 보였다(도면 149). 이곳 몽골 초원에도 점차 말이 아니라 오토바이를 타는 목동이 늘어나는 추세라고 하였다. 얼마 후에 절벽 곁에서 잠깐 차를 세웠다(16시 42분). 뒤의 차들을 잠시 기다린 것이다. 마침 이곳은 경치가 좋은 곳이라 다른 사람들도 차를 세우고 쉬고 있었다. 앞쪽 절벽 위 끝에는 산양의 형상이 하나 세워져 있었고(도면 150), 그 아래 길가에는 "자연을 사랑하고 보호하자(Байгал эхээ хайр лан хамгаалъя)"라고 쓴 간판이 보였다. 이곳은 서쪽 체체를렉의 중심지와 약 12㎞ 떨어진 곳이며, 오르드 타미르강의 북쪽 지류인 작은 개울 북안이다.

나는 길 아래 맑은 개울로 가서 물속을 들여다보고 또 좁게 만든 나무다리 위로 올라가 저쪽 개울에 발을 담그고 있는 말들과 소들, 그리고 그 뒤의 게르

도면 149. 오르드 타미르강 유역의 몽골 초원(사진 정석배)

도면 150. 오르드 타미르강 유역의 산양상(사진 정석배)

와 산들을 구경하였다(도면 151). 그림 같은 풍경이었다. 조금 지나 우리의 다른 차가 2대 더 도착하여 타고 있던 학생들이 잠시 내려 경치를 감상하였다. 마지막 차가 오자 우리는 다시 출발하였다(16시 47분).

이제 산들이 가까이에서 더 자주 보였고, 두 산 사이의 초원에는 야크가 더 자주 보였다. 우리는 점점 더 항가이산맥의 안쪽으로 들어가고 있었다. 길을 가로질러 세워 놓은 간판에서 체체를렉 허트(ЦЭЦЭРЛЭГ ХОТ)라는 글자를 보고 나서 곧 체체를렉(Цэцэрлэг, Tsetserleg)시의 동쪽 교외에 도착하였다. 몽골어 허트(ХОТ)는 도시, 시를 의미한다. 아르항가이 박물관은 이 시의 서쪽 북쪽 부분에 위치하여 시내를 지나가야만 하였다.

도면 151. 오르드 타미르강 북쪽 지류의 풍경(사진 정석배)

## 8) 돌궐(突厥) 보고트 비석이 있는 아르항가이 아이막 박물관에서

아르항가이 아이막 박물관(Архангай Аймгийн Музей, Museum of Arkhangai Province)에 도착하니 시간이 16시 55분쯤이었다. 그런데 안타깝게도 차를 타고 정문 앞에 도착하였을 때는 문이 열려 있었는데, 차를 주차하고 가니 박물관 정문을 막 닫고 있었다. 이게 어찌 된 일인지 물어보니, 퇴근 전에 박물관 전시실을 전부 코로나로 소독하여 우리를 들여보낼 수 없다는 것이었다. 마침 박물관 정문 사이로 마당에 세워져 있는 보고트(부구트) 비석(Бугут, Bugut inscription)이 보여, 잠깐 들어가 비석만 볼 수 있길 요청하였다. 나와 동방 이호형 원장은 들어가서 보았지만, 나머지는 안타깝게도 들어가지를 못하였다. 보고트 비석을 보게 허락한 박물관 관계자에게 감사의 마음을 전하며, 또 다른 한편으로 우리 학생들에게는 미안한 마음을 전한다.

아르항가이 아이막 박물관은 체체를렉시의 북쪽 볼강산(山) 남쪽에 있는 자야 게게니 후레(Заяын Гэгээний Хүрээ) 사원에 있다. 이 사원의 남쪽 가운데에 있는 라브랑궁(宮)이 아르항가이 아이막 박물관 건물로 사용되고 있다(정석배, 2024, 295~300쪽).

나는 박물관이 문을 닫는 시간에 도착하여 박물관 전시실을 보지 못하였다. 그나마 박물관 직원의 배려로 박물관 마당에 들어가서 보고트 비석만 잠깐 볼 수 있었다. 우리가 너무 늦게 도착한 이유로 이 박물관에 도착하여 출발하기까지의 시간은 5분에 불과하였다.

이와 같은 까닭으로 전시실에 대해서는 할 말이 없으며, 내가 본 보고트 비석에 관해서만 소개하겠다.[10]

보고트 비석은 부구트 비문(Bugut inscription)으로 알려져 있다. 몽골어 발음은 보고트(Бугут)이다. 1956년에 몽골 고고학자 Dj. 도르지수렝(Дж. Доржсурэн)이 아르항기아 아이막 보고트산(山) 서쪽 약 10km 거리의 보고트 유적에서 발견하였다. 비석은 원래 비각에 의해 보호되었을 것으로 추정되었는데, 비석 둘레에 모두 6개의 나무 기둥 자리가 발견되었기 때문이다. 보고트 제사유적의 가운데 부분에서는 사당터도 확인되었다(보이또프, 1996; 정석배, 2024, 187~191쪽).

비석의 크기는 높이 198㎝, 기저 폭 70㎝, 두께 20㎝이다. 비문은 소그드어로 작성하였다. 앞면, 좌우 측면은 상대적으로 잘 남아있고, 후면은 풍화로 인해 글자가 거의 판독되지 못하였다(도면 152~153). 이 비석은 돌궐 제1제국 타스파르 카간(佗鉢可汗 타발가한, 재위 572~581년) 마지막 해에 세워진 것으로 추정되고 있는데, 그 근거는 다음과 같다.

첫째, 돌궐 제2제국 시기의 씨족 표식인 산양 기호가 없다. 둘째, 비석 머리인 이수에 돌궐 제2제국 시기 비석에 보이는 용 대신에 늑대가 묘사되어 있다. 셋째, 비문에 돌궐 제1제국 시기의 부민 카간, 무한 카간, 타스파르 카간,

---

10. 2023년 답사 때에는 학생들과 함께 보고트 비석뿐만 아니라 내부의 전시실도 관람하였다.

도면 152. 아르항가이 아이막 박물관 안의 보고트 비석(사진 정석배)

도면 153. 보고트 비석: 1 – 전면, 2 – 측면, 3 – 전면 세부(사진 정석배)

8) 돌궐(突厥) 보고트 비석이 있는 아르항가이 아이막 박물관에서

니바르 카간(572~581년 / 581~587년) 이름만 있고, 돌궐 제2제국 시기 카간의 이름은 없다. 넷째, 비문에 토끼해에 일어난 사건 이야기가 있는데, 돌궐 제1제국 시기 토끼해는 559년, 571년, 583년, 595년, 607년, 619년이지만, 관련된 역사적 사건들은 모두 583년 전에 일어났다. S.G.끌랴쉬또르느이와 V.A.리브쉬쯔는 이러한 사실에 근거하여 보고트 비석의 건립 연대로 타스파르 카간의 재위 마지막 해인 581년이 가장 타당할 것으로 추정하였다(끌랴쉬또르느이 외, 1971).

이들이 지적한 첫째와 둘째 근거는 이 책에 제시된 빌게칸 및 퀼 테긴 비석과 비교해 보면 매우 흥미로울 것이다(도면 52~53 참조).

보고트 비석은 이수에 암늑대와 어린아이가 조각되어 있어 돌궐의 기원 설화와 깊은 관련이 있을 것으로 평가되고 있지만, 최근에는 암늑대가 아니라 용이, 그리고 어린아이는 묘사되지 않았다는 의견도 제시된 것이 있다. 이 비석의 이수에 표현된 것이 늑대인지 용인지 또 어린아이가 있는지 없는지 자세하게 관찰해보는 것도 나쁘지 않을 것이다.

박물관 정문에서 볼 때 보고트 비석은 박물관 마당의 가운데 중심축 선상에 세워져 있다. 비석 아래에는 비석과 동일 재질 및 색깔의 귀부가 얼굴을 박물관 정문 쪽을 향해 놓여 있다. 비석의 상태는 정면에서 볼 때 오른쪽 윗부분이 깨어져 나갔는데, 비석 머리의 일부를 다시 붙인 것으로 보인다.

### 9) 초원의 큰 바위 타이하르 촐로로 가면서

아르항가이 아이막 박물관을 보지 못해 아쉬운 마음을 가진 채 호이드(허이드) 타미르강(Хойд Тамир гол) 우안(右岸)에 있는 타이하르 촐로(Тайхар Чулуу, Taikhar Chuluu)로 출발하였다(17시 10분). 허이드(허이뜨)는 몽골어에서 북쪽을 뜻하기 때문에 허이드 타미르강은 북(北) 타미르강으로 번역할 수 있다. 좌안(左岸)이나 우안(右岸)이라는 말은 강의 상류 쪽에서 하류 쪽을 보고 왼쪽인가 아니면 오른쪽인가를 말하는 것이다.

타이하르 촐로는 아르항가이 아이막 박물관이 있는 체체를렉에서 서쪽의 남서-북동 방향으로 뻗어 있는 항가이산맥의 지맥을 하나 넘어야 갈 수 있다. 이 지맥의 고개를 넘을 때 좌우의 산언덕에서 전나무들이 보였다. 이 고갯길은 해발 약 1,980m가 되는데 캠프에 도착한 다음에 들으니, 이 고갯길을 넘을 때 뒤의 차에 탄 한 학생이 숨쉬기를 어려워하는 고산병 증세를 보였다고 한다. 다행히 고개를 넘고 난 다음에 점차 증세가 호전되었다고 하였다. 고개를 넘자 허이드 타미르강 들판에서 풀을 뜯는 야크들이 보였고(도면 154), 또 조금 더 가자 야크와 소들이 함께 어울려 풀을 뜯고 있었다. 평원 너머 멀리 게르 캠프가 보였다.

  타이하르 촐로는 우리가 숙박할 타이하르 캠프 바로 뒤에 위치한다. 그래서 우리는 캠프에 도착하자(18시 08분) 먼저 게르에 짐을 풀었다. 각자의 게르를 배정받은 다음에 19시 00분에 타이하르 촐로에서 만나기로 하였다.

도면 154. 타이하르 촐로 부근 몽골 초원의 야크들(사진 정석배)

### 10) 초원의 큰 바위 타이하르 촐로에서

타이하르 촐로는 "촐로(чулуу; 돌, 바위)"라는 단어의 뜻이 말해주듯이 높이 18m의 큰 바위인데 허이드 타미르강 우안 들판에 우뚝 솟아있다(도면 155)(정석배, 2024, 218~219쪽).

이곳 표지석에는 이 암석과 관련된 전설이 소개되어 있다.

옛날 어느 날 거대한 뱀이 구멍에서 나와 그곳의 사람과 동물들을 잡아먹기 시작하였다. 이에 그곳 사람들은 부흐빌렉트(Бехбилэгт, Bohbilegt)라고 불리는 장사(壯士)에게 도움을 요청하였다. 부흐빌렉트는 그 거대한 뱀과 싸워 그 뱀을 구멍 속으로 밀어 넣고, 뱀의 머리 위로 큰 바위를 놓아 그 구멍을 막았다. 하지만 뱀이 구멍에서 나오려고 하였고, 이에 부흐빌렉트가 바위 위에 자신의 활과 화살을 올려놓아 무게를 더하였다. 그러자 뱀은 더 이상 움직이지 못하였다. 사람들은 바위를 위에서 보면 활과 화살이 보인다고 생각한다.

타이하르 촐로 바위에는 6~17세기에 속하는 150여 개의 명문이 발견되어 학술적으로도 중요하다. 명문 중에는 6~8세기 돌궐의 룬 문자와 14~17세기의 몽골어가 다수를 차지하고, 그 외 소그드어, 위구르어, 티베트어, 만주어, 몽골어, 한자 등의 명문도 있다(에렉젠, 2021).

이 엄청난 크기의 바위 곁에는 관광객에게 말과 야크를 태워 주는 사람들이 있었고, 또 조금 떨어진 곳에는 활을 쏠 수 있는 광장도 있었다. 우리는 먼저 타이하르 촐로 바위 주변을 한 바퀴 돌아 보았는데, 바위의 여러 곳에 글자들이 쓰여 있었다. 야크나 말을 타고 바위 둘레를 돌고 있는 사람도 있었다.

무심히 바위를 보고 있을 때 문득 이 바위의 서쪽 가까이 들판에서 땅

도면 155. 타이하르 촐로 모습(사진 정석배)

다람쥐 한 마리가 굴에서 머리를 내밀고 있는 것이 보였다(도면 156). 나는 땅다람쥐가 굴속을 들락거리는 것은 많이 보았지만, 실제 사진을 찍은 것은 고르느이 알타이와 하카시아-미누신스크 분지에서 몇 번 있었을 뿐이었다. 몽골에서는 처음이라 얼른 사진을 찍었는데 굴에서 나와서 서쪽 타미르강 쪽으로 뛰어가는 모습도 사진에 담을 수 있었다.

  학생 몇 명이 나에게 야크나 말을 타도 괜찮은지 물어보았다. 나는 당연히 괜찮다고 하였고, 조금 있다가 이왕 내친김에 우리가 야크 군단을 한번 만들어 보자고 하였다. 우리는 먼저 그곳에 있는 모든 야크를 빌려 한 명씩 탔는데, 야크의 주인들이 우리가 야크 위로 올라가 앉는 것을 도와주었다. 야크가 부족하여 어떤 학생들은 말을 탔다. 나와 학생들은 모두 야크를 처음 타보았기 때문에 신기하면서도 혹시 야크가 뛰지나 않을까 걱정이 되었지만, 야크 주인들은 우리가 고삐를 쥐고 있으면 야크가 움직이지 않을 것이라고 안심시켜 주었다.

  나를 비롯하여 야크를 탄 학생들이 기념사진을 찍기 위해 타이하르 촐로 앞에 일렬로 늘어서자 야크나 말을 타지 않은 우리 팀뿐만 아니라 야크 주인과 말 주인들도 신이 나서 함께 웃고 떠들면서 우리를 보고 사진을 찍었다. 야크의 뿔은 모두 빨간색이나 푸른색 보자기로 감싸져 있었고, 머리에 메달을 달고 있기도 하였는데 메달은 대회에서 우승한 야크가 받은 것이라고 하였다. 야크는 모두 훈련받아 특정 방향으로 고삐를 당기기 전에는 절대로 움직이지를 않았고, 등이 넓어 상당이 안정적이었다. 우리의 야크 군단은 천천히 타이하르 촐로를 한 바퀴 줄지어 돌았다. 야크에서 내릴 때도 야크 주인들이 도와

도면 156. 타이하르 촐로 부근의 땅다람쥐(오른쪽에서 왼쪽으로 이동)(사진 정석배)

주었다. 야크를 탄 학생들이 말도 타고 싶어 했으므로, 나는 다시 내친김에 기마군단도 만들자고 하였는데, 앞서 야크를 타지 못한 학생들이 야크를 타서 그곳에는 한순간 손님을 태우지 않은 야크나 말이 단 한 마리도 남지 않았다. 우리 기마군단도 타이하르 촐로 앞에 늘어서 기념사진을 찍었고, 또 타이하르 촐로를 한 바퀴 돌았으며, 야크-기마군단도 만들었다(도면 157). 이제 말을 타고 초원을 질주하는 일만 남았다. 하지만 그러다가는 중상 아니면 사망일 것 같아 타이하르 촐로를 한 바퀴 그것도 천천히 도는 것으로 만족하였다.

　우리 학생들이 캠프로 돌아가자 타이하르 촐로에는 정적이 찾아왔다. 손님을 다 보낸 야크들은 안장을 갖춘 채 조용히 자신의 자리를 지켰다. 나와 동방 원장은 바위에 가까이 다가가 천천히 주의 깊게 살펴보았다. 바위의 잘 보이지 않는 약간 기울어진 반듯한 면들에 옛 글씨가 보였지만, 그 의미는 알 수 없었다. 동방 원장도 열심히 바위의 틈새 하나하나를 살펴보고 있었다. 이 바위에는 신석기시대 암각화도 있다고 하는데 발견하지를 못하였다.

도면 157. 타이하르 촐로의 야크-기마군단(사진 강나루)

## 11) 초원의 큰 바위 타이하르 촐로 곁의 게르 캠프에서

캠프로 돌아오니 우리 학생 몇 명이 게르 앞의 마당에서 그곳의 꼬마들과 함께 즐겁게 족구를 하고 있었다. 말은 안 통해도 마음은 서로 통하는 것 같았다. 캠프 앞에서 보았을 때 캠프의 왼쪽에 게르들이 줄지어 있고, 오른쪽에 식당, 더 오른쪽에 화장실과 샤워장이 있다. 이 캠프의 정식 명칭은 타이하르 졸치니 바즈(Тайхар Жуулчны Бааз, Taikhar Tourist Camp)인데 줄여서 타이하르 캠프라고 부른다.

도면 158. 타이하르 캠프 저녁 주메뉴(사진 정석배)

식당은 게르 모양으로 만들어 식탁이 벽 안쪽으로 둥글게 배치되어 있었다. 천장에 여우 가죽을 쭉 돌려놓은 것이 보였다. 조금 기다리니 음식이 나오기 시작하였다(19시 35분). 메뉴는 샐러드(토마토+오이+상추+올리브), 볶음밥+양고기 커틀렛+감자튀김+양배추 샐러드(도면 158), 차, 초콜릿 사탕이었고, 낮에 샀던 마유주도 마셨다. 나는 학생들에게 모두 마유주를 적어도 맛은 보게 하였는데 필요한 문화 체험이라고 생각한다. 어떤 학생은 한 모금 맛보고 잔을 내려놓았고, 또 어떤 학생은 맛있다며 더 달라고 하였다.

나는 3명이 함께 13호 게르를 사용하였는데 가운데 난로가 있고, 안쪽에 4개의 침대가 놓여 있었다(도면 159). 나는 자기 전

도면 159. 타이하르 캠프 게르 내부(사진 정석배)

에 사진 정리를 하였으며 하루 있었던 일을 간단하게 메모하였다. 11시 12분쯤에 게르 캠프 관계자가 와서 난로에 불을 피워 주었다. 그런데 밤이 깊어져도 잠을 이룰 수가 없었다. 어디선가 음악 소리가 크게 들려왔기 때문이었다. 조금 지나면 끝나겠지 하였지만, 한참을 기다려도 끝날 기미가 보이지 않았다. 밖으로 나가보니 우리 학생들도 몇 명 잠을 이루지 못해 게르 밖으로 나와 있었다. 학생 중 누군가가 통역과 함께 캠프 관계자에게 음악 소리를 멈출 수 있게 해 달라고 요청하였으나, 음악 소리가 캠프 바깥에서 들려 오기 때문에 자신들도 어쩔 수 없다는 답변을 받았다고 하였다. 우리 학생 중 1명은 소리 나는 쪽을 향해 고함을 지르기도 하였다. 우리의 운전기사들은 아무도 게르 바깥으로 나오지 않았는데, 남의 일에는 원래 참견하지 않거나 혹은 시끄러운 음악 소리에도 불구하고 피곤해서 그냥 잠이 들었기 때문일 것이다.

　대략 02시쯤에 나는 학생 1명과 음악 소리가 나는 큰길 방향 쪽으로 갔다. 하늘에 구름이 끼어 있어 사방이 캄캄하여 휴대전화기 불빛으로 길을 비추면서 갔다. 갔더니 한 레스토랑의 야외무대에서 음악을 크게 틀어놓고 젊은 남녀들이 춤을 추고 있었다. 우리가 그 무대로 올라가자 술이 약간 취한 멋진 여성이 나에게 다가와 함께 춤을 추자고 하였다. 나는 그녀와 또 곁에 있던 마찬가지로 술이 약간 취한 멋진 남성에게 몽골어로 "샌 배노(안녕하세요)"라고 인사를 하였다. 나와 우리 학생은 영어로 너무 시끄러워 잠을 잘 수 없으니 소리를 좀 낮출 수 없냐고 물었다. 그들은 우리가 어디에서 왔는지 물었고, 나는 솔롱고스(한국)에서 왔고, 저쪽 캠프에 있다고 하였다. 그때 무슨 오해가 있었는지 우리 혈기 왕성한 학생이 화를 내며 그 남성에게 크게 소리를 질렀다. 얼른 진정시키자 그 여성이 안쪽으로 가보라고 하였다. 아직 춤을 추고 있는 다른 남녀들 사이를 지나 안쪽으로 갔더니 한 남성이 큰 음향 장치에서 음악과 소리를 조절하고 있었다. 우리가 소리를 낮추어 달라고 정중하게 요청하였더니, 바로 소리를 조금 낮추면서 조금 있다가 끄겠다고 하였다. 그 정도로 만족하고 캠프로 돌아오는데 그전보다는 소리가 작아지긴 하였어도 여전히 소리가 장난이 아니었다. 그런데 캠프에 도착하자 거의 바로 음악 소리가 사라졌다. 아마도 우리가 갔을 때 틀었던 노래가 끝이 나자 바로 음향 장치를 껐기 때문일 것이다. 그래도 예의를 아는 사람들이었다고 생각된다.

새벽에 잠시 잠이 깨어 밖으로 나갔더니 언제 하늘이 개었는지 별들이 총총 세상을 비추고 있었다. 대학원생 강나루가 또 언제 찍었는지 은하수가 빛나는 밤하늘과 또 북두칠성과 다른 별들이 빛나는 타이하르 촐로 바위를 사진으로 남겼다(도면 160~161).

다음날 통역에게 들으니 밤에 시끄럽게 음악을 틀고 춤을 추었던 젊은이들은 고등학교 동창생인데 졸업 후 10년 만에 만나 파티를 한 것이라고 하였다. 잠자는 것을 조금 방해는 하였지만, 멋진 그들 모두에게 항상 좋은 일만 있기를 바란다.

도면 160. 타이하르 촐로의 은하수(사진 강나루)

도면 161. 타이하르 촐로와 밤하늘(사진 강나루)

11) 초원의 큰 바위 타이하르 촐로 곁의 게르 캠프에서

## 5. 제5일 : 2022년 8월 20일 토요일

이날 답사 예정 유적은 알탄산달 올 복합유적, 골모드-2 고분군, 오르트 볼락-1 및 2 복합유적, 자르갈란팅 암 복합유적이었다. 그리고 시간이 된다면 테르힝 차강 노르(호수) 곁 캠프로 가는 길에 화산 분화구도 한 곳 보려고 계획하였다.

### 1) 청동기시대 사슴돌과 히르기수르가 있는 알탄 산달 올 복합유적으로 가면서

나는 아침에 일어나 다시 타이하르 촐로(바위)로 갔다. 해가 떠 있는 곳이 달라 사진의 느낌이 다를 것으로 생각하였기 때문이다. 하지만 하늘의 구름으로 인해 전날 저녁과 크게 차이가 나지 않았다. 주변을 둘러보고 있는데 이곳에도 아니나 다를까 고고학 유적이 분명한 석축 구조물들이 있었고, 하늘에는 매가 한 마리 머리 위를 맴돌았다.

아침 식사는 07시 00분에 하기로 했는데 나는 5분 정도 늦었다. 메뉴는 삶은 계란, 식빵, 면에 양고기를 넣은 수프, 차, 꽈배기처럼 생긴 버르척(Боорцог)이었다. 차가 출발할 즈음에 타이하르 촐로 원경을 찍었는데 날이 조금 더 밝아져 사진의 느낌이 달라졌다.

차가 출발할 때(07시 50분) 캠프 관계자인 한 멋진 여성이 우유를 넣은 작은 나무통과 파란 천을 매단 나무 주걱을 하나 들고나와 우리 차들의 측면과 바퀴에 우유를 조금씩 뿌렸고, 또 우리를 배웅하면서 주걱에 뜬 우유로 하늘을 향해 고시레를 하였다(도면 162). 통역이 우리 여행의 무사 안녕을 기원하는 것이라고 하였다. 떠나가는 우리를 위해 그 같은 의식을 치러주니 감사할 따름이다. 그들도 항상 안녕하길 바란다.

타이하르 캠프에서 들판을 가로질러 큰길까지 간 다음에 큰길을 따라 서쪽으로 조금 가니 바로 허이드 타미르강(도면 163)과 다리 건너의 이흐타미르 솜 읍이 있었다. 마을 지나 거의 바로 큰길 오른쪽 들판에서 히르기수르들이 보이기 시작하였다(08시 03분). 이날은 갈 길이 멀기 때문에 차를 세우지는 못하고 창문 바깥으로 바라보면서 사진을 찍었다. 그런데 내가 밖을 보느라 정신이 팔린 사이에 우리 차가 유적으로 가는 갈림길을 지나쳐 더 서쪽으로 가고 있었다. 2~3㎞ 지나쳐 무언가 아니다 싶어 위치를 확인하고 차를 돌렸다. 뒤따르던 차들은 갈림길에서 기다리고 있었다.

갈림길에서 남쪽으로 방향을 틀어 앞으로 약 1㎞를 가니 오른쪽 들판에 상당히 큰 히르기수르가 하나 보였다. 사실 이 히르기수르의 존재는 답사를 오기 전에 이미 파악하고 있었고, 시간이 되면 걸으면서 보고 싶기도 하였지만, 먼저 원래 목적한 알탄산

도면 162. 타이하르 캠프의 여행길 무사 안녕 기원 (사진 정석배)

달 올 복합유적을 보기로 하고 계속 앞으로 갔다. 우리는 허이드 타미르강의 좌안 산자락에 난 길을 따라 상류 방향으로 갔는데, 가는 도중에 또 다른 히르기수르들이 보였다. 목적지에 도착하자 히르기수르의 한 돌무지에 앉은 멋지게 생긴 암갈색 매 한 마리가 우리를 맞아주었다(도면 164)(08시 35분).

도면 163. 허이드(北) 타미르강 모습(사진 정석배)

도면 164. 알탄산달 1지점 1호 히르기수르의 매(사진 정석배)

1) 청동기시대 사슴돌과 히르기수르가 있는 알탄 산달 올 복합유적으로 가면서

## 2) 청동기시대 사슴돌과 히르기수르가 있는 알탄 산달 올 복합유적 답사

알탄산달 올(Алтансандал уул, Altansandal uul) 복합유적의 명칭은 타미르 강 너머에 있는 알탄산달 올(산)에서 유래한다. 몽골어에서 알탄(алтан)은 "황금(алт 알트)으로 만든", 산달(сандал)은 "의자"를, 올(уул)은 "산"을 뜻한다. 유적에서 본 이 산은 몇 개의 바위 봉우리가 둘러싸고 있어 마치 바구니 모양 의자를 연상시켰다(도면 165). 황금의자 산이라는 명칭이 왜 생겼는지 알 것 같기도 하였다.

이 복합유적은 3개 지점으로 구분된다(정석배, 2024, 78~86쪽). 1지점은 북동쪽 허이드 타미르강 가까이 들판에, 2지점은 북서쪽의 낮은 구릉에, 3지점은 남쪽의 허이드 타미르강 가까이 위치한다. 1지점에는 히르기수르, 2지점에는 히르기수르와 판석묘 그리고 사슴돌, 3지점에는 돌궐 석인상을 볼 수 있다.

1지점에는 1호와 2호 히르기수르를 보았다(도면 166). 1호 대형 히르기수르는 중앙 적석구(積石丘), 경계 위석열과 모서리 돌무지, 위성(衛星) 돌무지, 환석(環石), 부석낭도(敷石廊道)로 이루어져 있다(도면 167~168, 216

도면 165. 알탄산달 올(산) 모습(1지점에서)(사진 정석배)

참조). 중앙 적석구는 직경이 약 28m이고, 그 바깥의 네모-사다리꼴 경계 위석열은 둘레 길이가 약 329m에 달한다. 위성 돌무지는 경계 위석열의 북쪽, 동쪽, 남쪽 바깥에 열을 지어 배치되어 있는데 동쪽 바깥은 열 전체 폭이 32m 이상이다. 환석은 주로 서쪽에 멀리 배치되었다. 부석낭도는 북쪽에 1줄로 배치된 돌무지들 바깥에 위치한다. 중앙 적석구의 가

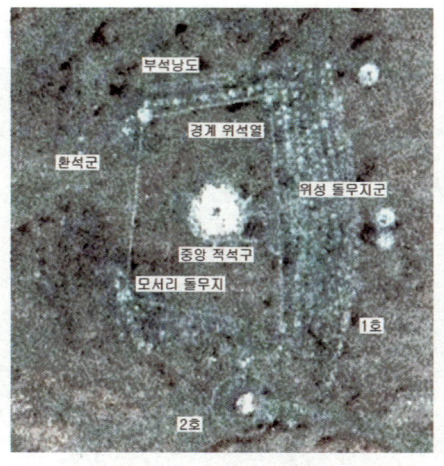

도면 166. 알탄산달 올 유적 1지점 (구글어스, 필자 수정)

운데 빈 곳에 탈색이 된 다수의 동물 뼈가 나뒹굴고 있었다. 석축 구조물 중에는 판석묘로 보이는 것도 있었다. 2호 소형 히르기수르는 대형 히르기수르의 남쪽 위성 돌무지에 잇대어 축조되어 있으며, 경계 위석열이 직경 약 30m인 원형이다(도면 169).

도면 167. 알탄산달 올 유적 1지점 1호 히르기수르 경계 위석열, 모서리 돌무지, 중앙 적석구(사진 정석배)

2) 청동기시대 사슴돌과 히르기수르가 있는 알탄 산달 올 복합유적 답사

도면 168. 알탄산달 올 유적 1지점 1호 히르기수르 위성 돌무지(사진 정석배)

도면 169. 알탄산달 올 유적 1지점 2호 원형 히르기수르(사진 정석배)

우리가 이곳에서 처음 본 1호 대형 히르기수르는 그 규모가 압도적이었다. 나는 책을 통해 이것보다 더 큰 히르기수르의 존재를 알고는 있었지만, 이렇게 큰 히르기수르를 직접 본 것은 처음이었다. 우리는 갈색 매가 우리를 맞이한 동북쪽 모서리 부분에서 대체로 시계 방향으로 돌면서 유적을 살펴보았다. 먼저 위성 돌무지군의 바깥을 따라 남쪽으로 이동하였고, 1호 히르기수르의 동남쪽 모서리에서는 그 남쪽에 인접하는 2호 소형 히르기수르를 함께 보았다. 학생들은 1호 히르기수르를 지나 2호 히르기수르 쪽으로 오고 있었다.

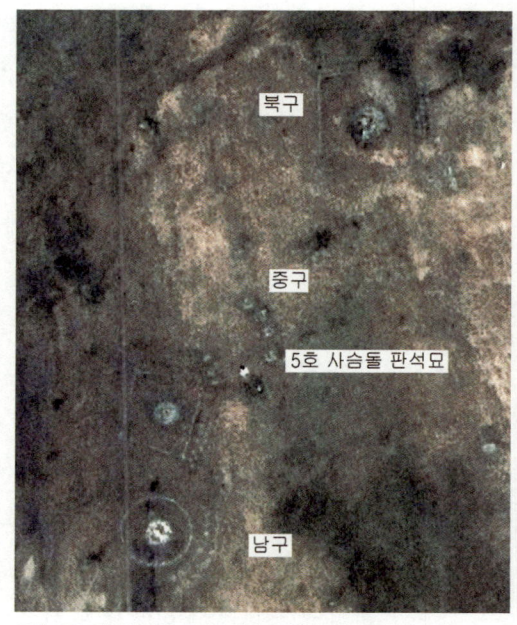

도면 170. 알탄산달 올 유적 2지점 모습(구글어스, 필자 수정)

다음에는 다시 1호 히르기수르의 남쪽 위성 돌무지군을 지나 중앙 적석구(積石丘)로 갔다. 이곳에서는 히르기수르 전체를 빙 돌려가며 동영상도 찍었다. 이곳에서 학생들은 모두 이 히르기수르의 엄청난 규모에 놀라워하였다. 다음에는 북서쪽으로 경계 위석열을 지나 그 바깥의 환석들을 보고 다시 북쪽으로 조금 이동하여 북쪽의 부석낭도와 위성 돌무지 및 경계 위석열을 함께 보았다. 1호 히르기수르는 너무 커서 사진에 담기가 쉽지 않았다. 우리는 대체로 빠른 속도로 1지점을 보았고, 다음에는 차를 타고 2지점으로 이동하였다(9시 04분).

표지석이 있는 북서쪽의 2지점에는 나지막한 구릉 위에 3기의 히르기수르와 7~8기의 판석묘 그리고 판석묘에 사용된 6개의 사슴돌이 있다(도면 170) (국립문화재연구소, 2020a). 그 외에 최근에 만들어진 것으로 보이는 의례 장소가 하나 있다.

구릉 위에 있는 2지점에서는 중간 부분(중구)을 먼저 보았다. 이곳에는 4기의 판석묘가 있는데, 가장 아래쪽에 있는 판석묘의 한쪽 모서리에 서 있는 사슴돌이 제일 먼저 눈에 들어왔다(도면 171~172). 5호로 명명된 이 사슴돌은 네 면이 모두 동물과 다른 물건으로 장식되었는데 넓은 면 한쪽에 3마리의 말이 새겨진 점이 특징적이다. 이 면에는 가장 위에 술이 달린 둥근 귀걸이, 가장 위쪽 말의 배 아래에 시위에 화살을 건 활과 화살통이, 가운데 말의 배 아래에는 거울을 연상시키는 둥근 원판이, 가장 아래 말의 등 위쪽에는 단검이 각각 새겨져 있다. 다른 넓은 면에는 뿔이 달린 사슴 2마리가 한쪽 측면까지 계속된 채 새겨져 있다. 위쪽 사슴의 머리 위에는 귀걸이가, 측면의 한 면에는 방패가 각각 새겨져 있다.

이 얼마나 멋진가! 나는 몽골의 유적에서는 사슴돌을 처음 보았다. 나는 감동하였고, 사슴돌의 모든 부분을 하나하나 관찰하고 사진에 담았고, 학생들과 함께 기념사진도 찍었다. 모두 부지런히 사슴돌을 관찰하고 있었다. 학생들도 모두 마음이 들떠있었다. 유적에 있는 사슴돌 자체는 고르느이 알타이의 이냐

도면 171. 알탄산달 올 유적 2지점 판석묘와 사슴돌(사진 정석배)

사슴돌을 본 적이 있지만, 이 사슴돌에는 동물의 그림이 보이지 않았었다.

　이곳의 사슴돌과 판석묘를 모두 보고 우리는 북쪽으로 이동하였다. 2지점에서 가장 높은 곳인 이곳에는 가까이 유적 안내 표지석이 세워져 있었고, 또 멀리 1지점의 히르기수르와 타미르강 건너의 알탄산달 산(도면 165 참조)이 모두 잘 조망되었다. 또 2지점의 중간과 남쪽 부분도 한눈에 들어왔다. 이곳에서도 히르기수르와 판석묘 그리고 사슴돌들을 보았다. 사슴돌 중에는 넘어져 누워있는 것도 있었다(도면 173).

　사슴돌은 모두 판석묘 둘레에서 발견되었는데 국립문화재연구소(2020a)가 보고한 1호와 2호 사슴돌은 북쪽 히르기수르 남동쪽의 한 판석묘에, 3호, 5호, 6호 사슴들은 중간 부분 히르기수르의 북동쪽 판석묘들에 각각 위치한다. 4호 사슴돌은 찾지를 못하였다.

도면 172. 알탄산달 올 유적 2지점 판석묘 모서리의 5호 사슴돌(사진 정석배)

도면 173. 알탄산달 올 유적 2지점 2호 사슴돌(사진 정석배)

2) 청동기시대 사슴돌과 히르기수르가 있는 알탄 산달 올 복합유적 답사

다음에는 남쪽으로 내려가 2기 히르기수르를 차례로 보았다. 남쪽 구릉 정상부의 히르기수르는 모두 가운데 적석구(積石丘), 그 둘레를 두르고 있는 경계 위석열(圍石列), 그리고 그 바깥의 위성 돌무지와 환석(環石)으로 구성되어 있다. 경계 위석열은 가장 남쪽 히르기수르가 평면 원형이고, 다른 것은 평면 네모-사다리꼴이다. 남쪽 구릉 북쪽의 네모-사다리꼴 히르기수르에는 부석낭도(敷石廊道)도 있다(도면 174). 구글어스를 통해 볼 때 경계 위석열의 규모는 남쪽 구릉 북쪽의 것이 대략 38×45m, 남쪽의 것은 직경 약 39m이다.

2지점에서는 최근의 의례 장소도 보았고, 또 처음 보았던 사슴돌을 몇 번이고 더 보았다. 이곳에서도 동쪽으로 알탄산달 산이 잘 보였다. 다음에는 다시 차를 타고 3지점으로 이동하였다.

나는 사실 3지점 돌궐 석인상에 대해서는 까맣게 잊고 있었다. 그런데 김은옥 박사가 잊지 않고 툭소 선생과 이야기하여 가기로 하였다. 정확한 위치는 툭소 선생도 알지 못하였다.

2지점에서 출발하여(09시 48분), 남쪽 들판으로 갔는데 가까이 게르가 3채 보였다. 작은 개울을 건너 게르로 다가가자 젊은 부부가 우리에게 다가

도면 174. 알탄산달 올 유적 2지점 남쪽에서 본 남쪽 구릉 방형 히르기수르 모습(사진 정석배)

왔다. 우리가 물어보자 손으로 한쪽을 가리켰다. 마당에는 검은 개 한 마리가 어슬렁거리고 있었고, 또 작은 가판대에 파는 것으로 보이는 말젖으로 만든 식품이 놓여 있었다(도면 175). 인적이 드문 이곳까지 이 유제품을 사러 오는 사람들이 있는지 궁금하였다.

3지점에 다가가니 우리 학생들이 너무 신기해하였다. 유적에서는 돌궐 석인상을 처음 보았기 때문이다. 나는 돌궐 석인상을 고르노알타이의 엘 박물관과 카자흐스탄 및 키르기스탄에서 다수 본 적이 있지만, 사실 몽골 유적에서는 처음 보았다. 석인상의 머리는 아래에 떨어져 있었고, 주변에 유적에 쓰인 것으로 보이는 돌들이 몇 개 흩어져 있었다(도면 176). 돌궐인을 묘사한 앞면은 빛이 좋아 사진이 문제가 없었다. 하지만 사슴이 그려진 뒷면은 그늘이 지고 또 역광이어서, 학생들이 서서 햇

도면 175. 알탄산달 올 유적 3지점 부근의 게르(사진 정석배)

도면 176. 알탄산달 올 유적 3지점 돌궐 석인상(사진 정석배)

빛을 막아 주었지만, 사진이 좋지는 못하다. 석인상의 앞쪽에서는 가까이에서 말들이, 뒤쪽과 옆쪽에서는 언제 왔는지 소들이 풀을 뜯고 있었다(도면 177). 멀리 석인상 뒤로 구릉 위의 2지점 히르기수르가 보였다. 시간이 지체되고 있어 다음 목적지로 출발하였다(10시 00분).

2) 청동기시대 사슴돌과 히르기수르가 있는 알탄 산달 올 복합유적 답사

도면 177. 알탄산달 올 유적 3지점 돌궐 석인상과 주변 (사진 정석배)

### 3) 흉노(匈奴) 황금 유물이 발견된 골모드-2 고분군으로 가면서

나는 알탄산달 올 유적으로 갈 때 산 쪽만 바라보았는데, 이번에는 반대로 강 쪽 들판을 바라보고 갔다. 이곳 타미르강 좌안 들판에도 곳곳에서 엄청난 수의 양들이 풀을 뜯고 있었다(도면 178).

갈림길까지 와 잠깐 차에서 내려 우리가 지나가고 또 지나온 들판을 보니 나머지 차 4대가 일정 거리를 유지한 채 먼지를 날리면서 오는 것이 보였다(도면 179)(10시 21분). 그 너머로 알탄산달 산이 눈에 들어왔다. 이제 이곳 갈림길에서도 유적이 어디에 있는지 알 수 있었다. 우리는 5대의 차가 함께 움직이고 있어 어느 한 차가 늦어지면 기다릴 수밖에 없었다. 하지만 나는 그냥 지나쳤을 수도 있는 곳을 자세히 보고 또 사진을 찍을 수 있어 나쁘지만은 않았다.

우리는 이곳 갈림길에서 방향을 서쪽으로 바꾸어 다시 포장된 큰길을 따라 달려갔다. 이곳에서 흉노시대 골모드-2 고분군으로 가기 위해서는 먼저 높은 고개(嶺 령)를 하나 넘어야 했다. 길이 대부분 강이 있는 들판의 가장자리를 따라 나 있어 항가이산맥의 깊숙한 부분임에도 불구하고 곳곳에 가축 떼가 풀을 뜯는 초원이 있었다. 초원 너머의 산언덕에 전나무 숲들도 보였다.

도면 178. 알탄산달 올 유적 주변 허이드 타미르강 초원의 양 떼(사진 정석배)

도면 179. 큰길 알탄산달 갈림길 언덕에서(왼쪽 첫 번째 차 뒤가 알탄산달 산)(사진 정석배)

3) 흉노(匈奴) 황금 유물이 발견된 골모드-2 고분군으로 가면서

우리는 서쪽으로 포장된 도로를 따라 고개를 넘어 계속해서 서쪽으로 갔으며, 마침내 하노이강 다리 약 1.34㎞ 못가 북쪽 비포장도로로 방향을 바꾸었다(10시 51분). 이곳 갈림길의 북쪽 비포장도로 가에는 녹색 지붕을 한 건물 1채와 함께 수 채의 게르가 자리를 잡고 있었다. 말 떼가 풀을 뜯는 곳도 있었고(도면 180), 또 양 떼가 하얀 솜 같이 산언덕 하나를 완전히 뒤덮은 곳도 있었으며(도면 181), 말을 탄 목동이 양 떼를 보살피는 곳도 있었다. 하늘은 맑았지만, 산 위로 멀리 구름이 조금씩 보였다. 가는 길에 누가 화장실이 필요하다고 하여 조금 더 가서 비어 있는 말 목장을 발견하였다. 모두 차에서 내려 여성은 말 목장 목조 구조물 쪽으로, 남성은 반대쪽으로 갔다.

차가 천천히 동북쪽으로 방향을 틀자 나는 유적까지 얼마 남지 않았음을 알았다. 이제 길은 도로가 아니라 차가 다닌 흔적이었다. 1조 차 운전기사는 이리저리 방향을 잡아 앞으로 나아갔다. 차가 천천히 가니 산언덕 풀 사이로 예쁜 꽃들이 눈에 들어왔다. 하얀색, 보라색, 노란색, 오렌지색의 꽃들이 사방에 피어 있었다. 나는 차마 차를 세우지 못하고 우리가 가는 유적에도 꽃이 많이

도면 180. 골모드-2 가는 길 하노이강 우안 구릉의 말 떼(사진 정석배)

도면 181. 골모드-2 가는 길 하노이강 우안 산의 양 떼(사진 정석배)

피어 있길 희망하였다. 마침내 길 너머 숲 사이로 모래언덕이 보였다(11시 58분). 유적에 거의 가까이 온 것이었다. 곧 전나무 숲 사이로 난 좁은 길을 가게 되었는데(12시 02분) 작은 나무가 휘어져 차의 지붕이 닿을 듯하였다. 이 숲 길을 조금 더 가자 고분으로 보이는 둔덕들이 보이기 시작하였다. 우리는 그 고분들을 지나쳐 엄청난 수량의 황금 유물이 출토된 1호 고분의 앞 조금 떨어진 곳에 도착하였다(12시 06분).

### 4) 흉노(匈奴) 황금 유물이 발견된 골모드-2 고분군

골모드-2(Голмод-2, Gol mod-2) 고분군은 H. 에르데네바타르 교수가 발굴한 1호 초대형 고분에 의해 세계적으로 유명한 유적이 되었다(Hatagin D. Erdenebaatar, 2018; 정석배, 2024, 146~152쪽). 유적의 서북쪽 가장자리 모래 토양에 만든 1호 고분은 겉으로 볼 때 방형 봉분과 긴 사다리꼴 묘도구(墓道丘)로 이루어져 있었다. 묘도구는 봉분 남쪽에 만든 지하 묘도의 윗부분을 말한다. 봉분은 높이 3.5m, 길이 48m, 폭 42~46m이다. 봉분과 묘도구를 합친 전체 길이는 약 86m이다. 봉분과 묘도구 가장자리를 따라 호석(護石)을 쌓았다. 무덤구덩이는 깊이가 21m였으며, 가장 아래에 목곽이 놓여 있었다. 목곽 위는 두께 1m로 돌을 덮었고, 그 위에서 불에 태운 16~17대 분량의 수레 부속품이 발견되었다. 수레 1대는 불에 태우지 않아 전체 구조가 복원되었다.

목곽 내에서 환상적인 동물과 다양한 넝쿨 및 잎사귀 문양으로 장식된 금제와 은제 마면, 드리개, 굴레 장식, 띠 부속품, 옥제품, 유리 제품, 목걸이 등 많은 수의 유물이 출토되었다. 판테라(panthera)로 소개된 환상 동물은 표범의 얼굴, 산양의 외뿔, 새의 날개와 발을 가졌고(도면 182), 유니콘 안텔로프(unicorn antelope)로 소개된 환상 동물은 사슴의 몸통에 산양의 외뿔을 가졌다(도면 183). 이 고분을 발굴한 에르데네바타르 교수는 황금으로 만든 원형 판테라 장식을 태양의 상징(the symbol of the Sun)이라고 하였다.

도면 182. 골모드-2 고분군 1호 무덤 출토 황금 판테라(panthera) 장식(칭기스칸 박물관, 사진 정석배)

1호 고분의 주변에는 모두 27기의 배장묘가 확인되었다.

골모드-2 고분군 1호 무덤 출토유물은 칭기스칸 박물관에 전시되어 있다. 나는 2023년 3월에 촐론(С. Чулуун) 칭기스칸 박물관장의 배려로 그 유물들을 실견할 수 있었고, 또 2023년 8월에 다시 한번 학생들과 함께 그 유물들을 감상하였다. 촐론 박물관장에게 감사의 마음을 전한다. 전시된 유물은 모두 화려하기 그지없다(도면 182~183). 그 황금 유물들이 흉노의 삶과 죽음에 관한 수많은 수수께끼를 풀 수 있게 할 것이다. 앞으로의 연구가 기대된다. 울란바토르에 간다면 반드시 가서 봐야 할 것이다.

나와 툭소 선생이 학생들에게 유적에 대해 간략하게 설명하였고, 그다음에

설레는 마음으로 답사를 시작하였다. 흉노의 대형 고분을 처음 보기 때문이었다. 발굴한 고분이지만, 묘도와 봉분 그리고 배장묘를 모두 원래 자리에 복원해 놓아 흉노 대형 고분의 위용을 느낄 수 있었다. 물론 복원을 한 것이다 보니 생동감이 떨어지는 것은 어쩔 수 없었다. 먼저 묘도 부분을 보고, 동쪽의 배장묘 쪽으로 갔다(도면 184). 나는 들판에 핀 꽃들을 감상하면서, 배장묘 북쪽 부분으로 가서 봉분 쪽을 바라보았다. 우리 학생들은 고분 여기저기를 살펴보고 있었다. 이곳에는 여기저기 땅 위에 에델바이스, 보라색, 하

도면 183. 골모드-2 고분군 1호 무덤 출토 은 유니콘 안텔로프 (unicorn antelope) 장식(칭기스칸 박물관, 사진 정석배)

얀색, 노란색 꽃이 보였고, 또 이름을 모르는 독특한 모양새의 풀도 있었다(도면 185~186). 1호의 봉분을 둘러본 다음에 유적 전체 평면도를 보면서 동남

도면 184. 골모드-2 고분군 1호 고분(안쪽)과 배장묘(앞쪽) 모습(사진 정석배)

도면 185. 골모드-2 고분군의 꽃(사진 정석배)

도면 186. 골모드-2 고분군의 꽃과 풀(사진 정석배)

쪽으로 이동하자 얼마 가지 않아 다른 발굴된 고분이 하나 더 보였다(12시 32분). 안타깝게도 이 고분군 평면도에는 고분 번호가 표시되지 않아 몇 호 고분인지 알 수가 없었다. 다른 고분들도 마찬가지였다.

그곳에서 방향을 북동쪽으로 바꾸어 조금 더 가자 발굴하지 않는 고분의 봉분이 보였다. 이 고분에는 긴 사다리꼴 모양 묘도의 윗부분이 지상에 드러나 있었다(도면 187). 이 고분과 이웃하여 다른 한 고분이 더 보였는데 구조가 비슷하였다. 이 두 고분은 봉분 가장자리에 석축 벽이 있었고, 또 봉분 가운데는 모두 얕게 함몰되어 있었다. 이 두 고분의 동쪽 약간 떨어진 곳에 목장 목조 구조물이 있었고, 또 나무들 사이에서 불개미 집이 볼록하게 솟아있는 것이 보였다(도면 188). 나는 학생들에게 답사 출발 전에 불개미에 대해서도 주의를 한 적이 있다. 한 번은 러시아 연해주의 발해 체르냐찌노-5 고분군을 발굴할 때

도면 187. 골모드-2 고분군 흉노 고분 모습(사진 정석배)

곁의 유적으로 답사를 갔는데 학생 한 명이 모르고 개미집을 밟고 있다가 개미들이 바지 속을 지나 상체까지 올라간 적이 있었다. 그때 개미는 독이 없어 다행이었지만, 불개미였다면 큰일이 났을 것이다. 불개미 집은 고르느이 알타이의 파지리크 고분군과 바샤다르 고분군에 갔을 때 수없이 본 적이 있다. 불개미는 검은색이 아니라 조금 붉은 느낌이 도는 갈색에 가까우며, 땅 위로 볼록 솟은 개미집을 보면 개미가 바글바글한다.

다시 북동쪽으로 조금 더 갔더니 묘도구와 봉분의 벽 일부를 발굴하여 깨끗하게 정리한 고분이 하나 있었다(도면 189). 발굴을 마친지 얼마 안 된 것 같았다. 우리는 이

도면 188. 골모드-2 고분군 흉노 고분 위의 불개미 집(사진 정석배)

4) 흉노(匈奴) 황금 유물이 발견된 골모드-2 고분군

도면 189. 골모드-2 고분군 2022년 발굴 시작 대형 고분의 묘도구 및 봉분의 호석 세부(사진 정석배)

곳에서 외관이 깨끗하게 정리된 흉노 대형 고분을 볼 줄은 전혀 기대하지 않았기 때문에 이게 웬 떡이냐면서 모두 신이나 여기저기를 살펴보았다. 봉분과 묘도구의 외곽 석축이 잘 드러나 있었고, 묘도 내 격벽도 보였다. 이 고분 역시 주변 토양은 모래흙이었다. 언제 왔는지 우리 운전기사들도 이 놀라운 모습을 보면서 흥분된 상태로 사진을 찍고 있었다. 나는 고분의 크기를 비율로 가늠하기 위해 학생들에게 봉분과 묘도구의 한쪽 변 모서리들에 서 보게 하였다(13시 01분). 고분이 너무 커서 가운데에서는 고분 전체가 사진기에 들어오지 않아 약간 비스듬한 방향으로 사진을 찍었다. 도움을 준 우리 학생들에게 고마운 마음을 전한다.

나는 다른 고분들도 보고 싶었지만, 하늘이 어둑해지고 빗방울이 하나씩 보이기 시작하였고 또 시간이 지체되어 다음 목적지로 이동해야만 하였다. 차를 타고 나가는데 한쪽에 게르가 몇 채 보여 툭소 선생이 발굴 캠프 같다며 가보자고 하였다. 우리는 유적으로 갈 때는 발굴 캠프를 보지 못하였는데 나갈 때 본 것이다. 캠프 마당에 차를 세우자 조금 있다가 게르에서 발굴단장인 울란바토르국립대학교 D. 에르데네바타르 교수가 나왔고, 우리는 반갑게 인사를 나누었다.

나와 에르데네바타르 교수는 러시아어로 대화하였는데, 나는 먼저 허락도 없이 발굴 현장을 방문한 점에 대해 용서를 구하였고, 또 우리 학생들을 위해 이 유적 발굴내용을 간략하게 소개해 주기를 부탁하였다. 에르데네바타르 교수는 발굴을 이미 종료한 상태라 대부분 단원은 이미 철수하였고, 자신과 몇 명이 남아 캠프를 정리하는 중이며, 발굴 현장을 우리가 보고 또 사진 찍은 것은 전혀 문제가 되지 않는다고, 또 내가 먼 한국에서 학생들을 데리고 자신이 발굴하는 이곳 유적까지 방문한 것에 대해 오히려 나에게 감사하다고 하였다. 마침 빗방울이 조금씩 떨어지고 있어 학생들이 우산을 펼쳐 나와 에르데네바타르 교수를 씌어 주었다. 그는 이 유적 1호 고분에서의 발굴성과와 이 유적 고분의 특징뿐만 아니라 흉노 고분의 전반적인 특징에 대해서도 러시아어로 이야기해 주었고, 나는 이 내용을 학생들에게 통역해 주었다(도면 190).

대표적인 흉노 고분군을 답사하고, 그 유적에서 그 유적을 발굴한 흉노 전문가의 설명을 듣는 것은 큰 복일 것이다. 나는 에르데네바타르 교수에게 진심으로 감사드리며, 몇 년이 걸릴지 모를 흉노 대형 고분 발굴에서 큰 성과를

도면 190. 골모드-2 고분군 발굴 캠프에서 D. 에르데네바타르 교수(가운데 오른쪽)와 함께(사진 김은옥)

도면 191. 골모드-2 고분군 나오면서 모래에 빠진 차 바퀴(사진 정석배)

거둘 수 있길 희망한다. 아마도 언젠가는 우리가 본 그 대형 고분의 발굴성과를 책을 통해 확인할 수 있을 것이다.

작별 인사를 하고 다시 우리의 여정을 시작하였다(13시 27분). 그런데 돌발상황이 발생하였다. 나가는 길에 뒤따르던 차 1대가 전나무 숲속의 모래에 바퀴가 빠진 것이었다(도면 191). 내가 탄 차는 다시 뒤로 돌아갔고, 나와 남학생들이 함께 차를 밀어 간신히 차를 빼내었다. 다행히 그다음에는 차가 조금 발발거리기는 했어도 숲 바깥으로 나갈 수 있었다.

### 5) 청동기시대 오르트 볼락 복합유적으로 가면서

이제 우리는 들판을 가로질러 하노이강을 건널 것이다. 하늘에는 짙은 구름이 지나가고 있었고, 가랑비가 조금씩 내리기도 하였다. 우리 운전기사는 에르데네바타르 교수에게 하노이강을 건너는 여울목이 어디에 있는지 물어보았으나, 여기저기 차가 다닌 길이 복잡하게 얽혀 있어 들판을 지날 때 조금 왔다 갔다 하였다. 마침 한쪽에 게르 4채가 나란히 있는 것이 보여 차를 끌고 가서 다시 길을 물어보았다. 이곳 게르에는 각각 자그마한 태양광 전지판이 설치되어 있었고, 한 게르에는 위성안테나도 있었다(도면 192). 이곳 주변에서도 목동이 양을 치고 있었고, 말들도 보였으며, 또 야크 떼가 풀을 뜯고 있었다.

작은 개울을 건너 하노이강 쪽으로 더 다가가자 들판이 습지였고, 곳곳에 작은 실개천과 물웅덩이들이 보였다. 나는 내심 길을 잘못 들어서 차 바퀴가 물웅덩이에 빠지면 오도 가도 못하고 차 빼느라 시간을 다 빼앗겨 오늘 답사는 망칠 수도 있겠다는 생각이 들었다. 하지만 우리 운전기사는 이리저리 물웅덩이를 피해 간신히 보이는 차가 지나간 흔적을 따라 마침내 하노이강 여울

도면 192. 하노이강 우안(동안) 초원의 게르(사진 정석배)

도면 193. 하노이강을 건너며(상류에서 하류 방향)(사진 정석배)

목을 찾아 물살을 가르며 강을 건넜다(도면 193)(14시 13분). 강 건너 들판에 차를 정차하고 뒤따르는 차들을 기다렸는데 승합차의 바닥이 물에 닿지는 않는 깊이였다(도면 194). 우리가 지나온 강 건너편에는 검은색의 털로 뒤덮인 야크 떼가 평온하게 풀을 뜯는 모습이 보였다(도면 195).

5) 청동기시대 오르트 볼락 복합유적으로 가면서   167

도면 194. 하노이강을 건너는 차량(사진 정석배)

도면 195. 하노이강 너머의 야크(사진 정석배)

우리는 이곳 하노이 강변에서 점심을 먹으려고 하였으나, 비가 조금씩 내렸고, 또 서쪽을 보니 햇빛이 비치는 곳이 있어 그곳으로 장소를 옮기기로 하였다. 차를 타고 이동하여 자리를 잡았는데 가까이에 히르기수르가 보였다

도면 196. 오르트 볼락 2호 히르기수르 앞(남쪽)에서의 점심 식사(사진 정석배)

(14시 24분). 바로 우리가 답사할 오르트 불락 복합유적의 2호 히르기수르였다. 결과적으로 우리는 이 히르기수르의 남동쪽 들판에 앉아 점심을 먹게 되었다. 들판에는 마른 소똥이 여기저기 늘려 있었지만, 우리는 둥글게 둘러앉아 준비하여 온 도시락을 먹었다(도면 196). 구름이 우리 머리 위로 다가와 날씨가 흐려졌고, 또 조금 추워졌다. 식사를 금방 끝내고 바로 유적 답사를 시작하였다(14시 40분).

### 6) 청동기시대 오르트 볼락 2호 히르기수르와 사슴돌 답사

오르트 볼락(Урт Булаг, Urt bulag) 복합유적에는 많은 수의 히르기수르가 분포하고 있는데, 대형 2기와 중형 7기 외에도 다수의 소형이 확인된다(Francis Allard & Diimaajav Erdenebaatar, 2005). 유적의 범위는 동서 2.4㎞, 남북 3.6㎞ 이상일 것으로 생각된다. 북쪽의 1호와 남쪽의 2호 대형 히르기수르 중앙 적석구 중심 간 거리는 약 1.5㎞이다. 하노이강을 건넌 다음에 점심을 먹은 곳이 2호 히르기수르 남동쪽이었기에 2호 히르기수르를 먼저 답사하였다(정석배, 2024, 53~65쪽).

오르트 볼락 2호 히르기수르는 사실 그 자체가 복합유적이다(도면 197). 이곳에는 판석묘, 사슴돌, 그리고 돌궐 제사유적(위석-발발)도 있다. 다행히 빗방울은 금방 그쳤고, 구름이 사라지고 있었다.

우리는 대형 히르기수르를 두 번째로 보는 것이었지만, 여전히 그 엄청난 규모에 놀랐다. 청동기시대 몽골초원에 이와 같은 거대한 석축 기념물을 축조하였다는 사실은 엄청난 문명이 있었음을 암시할 것이다. 그 주인공이 누구였는지 왜 그와 같은 거대한 구조물을 만들었는지 궁금하다. 무덤이라는, 제의 시설이라는, 혹은 천체의 운행과 관련된 의례 시설이라는 가설이 제시되었지만, 아직 확실하지 못하다. 아마 우리 학생 중 누군가는 언젠가 그 수수께끼를 풀 수 있지 않을까.

도면 197. 오르트 볼락 2호 히르기수르 모습(구글어스, 필자 수정)

남동쪽 모서리 부분으로 가자 먼저 왼쪽(서쪽)으로 돌을 둥글게 놓은 고리 모양의 환석들이 히르기수르를 둥글게 두르면서 돌려져 있는 곳이 보였다(도면 198). 이곳에서 중앙 적석구 쪽으로 조금 더 가자 위성 돌무지들이 분포하고 있었는데 정말 셀 수 없을 만큼 많았다. 발걸음이 빠른 학생들은 벌써 위성 돌무지 사이를 왔다 갔다 하고 있었다. 중앙 적석구 쪽으로 더 다가가자 위성 돌무지군과 함께 1줄의 경계 위석열이 확인되었다(도면 199). 다음에는 중앙 적석구로 갔는데 가운데가 비어 있었다. 이곳에서는 2호 히르기수르의 동쪽과 남쪽 위성 돌무지군에 의해 그 엄청난 규모가 잘 확인되었다(도면 200). 또 멀리 1호와 다른 히르기수르들은 물론이고 북동쪽으로 조금 떨어진 거리의 사슴돌도 보였다. 다음에는 북쪽 경계 위석열과 위성 돌무지군으로 갔는데, 학생들은 중앙 적석구를 본 다음에 나의 뒤를 따라오고 있었다(도면 201). 위성 돌

도면 198. 오르트 볼락 2호 히르기수르 남쪽 환석군(사진 정석배)

도면 199. 오르트 볼락 2호 히르기수르 남쪽 환석군과 경계 위석열(사진 정석배)

도면 200. 오르트 볼락 2호 히르기수르 중앙 적석구에서 본 동쪽 위성 돌무지군(사진 정석배)

도면 201. 오르트 볼락 2호 히르기수르 북쪽 경계 위석열과 위성 돌무지군(사진 정석배)

도면 202. 오르트 볼락 2호 히르기수르 북쪽 부석낭도(사진 정석배)

무지군 바깥에는 돌을 얇게 깐 부석낭도가 동서 방향으로 길게 펼쳐져 있었다(도면 202). 히르기수르에서 부석낭도는 왜 필요하였을까? 집안 고구려 태왕릉(太王陵) 앞에도 제대(祭臺)로 해석되는 이와 비슷한 시설이 있는데 혹시 이곳에서 가운데 적석구를 향해 제의를 행하였을까?

다음에는 부석낭도를 따라 서쪽으로 갔다. 히르기수르의 북서쪽 모서리 부분에서 본 서쪽의 환석군은 환석들이 몇 개의 열을 이루고 있었다.

나중에 구글어스를 통해 보았더니 대형의 2호 히르기수르 중앙 적석구는 지름 30m 내외이고, 평면 네모-사다리꼴의 경계 위석열은 모서리 돌무지들 사이의 중심 거리가 동쪽 190m, 서쪽 152m, 남쪽 134m, 북쪽 132m, 전체 둘레 길이 약 608m로서 규모가 엄청났다. 그 바깥의 위성 돌무지군은 서쪽과 남쪽에 집중되어 있고, 돌무지들은 열을 이루기도 하는데 동쪽은 1~2줄, 북쪽은 3줄, 서쪽은 최대 18줄, 남쪽은 최대 25줄 내외이다. 위성 돌무지군의 장축 길이는 375m에 이른다. 환석들은 위성 돌무지군 바깥으로 상당한 거리를 두고 넓게 분포한다. 부석낭도는 크기가 대략 122×7m이다.

다음에는 이 주변의 판석묘를 보았는
데(도면 203), 이때 학생들은 일부는 나
를 따라오고 또 일부는 벌써 사슴돌이 있
는 곳으로 가고 있었다. 이곳에서 나는 다
시 최대한 넓은 범위로 히르기수르를 사
진 찍고(도면 204), 사슴돌이 있는 곳으
로 가기 시작하였다. 그런데 한 학생이 반
대 방향을 가리키면서 저쪽에도 사슴돌

도면 203. 오르트 볼락 2호 히르기수르 북서쪽 판석묘(사진 정석배)

이 있다고 하였다. 다시 방향을 돌려 그곳으로 갔더니 위석(圍石)과 발발로 이
루어진 소형의 돌궐 제사유적이었다(도면 205). 학생이 사슴돌로 생각한 선
돌은 사실은 규모가 큰 발발이었다. 나는 이 구조의 돌궐 제사유적을 고르느
이 알타이에서 이미 여러 번 본 적이 있기에 바로 알아보았다.

돌궐 위석-발발에서도 오르트 볼락 1호 히르기수르가 멀리 보였다(15시
12분). 나는 학생들이 대부분 돌궐 위석-발발을 보지 않고 바로 사슴돌로 갔

도면 204. 오르트 볼락 2호 히르기수르(북서쪽 모서리 부분에서)(사진 정석배)

도면 205. 오르트 볼락 2호 히르기수르 북서쪽 돌궐 위석-발발(소형 제사유적)(사진 정석배)

도면 206. 오르트 볼락 복합유적 사슴돌(사진 정석배)

기 때문에 다시 돌아와서 보여주어야 겠다고 생각하였다. 돌궐의 소형 위석-발발 제사유적은 나도 몽골에서는 처음 보는 것이니, 우리 학생들은 한 번도 보지 못하였을 것이다. 하지만 사슴돌까지의 거리가 생각보다 멀었고, 또 시간이 지체되어 나중에 자르갈란팅 암 복합유적을 보고 돌아오는 길에 시간을 내어 보여주기로 하였다. 사실 숙소가 있는 테르힝 차강 노르(호수)까지 가려면 서둘러야만 하였다.

돌궐 위석-발발에서 북동쪽으로 약 300m를 부지런히 걸어서 갔더니 대부분 학생은 이미 사슴돌을 다 보고 난 상태였다. 이곳에는 3개의 사슴돌이 나란히 세워져 있었고(도면 206), 나는 하나하나 살펴보았다. 3개 모두에 사슴들이 전체 면을 두르며 새겨져 있었는데, 새 부리 모양의 주둥이, 둥근 눈, 뒤로 길게 젖혀진 뿔, 가운데가 볼록한 곱사등, 간략게 표현된 안으로 접어 넣은 두 다리, 하늘로 올라가려는 듯 위로 향한 모습이 놀라울 정도로 또렷하게 표현되었다. 자세만 놓고 본다면 스키타이 동물양식의 사슴표현의 기원으로 여겨질 정도로 서로 너무 흡사하다. 사슴돌의 가장 윗부분에는 목걸이와 귀걸이를 연상시키는 둥근 고리가, 아랫부분에는 오각형의 방패와 요대(腰帶)가 묘사된 것도 있었다(도면 207~208). 전형적인 몽골-자바이칼 유형의 사슴돌이었다. 사슴돌을 본 다음에 바로 차를 타고 다음 목적지로 출발하였다(15시 22분).

도면 207. 오르트 볼락 복합유적 가운데 사슴돌(사진 정석배)   도면 208. 오르트 볼락 복합유적 서쪽에서 보았을 때 오른쪽 사슴돌(사진 정석배)

여기에서 잠깐 사슴돌의 종류를 소개할 필요가 있다고 생각된다. 사슴돌은 크게 3종류로 구분되고 있다(도면 209)(볼꼬프, 1967; E.A.노브고라도바 저 / 정석배 역, 1995, 269쪽 그림 41; 정석배, 2024, 33쪽). 몽골-자바이칼 유형이라고도 불리는 Ⅰ유형 사슴돌에는 사슴을 추상적으로 표현하였는데, 입이 새의 부리 모양이고, 등의 가운데가 볼록하게 튀어나왔으며, 앞 다리와 뒷다리를 안쪽으로 접어 넣은 자세이나, 몸은 마치 하늘로 올라가려는 듯 위로 향하거나 혹은 하늘에서 내려오는 듯 아래로 향한다. 사슴이 조밀하게 입석의 네 면을 모두 뒤덮고 있는 경우가 대부분이다. 그 외에도 가장 위 머리 부분에는 둥근 고리-귀걸이와 목걸이 등을 표현하였는데 고리에 태양을 상징하는 광선이 있는 것도 있다. 아래쪽에는 요대(腰帶)와 칼, 전투형 도끼, 단검, 활,

6) 청동기시대 오르트 볼락 2호 히르기수르와 사슴돌 답사   175

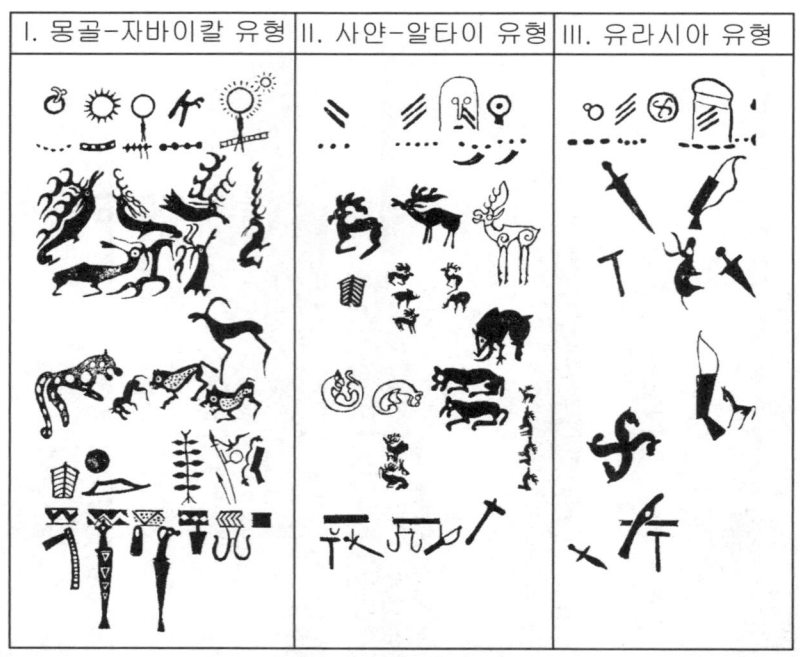

도면 209. 사슴돌 유형 구분(E.A.노브고라도바 저 / 정석배 역, 1995, 필자 재편집)

활집, 兀(올)자 모양 기물, 방패 등을 표현하였다. 이 물품들은 간혹 사슴돌의 중간이나 다른 부분에 표현되기도 한다. 사얀-알타이 유형으로 불리는 II유형 사슴돌에는 사슴이나 멧돼지, 표범 등의 동물을 사실적으로 표현하였고, 또 동물도 드문드문 배치하여 I유형과는 차이를 보인다. III유형 사슴돌은 유라시아 유형이라고 불리며, 이름은 사슴돌이나 사슴을 표현하지 않았고 대신 상징적인 기호나 무기를 표현하였다.

    사슴돌은 사슴-조상, 태양, 토템에 바쳐진 숭배물이라는 의견도 있지만, 최근에는 실제 죽은 사람의 모습을 표현하였다는 주장이 제기된 상태이다(꼬발레프 외, 2016). 필자는 오쉬킹 우브르 14호 사슴돌의 예로 볼 때 사슴돌이 전사(戰士)-무인(武人)을 표현하였다고 생각한다.

    사슴돌의 허리에 두른 띠는 무기를 매달았기 때문에 전대(戰帶)로 부를 수도 있을 것이다. 이와 관련하여 "허리띠"라는 용어를 굳이 사용하지 않는 것은 그것이 바지를 고정하는 용도가 아니라 무기나 숫돌 등 필요한 물품을 매다는 용도로 사용되었기 때문이다.

### 7) 청동기시대 사슴돌의 세계가 펼쳐진 자르갈란팅 암 복합유적 답사

원래는 오르트 볼락 1호 히르기수르도 함께 보는 일정이었지만, 우리는 먼 곳에 있는 자르갈란팅 암 복합유적을 먼저 보고 시간이 되면 이곳에 다시 들리기로 하였다. 길이 오르트 볼락 1호 히르기수르의 서쪽과 동쪽으로 나 있는데 사슴돌에서 출발하니 동쪽 길로 가게 되었다. 개울을 몇 개 건넜고, 호수에서 말들이 물을 마시는 모습도 보였다. 북쪽으로 가는 도중에도 히르기수르가 몇 개 확인되었다. 오르트 볼락과 자르갈란팅 암(Жаргалантын Ам, Jargalantyn am) 복합유적은 그렇게 멀지 않아 금방 도착하였다(15시 39분). 차량은 사진에 방해되지 않게 멀찍이 세워 두고 걸어서 갔다. 멀리 사슴돌이 엄청난 수로 서 있는 것이 보였다. 우리는 사슴돌의 세계로 들어섰다.

1989~1991년에 몽골과 러시아가 공동 조사를 하였으며, 1989년에 중앙 복합체에서 1기의 위성 돌무지, 복합체 뒤쪽(즉, 북쪽)의 1호와 2호 구조물(아마도 사각 구조물), 대형 사각 무덤(아마도 3호 사각 구조물)을, 1990년에 중앙 복합체 남쪽 1호 사슴돌 주변의 7기 위성 돌무지를, 1991년에 북쪽 돌궐 시대 제사유적, 유적 서쪽 계곡 등의 몽골 시기 무덤 수기를 각각 발굴하였다(국립문화재연구소, 2020a; Turbat T. 외, 2011; 볼꼬프, 2002; 정석배, 2024, 65~78쪽).

남쪽 1호 사슴돌 주변 위성 돌무지 7기에서는 모두 말 머리뼈가 발견되었는데, 말 머리뼈가 모두 동쪽을 향하고 있었다. 2기의 위성 돌무지에서는 말 머리뼈와 함께 말의 척추뼈도 발견되었다.

2009년에 몽골유형문화유산협회(Mongolian Tangible Heritage Association)가 조직한 "자르갈란팅 암 복합체 보호 및 복구 하노이 계곡(Hanui Valley) 프로젝트"를 통해 유적에 방치되어 있던 사슴돌 24개를 지금의 위치에 세웠다. 규모가 큰 1호, 2호, 3호는 원래 제자리에 있는 것이고, 나머지는 북쪽 사각 구조물에 재사용된 것을 다시 옮긴 것이다. 23기는 몽골-자바이칼 유형이고, 2기는 동물이 표현되지 않은 유라시아 유형이다. 원래는 이곳에 30개 혹은 32개의 사슴돌이 있었다고 한다. 이때 몽골 주재 미국대사관의 "문화 보존을 위한 대사 기금(Ambassador's Fund for Cultural Preservation)"이 재정지원을 하였고, 몽골 과학아카데미 고고학연구소, 몽골국립박물관, 캐나다 퀸즈 대학이 이 프로젝트를 함께 수행하였다. 이때 유적 전체 유구 배치도가 작성되었다.

자르갈란팅 암 복합유적은 동쪽 돌무지-사슴돌 그룹, 서북쪽 히르기수르, 북쪽 사각 구조물 그룹으로 이루어져 있다(도면 210)(Turbat T. 외, 2011).

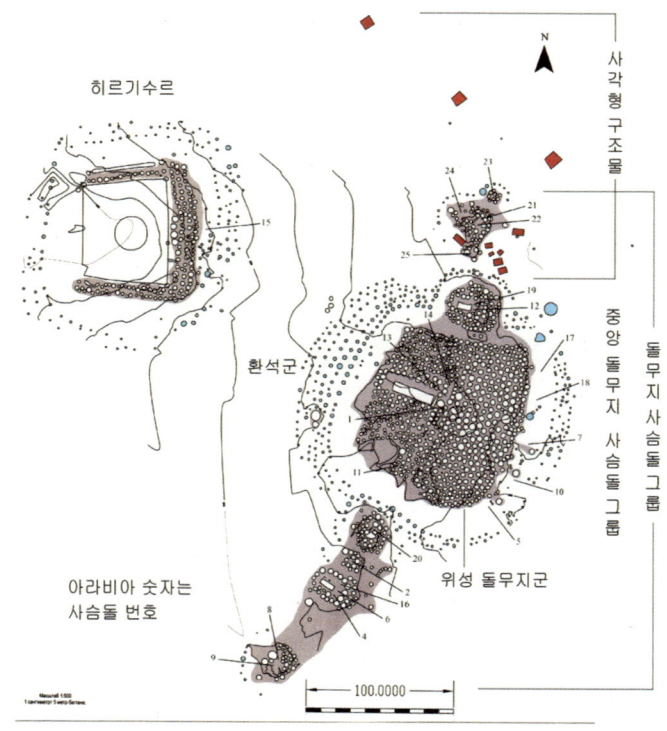

도면 210. 자르갈란팅 암 복합유적 현황도(국립문화재연구소, 2020, 필자 재수정)

동쪽 돌무지-사슴돌 그룹은 길이 389m에 걸쳐 남서-북동 방향으로 길게 뻗어 있으며, 위성 돌무지의 수가 830개 이상이다. 위성 돌무지에서는 말의 머리뼈, 아래턱뼈, 척추뼈, 발굽 등이 발견되었다. 환석은 약 400개가 확인되었다. 이 기본 그룹은 다시 9개의 세부 그룹으로 구분되는데, 규모가 가장 큰 중앙 돌무지-사슴돌 그룹은 폭이 187m이다. 북쪽 사각 구조물 그룹과 서쪽 히르기수르를 포함하는 유적 전체의 규모는 남북 470m, 동서 380m에 달한다.

우리는 유적의 남쪽 가까이 차를 세우고 동쪽 돌무지-사슴돌 그룹의 가장 남쪽에서부터 답사를 시작하였다. 나는 돌기둥 모양의 사슴돌이 "숲"을 이루면서 솟아있는 광경을 처음 보았기 때문에 이 유적을 멀리에서 본 순간부터 사슴돌에 정신이 팔리고 말았다. 사실 돌기둥이 아주 많이 서 있는 광경은 남시베리아 하카시아의 까쁀스끼 차아타스 유적에서도 본 적이 있다. 나는 사슴돌을 모두 사진에 담아야겠다는 욕심에 남쪽에서 북쪽으로 이동하면서 사슴돌을 하나하나 살펴보고 또 사진을 찍었다. 동방 이호형 원장과 김은옥 박사, 대학원생들도 나와 마찬가지 생각이었고, 학부 학생들도 여기저기 사방으로 다니면서 사슴돌에 새겨진 그림을 관찰하고 또 사진찍은 것이 보였다.

나는 이곳의 사슴돌을 모두 하나하나 둘러보았지만, 수량이 너무 많아 20호, 11호, 21호만 소개하겠다.

20호 사슴돌은 높이가 389㎝이고, 무게가 4톤 이상으로서 지금까지 알려진 사슴돌 중 가장 크다고 한다. 그 외에도 이 사슴돌에는 사슴이 68마리나 표현되어 있다고 하니 사슴의 수도 아마 가장 많을 것이다. 사슴돌 자체는 둥글게 만든 돌무지 안에 세워져 있다(도면 211). 네 면에 모두 오른쪽 방향의 사슴이 45도 각도로 마치 하늘을 오르는 듯이 표현되었다. 새 부리 모양의 입, 등 뒤로 길에 늘어뜨린 가지 달린 뿔, 가운데가 볼록한 등, 둥근 눈, 앞뒤 모두 배 아래로 접어 넣은 가느다란 다리가 모두 몽골-자바이칼 유형 사슴돌에 특징적인 표현이다. 윗부분에는 마치 구슬 목걸이를 걸친 듯 점선이 둥글게 돌려져 있고, 그 위에는 양쪽으로 둥근 고리-귀걸이가 새겨져 있다. 한쪽에

도면 211. 자르갈란팅 암 유적 20호 사슴돌(사진 정석배)

도면 212. 자르갈란팅 암 유적 11호 사슴돌(사진 정석배)

는 큰 것과 작은 것 2개의 고리가 있는데 모두 외곽이 햇살 모양이며, 그중 큰 고리 아래로는 술이 달려 있다. 아랫부분에는 연속적인 동심 마름모를 장식한 요대(腰帶)가 표현되어 있다. 한쪽 넓은 면의 요대 바로 위에는 화살을 시위에 건 활과 활집, 단검, 도끼 등이, 한쪽 좁은 면에는 오각형의 방패가 각각 확인된다. 요대 아래에도 사슴들이 촘촘하게 표현되었다.

11호 사슴돌은 20호 사슴돌과 비슷한 점이 많다(도면 212). 윗부분에 목걸이가 돌려져 있고, 또 아래로 장신구를 단 햇살 고리가 새겨져 있다. 요대는 속이 타원 혹은 마름모가 연속적으로 연결된 문양이다. 오각형 방패가 전 나무 모양 문양과 동심원으로 장식된 것도 20호 사슴돌과 같다. 다만 사슴이 오른쪽과 왼쪽으로 상반되게 배치된 것은 차이가 난다.

21호 사슴돌도 20호 사슴돌과 비슷한 점이 많다(도면 213). 윗부분에 목걸이가 둘려져 있고, 둥근 고리 아래에 보석 귀걸이 모양 장신구가 달려 있으며, 요대 위에 화살을 시위에 건 활, 활집, 도끼, 방패 등이 표현되어 있다. 다만 사슴이 오른쪽이 아니라 왼쪽을 향하고, 요대 안의 문양의 지그재그 모양인 점, 방패에 동심원이 아니라 그냥 원이 들어 있는 점, 또 요대 아래에 사슴이 표현되지 않은 점 등은 다르다.

이 3개의 사슴돌은 누가 보아도 전사(戰士)를 표현한 것이 분명해

도면 213. 자르갈란틴 암 유적 21호 사슴돌(사진 정석배)

보인다. 사슴돌에 새겨진 칼, 단검, 도끼 등은 모두 하카시아-미누신스크 분지와 몽골의 청동기시대에 유행하였던 도구와 무기였다. 나는 책으로만 접하였던 그러한 도상을 직접 보게 되어 너무나 기뻤다. 이곳에서도 알아감의 기쁨을 크게 느꼈다. 몇몇 사슴돌에서 개별적으로 기념사진을 찍기도 하였지만, 규모가 크고 또 사슴의 형상이 특히 잘 남아있는 21호 사슴돌 곁에서는 학생들과 함께 기념사진을 찍었다(도면 214).

7) 청동기시대 사슴돌의 세계가 펼쳐진 자르갈란팅 암 복합유적 답사   181

도면 214. 자르갈란팅 암 유적 21호 사슴돌에서(사진 이호형)

도면 215. 자르갈란팅 암 유적 북서쪽 히르기수르(사진 정석배)

　　　　나머지 사슴돌과 또 가장 북쪽의 사슴돌 및 그 주변의 사각 구조물을 보고
서 서쪽을 바라보니 우리 학생들은 벌써 서쪽의 히르기수르에 가서 그것을 다
보고 쉬고 있는 느낌이었다(도면 215). 사각 구조물은 3기가 발굴되었는데 그

중 북쪽 가운데에 있는 2호에서는 가운데 구덩이 안에서는 사람이나 동물의 뼈는 발견되지 않았고, 대신 청동 숟가락과 동포 1점씩이 발견되었으며, 벽 바깥 공간에서는 말, 소, 양, 염소, 낙타의 머리뼈 80개가 열과 층을 이루면서 발견되었다. 3호에서는 당시 사육하였던 중요 가축들 머리뼈 약 100개와 2개의 개 머리뼈가 발견되었다. 그 외 청동으로 만든 4쌍의 청동 재갈멈치, 스푼 모양 펜던트, 화살촉, 원뿔 모양 굽이 있는 동복편 등이 출토되었다. 따라서 이 사각형 구조물은 무덤이 아니라 그 어떤 제사유적임이, 또 돌무지-사슴돌 그룹보다 늦은 시기에 축조되었음이 확인되었다.

다음에는 서쪽으로 이동하였다. 북서쪽 히르기수르는 초대형은 아니나 평면 사다리꼴의 경계 위석열 크기가 73×58m로 상당히 큰 규모였다. 나는 중앙 적석구 동쪽의 위성 돌무지 사이에 있는 사슴돌을 먼저 보고, 다음에는 중앙 적석구로 갔으며, 그곳에서 우리가 오랫동안 본 동쪽의 사슴돌들을 멀리에서 다시 바라보았다. 히르기수르 자체는 중앙 적석구에서 남서쪽 모서리 부분까지만 갔다. 그곳에서 남쪽 위성 돌무지까지만 보고 북쪽은 가지를 못하였다. 시간이 부족하였기 때문이었다. 사실 동쪽 사슴돌이 모여 있는 곳에서는 사슴들을 보느라 정신이 팔려 위성 돌무지들과 환석들은 제대로 보지를 못하였다.

남쪽으로 차량이 있는 곳으로 이동하면서 정신을 차려 보니 돌무지-사슴돌 너머 하노이강 쪽으로 게르와 목조 구조물로 된 목장이 있었고, 그 너머에는 검은색 털로 뒤덮인 야크 무리가 풀을 뜯고 있었다. 해가 하늘 가운데 가까이 떠 있어서 사진찍기에 좋았다. 하지만 사슴돌 네 면 중 한쪽 면은 아무래도 그늘이 짙게 져 다음에 다시 찍어야겠다고 마음 먹었다. 히르기수르에서 동쪽 돌무지-사슴돌 그룹의 남쪽에 있는 차량으로 갈 때 낮은 돌기둥을 일정 간격으로 세운 석축 구조물이 보였다.

아쉬운 마음을 뒤로 하고 우리는 다시 차를 타고 다음 목적지로 출발하였다(16시 53분).

### 8) 청동기시대 오르트 볼락 1호 히르기수르와 판석묘 답사

숙소가 있는 테르힝 차간 노르(호수)까지는 갈 길이 멀었지만, 나는 오르트 볼락 1호 히르기수르도 꼭 보고 싶었다. 여기까지 와서 세계에서 가장 큰 초대형 히르기수르를 보지 않고 그냥 지나친다면 나중에 얼마나 후회가 될 것인가! 자르갈란팅 암 복합유적에서 남쪽으로 출발한 우리의 차는 앞서 보지 못하였던 오르트 볼락 1호 히르기수르의 북서쪽 모서리 바로 가까이에 정차하였다(17시 10분).

오르트 볼락 1호 히르기수르는 2001년에 몽골과 미국이 공동으로 조사하여 관련 내용이 알려져 있다(Francis Allard & Diimaajav Erdenebaatar, 2005). 이 히르기수르는 중앙 적석구, 그 둘레의 경계 위석열과 모서리 돌무지, 그 바깥의 위성 돌무지군, 가장 바깥의 환석군(環石群), 그리고 북쪽 위성 돌무지 바깥의 부석낭도(敷石廊道)로 구성되어 있다. 북쪽 부석낭도와 바깥의 환석군 사이에는 판석묘들이 분포한다(도면 216)(정석배, 2024, 53~65쪽).

중앙 적석구는 지름이 45m, 높이가 5m이며, 평면 긴 네모-사다리꼴의 경계 위석열은 네 모서리의 돌무지 중심을 기준으로 동쪽 196m, 서쪽 183m, 남쪽 140m, 북쪽 135m이며, 전체 둘레 길이 약 654m로서 엄청난 크기이다. 위성 돌무지는 1,700개 이상이 서쪽과 남쪽에 집중되어 있다. 각 위성 돌무지의 높이는 1.2m 이하이다. 위성 돌무지 7개를 발굴하였는데 모두 말뼈가 출토되었고, 다른 유물은 발견되지 않았다. 그 바깥의 환석군은 주로 동쪽에 집중되어 있고, 환석은 크기가 직경 1~3m이며, 1,000개 이상이다. 5개가 발굴되었는데, 모두 불에 탄 뼈 쪼가리가 발견되었다. 뼈는 모두 다른 곳에서 태워 가져온 것으로 추정되었다.

판석묘는 4기가 발굴되었는데, 그중 2기에서 사람과 동물의 뼈가 발견되었고, 다른 유물은 없었다.

1호 히르기수르의 전체 규모는 380×410m 혹은 390×390m이며, 사용된 돌의 개수는 약 50만 개로 추정되었다. 서로 다른 2기의 위성 돌무지에서

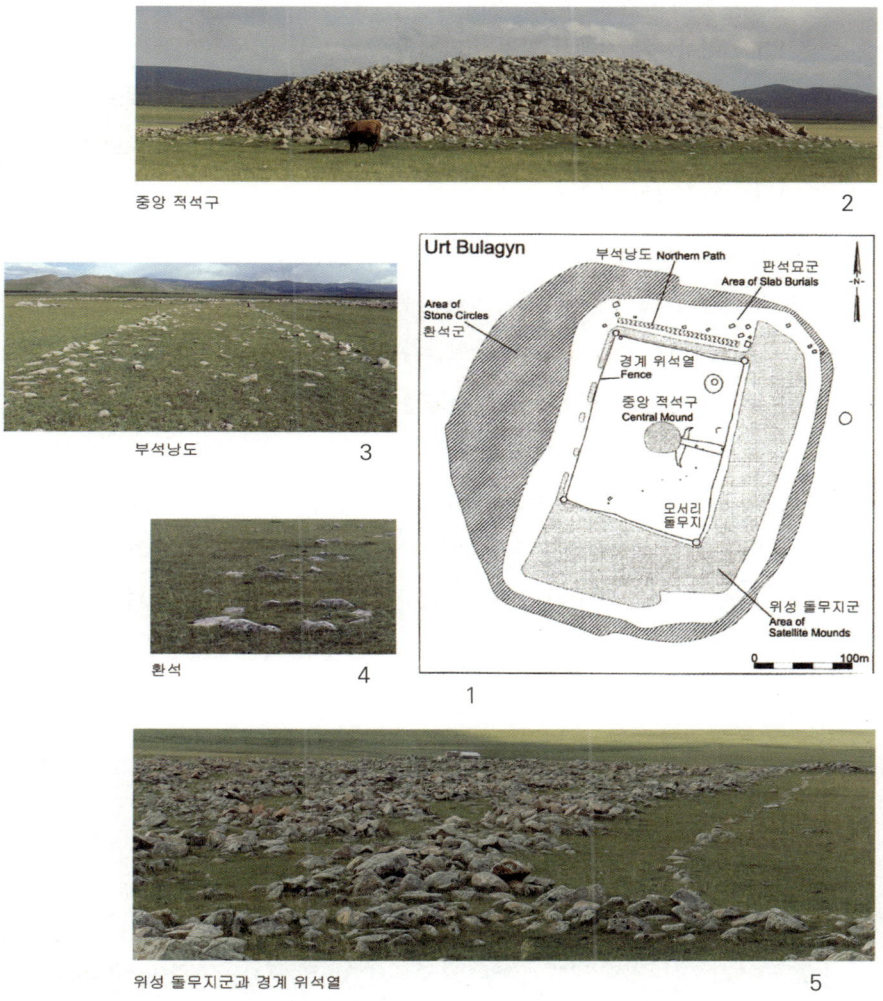

도면 216. 히르기수르 세부 명칭: 1 - 오르트 볼락 1호 히르기수르 현황도(Francis Allard & Diimaajav Erdenebaatar, 2005, 필자 재편집), 2 - 오르트 볼락 1호 히르기수르, 3~5 - 오르트 볼락 2호 히르기수르(필자 촬영 및 재구성).

발견된 말 이빨에서 얻은 BC 1,040~850년과 BC 975~680년이라는 2개의 방사성탄소연대를 통해 이 유적이 수백 년에 걸쳐 점차 확장되었을 것으로 추정되었다. 위성 돌무지에서 발견된 말뼈는 모두 머리가 동쪽 혹은 남동쪽을 향하고 있음이 지적되었고, 또 늦가을에 도축되어 제물로 바쳐졌을 것으로 판단되었다. 히르기수르의 용도는 동물 혹은 천체의 운행을 포함하는 다양한 의례 행위와 관련되었을 것으로 추정되었다.

북서쪽 모서리 부분에 차를 세우고 나는 학생들에게 시간이 부족하여 우리에게 주어진 시간은 15분에 불과하니 빠른 속도로 최대한 많이 보고 돌아오라고 하였다. 먼저 눈에 띈 것은 환석들과 판석묘였다(도면 217). 이 판석묘를 지나자 부석낭도와 위성 돌무지들(도면 218), 그리고 그 안쪽의 경계 위석열이 차례로 관찰되었다. 나는 이곳에서 바로 중앙 적석구로 갔다. 적석구 아래에는 소들이 누워있거나 혹은 서서 풀을 뜯고 있었다(도면 219). 이 적석구는 생김새가 고르느이 알타이에 있는 스키타이 시대 파지리크 5호 쿠르간과 비슷하였다. 똑같이 생긴 것이 하나는 쿠르간 무덤의 봉분이고, 다른 하나는 히르기수르의 중심 시설물이라니 놀라운 일이다. 히르기수르가 시기적으로 앞서니 혹시 스키타이 적석 쿠르간 봉분은 히르기수르에서 차용한 것인가?

도면 217. 오르트 볼락 1호 히르기수르 북서쪽 판석묘와 히르기수르(사진 정석배)

도면 218. 오르트 볼락 1호 히르기수르 북쪽 부석낭도와 위성 돌무지군(사진 정석배)

도면 219. 오르트 볼락 1호 히르기수르 중앙 적석구(사진 정석배)

    중앙 적석구에 올라가서 사방을 둘러보니 동남쪽으로 멀리 앞서 우리가 본 이 유적의 2호 히르기수르가 눈에 들어왔고, 또 서쪽으로 다른 히르기수르도 보였다. 나는 1호의 여기저기를 모두 가볼 시간이 없었기 때문에 적석구 위에서 모든 방향으로 사진과 동영상을 찍었다(도면 220). 모두 부지런히 걸음을 재촉하여 적석구 위로 올라와 사방을 둘러보면서 사진을 찍었다. 다음에

도면 220. 오르트 볼락 1호 히르기수르 남쪽과 동쪽 위성 돌무지군(사진 정석배)

는 적석구에서 북쪽으로 가서 다시 경계 위석열과 위성 돌무지들 및 부석낭도를 보았고, 동쪽에 있는 판석묘는 가지는 못하고 원경만 찍고 차가 있는 곳으로 돌아갔다(17시 24분). 시간을 보니 15분이 채 되지 않아 차로 돌아왔음을 알 수 있었다.

### 9) 소형 돌궐 제사유적 답사

우리는 가는 길에 오르트 볼락 2호 히르기수르 북서쪽에 있는 소형의 돌궐 제사유적에도 다시 들리었다. 나는 이 유적을 아까도 보았고, 또 돌궐 제사유적을 구성하는 위석과 발발 자체는 고르느이 알타이의 여러 장소에서 본 적이 있지만, 우리 학생들은 이것을 보지 않으면, 언제 또 돌궐 위석-발발을 볼 수 있을지 알 수가 없었기 때문이었다. 여기까지 와서 학생들에게 그것을 보여주지 못하고 그냥 지나친다면 안타깝기 그지없었을 것이다. 차는 위석-발발 바로 가까이 정차하였고(17시 28분), 나는 학생들에게 주어진 시간은 5분밖에 없다고 말하였다. 짧은 시간이었지만, 나는 학생들에게 돌궐-발발에 대해 간략하게 설명하고 보여주었다(도면 221). 하지만 우리 학생들은 초원의 북쪽

도면 221. 오르트 볼락 2호 히르기수르 북서쪽 돌궐 위석-발발에서(사진 정석배)

저쪽으로 길에 늘어서 있는 발발의 끝까지는 가지를 못하였다. 그래도 소형 제사유적으로 알려진 돌궐 위석-발발이 어떤 것인지 직접 보았으니, 돌궐의 문화 이해에 큰 도움이 되었을 것이다.

딱 5분 후에 우리는 다시 출발하였다(17시 33분). 이곳에서 숙소로 예약한 테르힝 차강 노르의 캠프까지는 남쪽으로 비포장도로를 따라 30㎞ 이상을 가서, 다시 큰길 포장도로를 따라 서쪽으로 100㎞ 이상 가야만 하였다.

### 10) 촐로트강과 화산 분화구를 지나 테르힝 차강 노르 게르 캠프로

오르트 볼락 복합유적에서 먼저 남쪽으로 이동하였기에 나는 앞쪽과 서쪽 산 쪽을 보면서 갔고, 또 때로는 불편하기는 하여도 고개를 크게 돌려 동쪽 하노이강 들판도 보았다. 테르힝 차강 노르로 가는 큰길까지의 비포장도로는 굴곡도 있고 또 간혹 개울을 지나거나 혹은 덜컹거리기도 하였지만 크게 나쁘지는 않았다. 곳곳에 게르와 목장이 있었고, 말을 탄 목동이 가축 떼를 이끌고 있었다(도면 222). 또 산 쪽으로는 히르기수르를 비롯하여 판석묘 혹은 사방입석묘로 보이는 구조물도 많이 보였다. 한 곳에서는 강 방향으로 사슴돌로 보

도면 222. 오르트 볼락에서 하노이강 다리 사이 중간쯤의 하노이강 유역 풍경(사진 정석배)

이는 선돌이 하나 보였지만, 차마 차를 세우지 못하고 그냥 지나쳤다. 나중에 다시 이곳으로 온다면 이 길을 따라 거꾸로 자르갈란팅 암 유적으로 가는 것도 나쁘지 않을 것이며, 시간을 충분히 가지고 천천히 여기저기에 흩어져 있는 유적들을 보는 것도 좋을 것이다.

마침내 아스팔트로 포장된 큰길로 들어섰다(18시 32분). 약 30㎞의 거리를 1시간 정도 걸려 벗어 난 것이다. 구름이 대부분 걷히고, 푸른 하늘이 드러나기 시작하였다. 푸른 초원의 산과 들판 그리고 풀을 뜯는 가축무리가 서로 어우러진 몽골의 아름다운 풍경이 계속해서 눈앞을 스치며 지나갔다(도면 223). 몽골의 자연은 어디를 가나 한 폭의 그림을 연상시킨다. 어느덧 해가 서쪽 산 위에서 우리를 비추기 시작하였다(18시 58분). 햇살을 마주 보면서 항가이산맥의 산들 사이 길을 달렸고, 작은 개울 다리를 하나 건너니(도면 224) 운두르 올랑 솜(Өндөр улаан сум) 마을이었다(19시 07분).

이 개울은 촐로트강(Чулуут гол)의 지류였으며, 곧 촐로트강 다리도 건너갔다(도면 225)(19시 17분). 이곳은 촐로트강 중류 지역에 해당하며, 강 양쪽으로 절벽이 형성되어 있어 경치가 좋았다. 절벽 너머로 강 북쪽의 울타리

도면 223. 운두르 올랑 솜 가는 길의 몽골 풍경(사진 정석배)

도면 224. 운두르 올랑 솜 초입 개울 다리를 건너며(사진 정석배)

10) 촐로트강과 화산 분화구를 지나 테르힝 차강 노르 게르 캠프로

도면 225. 촐로트강의 풍경(다리를 건너며)(사진 정석배)

안에 다수의 게르가 모여 있고 또 작은 목조 건물이 몇 채 있는 것으로 보아 게르 캠프인 듯하였다. 강 이쪽에서도 다수의 게르가 보였다. 촐로트강 다리와 멀지 않은 곳에서 경계 위석열이 평면 원형인 히르기수르가 하나 보였는데 마침 창밖으로 사진을 찍었다(도면 226). 촐로트강 일대의 풍경도 높고 푸른 하늘과 어울려 그림과 같이 아름다웠다. 조금 더 가서 우리의 운전기사들은 촐로트강 절벽 가까이 공터에 차를 세웠는데(19시 26분), 통역과 툭소 선생이 이곳은 몽골의 그랜드 캐니언이라고 하였다. 우리 운전기사들도 이곳은 잘 오지 못하는 곳이라 소문으로만 들은 몽골 그랜드 캐니언을 꼭 보리라 마음을 먹었던 것 같은데 여기저기 다니면서 사진을 찍는 것이 보였다. 나는 전혀 예기치 못하였지만, 덕분에 몽골의 절경을 한 군데 더 볼 수 있어 좋았다. 하지만 해가 서산으로 기울고 있어 강 건너의 산은 햇볕이 비쳤지만, 강 절벽에는 그늘이 져 사진은 좋지 못하였다(도면 227). 강 절벽이 너무 가파로와 나는 학생들에게 가까이는 다가가지 말라고 주의하였다. 이곳은 바람이 너무 강해 절벽 아래로 날려 갈 것 같았고, 또 해가 지고 있어 추웠다.

촐로트강 유역에는 암각화 유적이 다수 알려져 있다. 하지만 나는 이 지역에 분포하는 암각화 유적의 구체적인 위치를 전혀 파악하지 못한 상태였기에 이곳에서는 단 하나의 암각화도 보지를 못하였다. 다음에 또 이곳을 지나게 된다면 암각화 유적도 몇 군데 가보고 싶다.[11]

---

11. 나중에 이곳의 암각화 유적 몇 곳의 위치를 파악하였다.

도면 226. 촐로트강 다리 부근의 히르기수르(사진 정석배)

이곳에서 촐로트강은 동북쪽으로 흐르고, 우리의 길은 서쪽이었다. 서쪽으로 방향을 틀자 촐로트강 절벽 위의 게르 캠프가 보였다(19시 34분). 촐로트강은 화산 폭발로 만들어졌다고 하였다. 이 일대에는 화산 분화구가 많이 분포하고 있으며, 나는 그 중 길 바로 곁에 있는 허르거(호르고)

도면 227. 촐로트강 몽골의 그랜드 캐니언(사진 정석배)

(Хорго) 분화구를 한 번 올라가 보고 싶었다. 사실 아침에 출발할 때 통역을 통해 운전기사에게 이야기하자 OK라고 하였다. 나는 내심 기대하였지만, 시간은 그 기대가 헛된 것임을 점점 보여주고 있었다. 화산지대여서 그런지 초원에 큰 돌들이 흩어져 있었다. 나는 처음에는 혹시 유적이 아닌지 주의 깊게 보았으나, 유적으로 생각할 수 있는 특징이 전혀 보이지 않았다. 촐로트강의 지류인 소망강(Суман гол) 다리를 건너자(도면 228)(19시 51분), 곧 허르거

10) 촐로트강과 화산 분화구를 지나 테르힝 차강 노르 게르 캠프로   193

도면 228. 촐로트강 지류 소망강을 건넌 다음의 몽골 풍경(사진 정석배)

(Xopro) 마을이 나왔고, 이곳에서 우리는 마을의 동쪽을 가로지르는 비포장 도로로 들어섰다. 마을 북쪽에서 또 다리를 하나 건넜는데 땅이 완전히 현무암 대지였다. 산 위에는 현무암 바위 절벽이 사방에 솟아있었고, 평탄지는 화산 쇄설(碎屑)이 굳어서 된 울퉁불퉁한 돌들로 가득 차 있었다(도면 229). 나는 이러한 광경을 백두산 천지(天池) 가까이에서 본 적이 있다. 길이 울퉁불퉁하여 차가 한참 동안 천천히 덜컹거리며 갔다.

해는 서쪽 산 너머로 휴식을 취하려 내려갔고, 날도 점차 어두워지고 있었다. 왼편 바로 가까이 화산 분화구를 지날 때 잠시 올라가 보고 싶었지만 차마 그렇게 하지를 못하였다(도면 230). 혹시 내일 아침에 이곳을 들릴 수 있는지 묻자 우리가 갈 방향이 반대쪽에 있어 힘들 것이라고 하였다. 다만 조금 있다가 화산 분화구 원경은 볼 수 있다고 하였다. 우리는 화산 쇄설 들판의 북쪽을 빙 둘러서 평지 길을 두고 오른쪽 산 위로 올라갔다. 나는 처음에는 영문을 몰랐는데 알고 보니 이 산길은 지름길이었고, 또 이 산길의 고갯마루는 허르거 화산 분화구와 그 반대쪽 테흐링 차강 노르 호수의 멋진 모습을 모두 볼 수 있는 곳이었다.

이 산길은 경사가 상당히 심하였고 또 곳곳에 빗물로 인해 파진 곳들이 있었다. 어찌어찌하여 4대는 위로 올라갔는데, 1대는 산길 아래쪽에서 계속해서 발발거리더니 결국은 움직이지를 못하였다. 고갯마루에는 오보가 있었다. 나는 화산 분화구를 보려 길보다 조금 더 위로 올라갔는데(20시 44분), 아래의 고장 난 차 곁에는 학생들이 추위에 떨고 있었다. 나는 올라오라고 하여 함께 화산 분화구를 멀리서 구경하고(도면 231), 그 다음에는 다른 차들에 나누어 타게 하였다. 서쪽의 테흐링 차강 노르(호수)는 주변에

도면 229. 허르거(호르고) 화산 분화구 주변의 산과 들판(사진 정석배)

도면 230. 테르힝 차강 노르와 주변(구글어스, 필자 작성)

이미 어둠이 내려 잘 보이지 않았다. 결국 아래의 차는 평지 길로 둘러서 갔고, 다른 4대는 서쪽 고갯마루 아래로 난 구불구불한 길을 내려갔다(20시 51분). 덕분에 화산 분화구를 멀리서라도 보았지만, 이 산길은 위험하여 그냥 걸어서 올라가서 경치를 구경하고 다시 내려와 평지 길로 차를 타고 가는 것이 더 나은 것으로 생각된다.

   우리는 테흐링 차강 호수의 북변을 따라 마침내 우리가 하룻밤을 보낼 마이한 톨고이 캠프(MAIKHAN TOLGOI TOURIST CAMP)에 도착하였다(21시 20분). 시간이 늦어 짐을 내리기 전에 화장실과 식당에 갔다. 저녁 메뉴는 양배추샐러드, 양고기+밥+감자튀김+커틀릿(도면 232), 차였다. 보드카도 함께 마셨는데 목에 걸리지 않고 잘 넘어갔다. 병에 사슴 머리가 그려진 에덴(EDEN

10) 촐로트강과 화산 분화구를 지나 테르힝 차강 노르 게르 캠프로   195

도면 231. 허르거(호르고) 화산 분화구 모습(사진 정석배)

이라는 보드카였다. 밖으로 나와 차에서 짐을 내려서 캠프 관계자가 가져온 수레에 싣거나 혹은 손으로 끌어 각자 배정받은 게르로 향하였다. 게르는 모두 호수를 바라보는 방향에 출입구가 있었다. 제대로 세면을 한 다음에 늦었지만 사진 정리와 하루의 여정 메모를 하였고, 또 보드카를 한잔하면서 룸메이트 및 학생들과 낮에 본 유적에 대해 즐겁게 이야기를 나누었다. 자기 전에 게르 관계자가 와서 난로에 불을 피워 주었지만, 잘 때 추웠다. 게르 바깥 호수의 물결 부딪치는 소리를 들으며 잠을 청하였다.

도면 232. 마이한 털거이 캠프의 저녁 주메뉴(사진 정석배)

다음날은 7시 30분에 아침을 먹고 8시에 출발하기로 하였다. 우리도 마찬가지이지만, 운전기사들에게 휴식이 필요하였다. 온종일 힘들게 차를 몰았고, 또 내일이면 우리 여정에서 가장 힘든 항가이산맥의 북쪽 절반을 남쪽에서 북쪽으로 종단해야만 할 것이었다.

## 6. 제6일 : 2022년 8월 21일 일요일

이날의 일정은 항가이산맥의 북쪽 절반을 넘어 므릉 주변의 오쉬깅 우부르 복합 유적을 보고, 다시 홉스굴 호수 남서쪽 호숫가의 숙소까지 가는 것이었다. 나는 오쉬깅 우부르 유적 하나를 보기 위해 항가이산맥을 넘기로 하였다. 물론 내친김에 홉스굴 호수도 가보기로 하였다.

### 1) 테르힝 차강 노르 호숫가의 게르 캠프에서

아침에 일어나니 하늘에 구름이 끼었고, 아직 어득하였다. 우리가 머문 캠프는 갈매기가 양쪽으로 날개를 펼친 듯한 호안 지형에서 호수 가운데로 볼록 튀어 나간 머리 부분에 해당하는 곳에 자리 잡고 있었다. 호수 전체로 본다면 동쪽 부분 북안에 해당하는 곳이다(도면 230 참조).

캠프 출입구 바깥으로 나가 캠프 쪽을 보았는데(6시 49분), 출입문 곁에 전날 늦게 와서 보이지 않았던 〈WELCOM TO "MAIKHAN TOLGOI" TOURIST CAMP〉라고 적힌 표지판이 있었다. 우리 차량과 함께 캠프의 모습도 한눈에 들어왔다(도면 233). 바깥으로 길을 더 걸어볼까 하다가 생각을 바꾸어 캠프 안쪽으로 되돌아가서 산 위로 올라갔다(6시 54분). 이 산은 높지 않아 금방 올라갔는데 완전히 돌산이었으며 정상에는 몽골의 국기가 펄럭이고 있었다. 바람이 심하였다. 가장

도면 233. 테르힝 차강 노르의 마이한 톨고이 캠프 입구 쪽에서 본 모습(사진 정석배)

도면 234. 테르힝 차강 노르 모습(산 위에서 서쪽으로)(사진 정석배)

도면 235. 테르힝 차강 노르의 매(사진 정석배)

높은 바위 위로 올라가자 호수와 호수 너머의 풍경이 한눈에 들어왔다(도면 234). 우리가 전날 지나온 고갯길과 그 아래의 다른 게르 캠프도 보였다. 산 아래의 호숫가는 자갈밭이었으며 물결은 잔잔하였다. 마침 매 한 마리가 내 주변을 몇 번 선회하다가 지나갔다(도면 235). 매를 항상 아래에서 위로 쳐다보았는데 이곳에서는 아래로 내려다보니 무언가 다른 느낌이었다. 호수 서쪽 멀리까지도 보였고, 산 아래로 호수와 어우러진 캠프의 이곳저곳이 모두 잘 보였다.

캠프에는 호수 쪽으로 게르가 3줄 26채, 출입구 쪽에 화장실과 샤워실, 가운데에 식당, 가장 안쪽 산 아래에 창고, 그 안쪽에 장작을 보관하는 헛간이 있었고, 호수의 다른 가장자리 쪽으로는 캠프 관계자들의 숙소를 쓰일 것으로 보이는 게르와 다른 건물들이 있었다.

산 아래로 내려오니 마침 학생 2명이 드디어 게르 바깥으로 나오는 것이 보였다. 식사 시간이 가까웠지만, 나는 그들과 다시 산 위로 올라갔다(7시 21분). 이렇게 멋진 곳을 나 혼자만 본다면 너무 아까울 것이다. 나는 산꼭대기 바위 위에서 다시 호수를 구경하였다. 마

도면 236. 마이한 톨고이 캠프 곁 산 정상에서(왼쪽부터 정석배, 소현승, 이호형)(사진 손덕영)

침 동방 원장이 게르에서 나와서 우리를 보고 산 위로 올라왔다. 우리는 테르힝 차강 노르의 멋진 경치를 감상하면서 펄럭이는 몽골 국기를 배경으로 또 호수를 배경으로 기념사진도 찍고(도면 236) 또 호수 동영상도 찍었다.

날이 조금 더 밝아졌지만, 우리가 전날 밤에 내려온 고갯길은 하늘의 구름과 역광 방향으로 인해 아직도 어둑하게 보였다. 산에서 내려갈 때 산 아래 저쪽에서 검은 개 한 마리가 우리 쪽으로 올라왔다. 입과 목 일대가 조금 갈색이었고, 양 눈 위에 갈색의 둥근 점이 있었으며, 나머지는 온통 검은색인 개였다.

조금 지각하여 식당에 도착하니(7시 35분), 학생들이 줄을 서서 음식을 접시에 담는 모습이 보였다. 아침은 뷔페식이었다(도면 237). 나는 김밥, 볶음밥, 계란후라이, 튀김 빵, 치즈+식빵+토마토+햄+야채 꽂이를 조금씩 가져다 먹었다. 우유와 다른 음료도 준비되어 있었으나 차만 마셨다. 이 식당도 게르 모양으로 만들었으며, 식탁들이 벽을 따라 둥글게 배치되어 있었다. 한쪽에 술과 음료를 파는 곳이 있었고, 벽에는 이 호수 주변의 상세지도가 걸려 있었다.

아침을 먹고 난 다음에야 게르 앞의 호숫가로 내려가 보았다(7시 53분). 물은 깨끗하고 맑아 물속이 훤히 보였으며, 호숫가는 깨끗한 모래로 덮여있었다

1) 테르힝 차강 노르 호숫가의 게르 캠프에서

도면 237. 마이한 톨고이 캠프의 아침 식사 음식들(사진 정석배)

도면 238. 마이한 톨고이 캠프 앞의 모래 경사면(사진 정석배)

(도면 238). 발을 넣고 조금 걸어보니 물이 차가웠다. 따뜻한 낮이었다면 호수에 발을 담그고 일광욕도 하였을 것이다. 하지만 그러기에는 너무 추웠다. 날씨가 좋더라도 이곳에서 호수에 들어가는 것은 위험할 것이다. 호숫가 모래 언덕의 급한 경사가 물가 바로 안쪽부터 깊어진다는 사실을 말해주고 있었다.

모두 화장실에 들리고 양치질을 한 다음에 차에 짐을 실었는데, 도시락이 아직 준비되지 않아 출발이 지연되었다. 우리가 출발하려 하자 몽골 전통 모자를 쓰고 전통 상의를 입은 젊고 아름다운 여성이 손에 우유가 든 통과 푸른색 천을 매단 주걱을 들고 나왔다. 내가 웃으며 사진기를 가리키자 자세를 잡아 주었다(도면 239). 우리 차들에 주걱에 묻힌 우유를 뿌려 주었고, 차가 출발하자 캠프 관계자들과 함께 손을 흔들면서 우리를 배웅하였다(8시 32분). 우리 여행의 무사 안녕을 기원해 준 그 여성과 또 친절히 우리를 맞이한 캠프 관계자 모두에게 감사의 인사를 드리며, 모두에게 항상 행복이 가득하길 바란다.

도면 239. 마이한 톨고이 캠프의 여행길 무사 안녕 기원(사진 정석배)

### 2) 항가이산맥을 넘으며

나는 이곳에 오기 전에는 테르힝 차강 노르(호수)의 남쪽으로 난 길을 따라 서쪽으로 간 다음 테르흐강(Тэрх гол) 다리를 건넌 후 북쪽으로 이동할 것으로 예상하였었다. 하지만 우리는 그 생각과는 완전히 다르게 캠프에서 테르힝 차강 노르의 북쪽 가장자리를 따라 나 있는 험한 길을 이용하였다(도면 230 참조). 차가 계곡 평지의 개울을 건너 가파른 절벽 위로 올라갈 때는 차가 아래로 굴러떨어질 것 같아 아찔아찔하였다. 도중에 호수에서 헤엄을 치는 백조도 보았다. 얼른 사진을 찍었지만 흐릿하게 나왔다. 다음에 또 그곳을 간다면 시간을 충분히 갖고 백조 사진을 찍어야겠다. 이곳 테르힝 차강 노르 북쪽의 계곡에도 곳곳에 넓은 초원이 펼쳐져 있었고, 또 목조 구조물이 있는 목장이 있었다(도면 240). 한 목조 구조물 주변에는 야크 무리가 모여있는 것이 보였고, 들판 여기저기에서 땅다람쥐가 고개를 내밀고 우리를 구경하는 모습이 보였다. 나는 우리가 지나가는 길을 놓치지 않기 위해 주변의 산과 들판을 주의하여 관찰하였다.

테르힝 차강 노르의 북서쪽 부분에서 우리는 북서쪽으로 방향을 틀었다. 때로는 골과 산을 가로지르고, 또 때로는 골의 가장자리를 따라 난 길을 가면서 우리는 계속해서 항가이산맥의 위쪽으로 향하였다. 해발고도가 점차 높아졌고, 산이 가까이 있어 주변의 시야가 좁아졌다. 계속해서 오르막길을 가다가 아르항가이 아이막과 흡스굴 아이막의 경계가 지나는 고갯마루에서 잠시 쉬기로 하였다. 고갯마루에 도착하니(10시 00분) 오보가 있었고, 또 몽골의 상징과 함께 남쪽 면에는 "북극성 훈장. 자르갈란트 솜(АЛТАН ГАДАС ОДОНТ. ЖАРГАЛАНТ СУМ)", 북쪽 면에는 "여행길 안녕히 가세요(АЯН ЗАМДАА САЙН ЯВААРАЙ)"라고 쓴 표지판이 보였다(도면 241). 이 고갯마루는 북쪽의 흡스굴 아이막과 남쪽의 아르항가이 아이막 경계이면서, 또한 흡스굴 아이막 자르갈란트 솜의 남쪽 경계이기도 하였다. 남쪽에서 북쪽

도면 240. 테르힝 차강 노르 북쪽 들판과 야크 목장(사진 정석배)

으로 여행하는 사람은 "북극성 훈장. 자르갈란트 솜"이라는 문장을, 북쪽에서 남쪽으로 여행하는 사람은 "여행길 안녕히 가세요"라는 문장을 보게 되는 것이다. 이 고갯마루는 해발고도가 2,300m 이상이다. 캠프에서 이곳 분수령까지 약 1시간 반이 걸렸다. 나는 이 고갯마루의 명칭을 모른다. 설명의 편의를 위해 잠정적으로 "항가이산맥 자르갈란트 솜 남계(南界) 고갯마루"로 부르겠다. 항가이산맥을 붙인 것은 자르갈란트 솜이 다른 아이막에도 있기 때문이다.

도면 241. 항가이산맥 자르갈란트 솜 남계 고갯마루(사진 정석배)

도면 242. 항가이산맥 자르갈란트 솜 남계 고갯마루 부근의 말무리(사진 정석배)

우리는 이곳에서 휴식을 취하였고, 나는 우리가 왔던 길과 가야 할 길을 멀리 바라보았는데 모두 이곳 고갯마루에서는 내리막길이었다. 지대가 높은 이곳에는 벌써 풀이 말라가고 있었지만, 한쪽 널찍한 곳에서 한 무리의 말 떼가 풀을 뜯고 있는 것이 보였다(도면 242). 몇몇 학생이 이 고갯마루에 있는 오보를 시계 방향으로 돌고 있었다(도면 243). 아마도 각자의 하늘에게 자신의 마음을 보내었을 것이다. 운전기사들은 가족의 건강과 행복을 그리고 우리 여행의 무탈을 기원하였을 것이다. 오보를 도는 것이 우리의 탑돌이를 연상시켰다.

도면 243. 항가이산맥 자르갈란트 솜 남계 고갯마루의 오보(사진 정석배)

　이제 내리막길을 갔다(10시 09분). 고갯마루 분수령에서 아래로 계곡을 따라 구불구불하게 길이 나 있었다. 길옆으로 전신주가 세워져 있었고, 전선 너머로 숲들도 보였다. 숲을 이루는 나무는 멀리서 보기에 전나무 같았다. 대체로 숲이 산의 북쪽 사면에만 있고, 남쪽 사면은 초지인 것이 신기하였다. 계곡 사이에 물이 흐르고, 풀과 관목이 자라는 곳이 보였다(도면 244). 나는 이곳의 자연을 영상에 담기 위해 움직이는 차 안에서 사진도 찍고 또 동영상도 찍었다. 개울이 넓어지는 곳에서 나무다리를 하나 건넜는데(도면 245)(10시 34분), 이 다리를 건너기 조금 전에 한 무리의 소가 우리 바로 앞에서 길을 가로질러 숲속으로 들어가는 것이 보였다. 숲속도 나무 아래는 모두 깨끗한 초지였다. 이 다리를 지나자 들판이 점점 더 넓어졌고, 길도 상대적으로 좋아졌다(도면 246). 우리는 다시 단단한 초원의 길을 따라 완만한 내리막길을 내려갔다.
　오른쪽(개울의 동쪽) 어느 산 정상부에 오보와 함께 사찰로 보이는 건물이 하나 있었다(10시 44분). 라마교 사찰이라고 하였다. 그 아래에는 주황색 지붕 건물 몇 채와 게르 1채가 있었고 또 트럭이 1대 서 있었다. 조금 떨어진 곳에는 주황색 지붕 집 곁의 나무 기둥 곁에 마구를 갖춘 백마가 한 마리가 서 있고 또 그 곁에 긴 장대가 하나 놓여 있었는데 아마도 목동이 잠시 쉬려고 말을 기둥에 매어 놓은 것이리라. 개울 건너 맞은편에는 산언덕이 모두 숲으로 덮

도면 244. 항가이산맥 자르갈란트 솜 남계 고갯마루 북쪽 계곡의 개울(사진 정석배)

도면 245. 항가이산맥 자르갈란트 솜 남계 고갯마루 북쪽 계곡의 개울과 들판(사진 정석배)

여있었고, 또 개울 주변에서도 나무가 자라고 있었다. 이곳에도 어김없이 목조 구조물의 목장들이 있었고, 또 풀을 뜯는 야크 무리가 보였다. 우리의 곁을 흐르는 개울-강은 훈즐린강(Хөнжлйн гол)의 좌안 지류였다. 훈즐린강은 어

2) 항가이산맥을 넘으며    205

도면 246. 항가이산맥 훈즐린강 좌안 지류-개울 계곡 들판(사진 정석배)

르길(Оргил) 마을 바로 지나서 이데르강(Идэр гол)과 합류한다. 나는 앞쪽과 오른쪽만 주로 보여 왼쪽에 앉은 통역에게 부탁하여 자리를 바꾸어 앉기도 하였다. 그런데 신기한 것이 오른쪽에 앉아 있을 때는 왼쪽에 멋있는 경치가 펼쳐 지나가고, 왼쪽으로 자리를 바꾸어 앉으며 오른쪽에 멋진 경치가 펼쳐지곤 하였다. 그냥 한 곳에 쭉 앉아 가면서 경치를 감상하면 되는데 멋진 자연을 사진에 담고 싶다는 나의 욕심이 오히려 그 반대의 결과를 가져오곤 하였다.

어느 한 곳을 지나는데 왼쪽 산에 독수리가 많이 앉아 있는 것이 보였다(도면 247)(10시 58분). 나는 몽골에서 매는 많이 보았고 또 한두 마리씩의 독수리는 가끔 본 적이 있지만, 이렇게 떼로 있는 것은 처음 보았다. 아마도 이곳에 독수리가 서식하는 것 같았다. 하류 쪽으로 갈수록 더 많은 가축이 보였는데, 한 곳에서는 염소가 조금 섞인 한 무리의 양 떼(도면 248)를 말을 탄 목동과 긴 장대를 매단 오토바이를 탄 목동이 가축을 뒤따르는 것이 보였다. 안타깝게도 목동은 사진이 너무 흔들렸다. 그리고 멀리 산 아래에서는 검정 털의 야크 떼가 풀을 뜯고 있었다. 길은 개울의 오른쪽에서 왼쪽으로 또 오른쪽으

도면 247. 항가이산맥 헌즐린강 좌안 지류-개울 곁 산의 독수리들(사진 정석배)

도면 248. 항가이산맥 훈즐린강 좌안 지류-개울 들판의 양 떼(사진 정석배)

로 바뀌면서 이어지고 있었다. 우리는 다리를 건너기도 하고 또는 얕은 여울을 건너기도 하였다(도면 249). 어떤 때는 좁은 나무다리보다 여울을 건너는 것이 더 안전하게 느껴졌다.

  이 개울의 하류 지역에서 하구까지 약 2㎞의 거리를 남겨 두고 개울의 좌안, 다시 말해서 서쪽 들판 가장자리 산자락에 히르기수르들이 보여 사진을 찍었지만 잘 나온 것이 거의 없다(도면 250). 우리의 답사 예정지가 아니었고

도면 249. 항가이산맥 훈즐린강 좌안 지류-개울을 건너면서(사진 정석배)

또 갈 길도 멀어 차마 차를 세우지 못하고 그냥 지나쳤다. 이곳에 이렇게 많은 히르기수르가 있는 것을 미리 알았다면 아마 답사계획을 조금 다르게 세웠을 것이다. 개울이 이데르강의 지류인 훈즐린강과 합류한 곳에서 조금 더 하류로 가자 게르 캠프가 하나 보였다(도면 251). 이곳에서 하루 숙박을 한다면 테르힝 차강 노르 호수 일대와 우리가 지나온 곳에서 본 그리고 지나갈 곳에서 보게 될 유적들을 충분히 답사할 수 있을 것이다. 훈즐린강 하구 서쪽에는 자르갈란트 솜 어르길 마을이 있었다.

어르길 마을의 서쪽으로 난 길을 지나 우리는 이데르강(Идэр гол) 다리를 건넜다(11시 39분). 나는 발해 담비길에 대한 논문을 쓰면서 담비길의 한 갈래가 이 강을 따라 나 있었다는 의견을 제시한 적이 있었다. 왜냐하면 이 강이 항가이산맥의 동쪽과 서쪽을 서로 이어줄 수 있기 때문이었다. 실제로 이 강의 상류를 따라 항가이산맥에서 서쪽으로 나갈 수 있는 길이 있다. 나는 다리를 건넌 다음에 차를 잠시 세우고 학생들과 함께 다리의 중간쯤까지 가서 이데르강과 그 건너편으로 보이는 어르길 마을, 또 멀리 강 하류와 상류 쪽을 보

도면 250. 항가이산맥 훈즐린강 좌안 지류-개울 서쪽의 히르기수르(사진 정석배)

도면 251. 항가이산맥 훈즐린강 좌안 들판의 게르 캠프(사진 정석배)

2) 항가이산맥을 넘으며   209

면서 모두 사진을 찍었다(도면 252~253). 이곳은 강폭이 110m 이상으로 상당히 넓었고 강물 사이에는 작은 모래톱이 형성되어 있었다. 강 건너 마을 쪽으로 하얀 양 떼가 검은 염소와 함께 그림 같은 풍경을 연출하고 있었고, 마을

도면 252. 항가이산맥 이데르강 상류 방향 모습(사진 정석배)

도면 253. 항가이산맥 이데르강 하류 방향 모습(사진 정석배)

의 울긋불긋한 집 지붕이 어릴 적 시골 마을을 연상시켰다(도면 254). 이곳에서도 잠시 쉬면서 노천 화장실을 사용하였다.

다시 길을 재촉하였는데 강 안의 바위 위에 두 마리의 가마우지가 앉아 있는 것이 보였다. 이데르강의 양안도 넓은 초원이었고, 곳곳에서 풀을 뜯는 가축 떼가 보였다. 하지만 이데르강에서 산길로 방향을 틀자 길 양쪽으로 돌산이 이어졌다. 다시 오르막길을 가기 시작하였는데 길 가까이는 모래 토양의 초원이었지만, 볼록하게 솟은 곳은 모두 나무가 없거나 조금 있는 돌산이었다. 길가에는 전신주가 서 있어 몽골의 깊숙한 곳까지 모두 전기와 전화가 연결되었음을 알 수 있었다. 우리는 다시 고갯마루에 도착하였다(12시 10분).

이곳 고갯마루에는 티베트 양식의 석탑이 있다. 납작한 돌로 만든 석축 기단과 본체가 남아있다(도면 255). 나무 울타리의 네 모서리와 각 변의 가운데에는 붉은 칠을 한 나무로 만든 틀 안에 원통처럼 생긴 것을 고정해 놓았다. 울타리의 한쪽 바깥에는 기둥을 세우고 푸른색과 노란색 천을 칭칭 감아 놓았다. 이곳에서 우리가 올라온 길 쪽을 바라보니 구불구불한 이데르강과

도면 254. 항가이산맥 이데르강과 어러길 마을(사진 정석배)

2) 항가이산맥을 넘으며

좌우의 들판이 산들 사이로 내려다보였고, 또 멀리 자르갈란트 솜 어르길 마을도 산들 사이로 일부가 보였다(도면 256). 하늘에 구름이 많이 있었지만, 시계(視界)는 아주 좋았다. 우리가 가야 할 쪽을 바라보니 산 아래 들판의 왼쪽 가장자리와 완만한 산자락 사이로 차가 다니면서 생

도면 255. 항가이산맥 석탑 고갯마루의 석탑(사진 정석배)

긴 여러 갈래 초원의 길이 멀리까지 이어지고 있었다(도면 257). 이곳은 해발고도가 약 1,690m이다. 이 고갯마루는 "석탑 고갯마루"로 부르면 설명이 쉽

도면 256. 석탑 고갯마루 근처에서 본 남동쪽 이데르강과 주변 모습(사진 정석배)

도면 257. 석탑 고갯마루 근처에서 본 북쪽 방향 풍경(사진 정석배)

다고 생각된다.

다시 내리막길을 가기 시작하였다(12시 13분). 산 아래로 내려가자 이번에는 이데르강 북쪽 지류의 북쪽 상류 방향으로 서안을 따라 이동하게 되었다. 이곳에도 주변은 온통 돌산이었는데 돌들이 멋진 경관을 이루고 있었다(도면 258). 이곳 들판 서쪽의 산자락에서도 히르기수르들이 보이기 시작하였고(12시 23분), 또 조금 지나자 네 모서리에 돌을 세운 구조물들도 보였다(도면 259). 나는 청동기시대 사방입석묘(四方立石墓)를 연상하였고, 툭소 선생은 이것이 청동기시대 삭사이유형 무덤이라고 하였다. 삭사이유형에는 사방입석묘가 특징적이다. 내려서 자세히 살펴보아야겠다고 생각하였지만, 오늘도 갈 길이 멀어 차마 차를 세우지 못하고 창문 너머로 사진만 찍었다. 가다 보니 간간이 다른 히르기수르(도면 260)와 네 모서리에 돌을 세운 구조물들이 보였다. 나는 속으로 그냥 지나치는 것이 정말 아깝다고 생각하였다.

다시 우리는 오르막길로 올라갔다. 큰 바위가 모여있는 언덕을 지나고, 납작한 큰 바위가 기둥처럼 우뚝우뚝 서 있는 언덕을 지나고(도면 261), 또 크고 둥근 바위들이 누워있는 언덕을 지나 산등성이를 따라 길을 가는데 "여행길 안녕히 가세요(АЯН ЗАМДАА САЙН ЯВААРАЙ)"라고 쓴 표지판이 보였다(12시 59분). 그 곁에는 쇠기둥 표지판에 글씨가 조금 지워지기는 하였으나 "북극성 훈장. 자르갈란트 솜. 어서 오세요(АЛТАН ГАДАС ОДОНТ.

도면 258. 석탑 고갯마루 북쪽 이데르강 지류-개울 동쪽의 풍경(사진 정석배)

도면 259. 석탑 고갯마루 북쪽 이데르강 지류-개울 서쪽의 사방입석묘(사진 정석배)

도면 260. 석탑 고갯마루 북쪽 이데르강 지류-개울 서쪽의 히르기수르(사진 정석배)

도면 261. 자르갈란트 솜 북계 고갯마루 가까이 남쪽의 바위(사진 정석배)

ЖАРГАЛАНТ СУМ. ТАВТАЙМОРИЛНО УУ)"라는 글씨가 보였다(도면 262). 이곳을 따라 자르갈란트 솜과 다른 솜 사이의 경계가 지나갈 것이다. 자르갈란트 솜은 지금껏 우리가 지나왔으니, 이곳은 북쪽에서 남쪽으로 올 때 자르갈란트 솜의 초입이 되는 곳이다. 우리는 반대로 남쪽에서 북쪽으로 가니

도면 262. 자르갈란트 솜 북계 고갯마루의 이정표(사진 정석배)

이곳에서부터 자르갈란트 솜의 경계를 벗어나는 것이다. 이곳 고갯마루에도 어김없이 돌을 쌓아 만든 오보가 있었다. 나는 이곳의 명칭을 모른다. 잠정적으로 이 고갯마루를 "항가이산맥 자르갈란트 솜 북계(北界) 고갯마루"로 부르겠다.

우리는 이곳에서 잠시 쉬기로 하였는데 학생 중 누군가에게 화장실이 필요하였기 때문이었다. 이곳은 해발고도가 2,245m가 넘었다. 마침 한쪽에서 말을 탄 목동이 양과 염소를 치고 있었다(도면 263). 이렇게 가까이에서 말을 탄 목동을 보는 것은 드문 일이었다. 백마를 탄 목동은 푸른색의 몽골 전통의상을 입고 있었다(도면 264). 얼굴을 보니 놀랍게도 소년이었다. 문자 그대로 양치기 소년이었다. 이솝 우화의 양치기 소년이 아니라 성실하게 양 떼를 돌보는 몸과 마음이 건강한 착한 소년이었다. 이곳 자르갈란트 솜 북계 고갯마루에서 북북서쪽으로 멀리 눈 덮인 산이 보였는데 어느 산인지 알 수가 없다(도면 265). 혹시 사얀산맥의 어느 산이었을까? 우리가 가야 할 쪽을 보니 첩첩산중 사이로 차가 다니는 초원의 길이 보였다(도면 266).

다시 계곡을 따라 아래로 내려갔다(13시 09분). 오른쪽 산언덕은 전나무 숲이었지만, 나머지는 모두 초지였다. 아래로 내려오니 들판과 산등성이가 모두 초지로서 다시 나무가 보이지 않았다. 조금 더 가다 보니 산에 암석의 노두가 용의 갈기처럼 위에서 아래로 열을 이루며 튀어나온 곳들이 보이기 시작하였다. 신기한 모습이었다. 우리가 가는 이 계곡은 이데르강의 지류인 쉬네-이데르강(Шинэ-Идэр гол)의 작은 지류 중 하나였다. 이곳도 들판은 온통 초원이었다.

도면 263. 자르갈란트 솜 북계 고갯마루의 양 무리(사진 정석배)

이 계곡을 벗어나기 얼마 전에 나는 또다시 사방입석묘들을 보았다. 나는 문득 우리가 점심으로 도시락을 싸서 준비한 것을 생각해 내었다. 앞쪽 가까이 또 다른 사방입석묘가 보였고(13시 30분), 나는 운전기사에게 이곳에서 점심을 먹자고 하였다. 그래서 우리는 계획에 없었던 사방입석묘가 있는 곳의 산자락-들판 가장자리에서 점심을 먹게 되었다. 차에서 도시락을 내리고 준비하는 동안 나와 학생들은 이곳의 유적을 답사하였다.

도면 264. 자르갈란트 솜 북계 고갯마루의 목동(사진 정석배)

2) 항가이산맥을 넘으며   217

도면 265. 자르갈란트 솜 북계 고갯마루에서 본 설산(사진 정석배)

도면 266. 자르갈란트 솜 북계 고갯마루에서 본 북쪽 산길(사진 정석배)

### 3) 청동기시대 사방입석묘가 있는 쉬네-이데르 유적에서

나는 이 유적에 대한 자료를 찾지 못하였고, 또 이 유적의 명칭도 알지 못한다. 다만 이 유적에서 북쪽으로 약 3.2㎞ 거리에 쉬네-이데르(Шинэ-Идэр, Shine-Ider) 마을이 있어 임시로 "쉬네-이데르 유적"으로 부르기로 한다. 이곳의 사방입석묘는 산자락의 경사면에 분포한다. 나는 이 유적에서 5기 이상의 사방입석묘를 보았으며 정확한 수는 파악하지 못하였다(정석배, 2024, 50~53쪽).

입석(立石)이 사각형의 울타리-위, 바깥쪽 두 모서리에는 쓰러져 있[ ]의 돌이 모여 있었다. 그 외에 위[ ]런 돌들이 이 지역 전체에 깔려 있[ ]묘 아래쪽에는 히르기수르가 1기[ ]석열, 바깥의 환석으로 구성되어 [ ] 낮은 입석을 세웠다는 사실이다. 여 있었다.

도면 268. 쉬네-이데르 마을 남쪽 유적의 사방입석묘(사진 정석배)

도면 269. 쉬네-이데르 마을 남쪽 유적의 원형 위석과 적석구 구조물(사진 정석배)

 이곳에서 남서쪽으로 가면 다른 사방입석묘들이 있다. 남서쪽의 사방입석묘 1기는 사각형 위석의 네 모서리에 입석이 모두 그대로 남아있었다(도면 268). 규모는 북동쪽에서 본 것보다 컸으며, 위석 안쪽 가운데에 큰 돌들이 상당수 모여져 있었다. 이 사방입석묘 아래 북동쪽에는 평면 원형의 경계 위석 안에 적석구가 있는 구조물이 있는데(도면 269) 경계 위석 바깥으로 환석이 보이지 않아 히르기수르인지 아니면 청동기시대의 고분인지 분명하지 못하다.

쉬네-이데르 유적은 뒤쪽의 산이 모두 돌산이어서 석재를 구하기는 아주 쉬웠을 것이다. 남서쪽 사방입석묘 뒤의 산에는 앞서 이야기한 용의 갈기를 연상시키는 암석 노두가 몇 개 위에서 아래로 열을 이루고 있어 아주 신기하면서 멋진 모습을 연출하고 있다. 나는 이 "용 갈기"를 원경과 측면 근경은 물론이고 바로 아래에

도면 270. 쉬네-이데르 마을 남쪽 유적 곁의 "용 갈기"(사진 정석배)

도면 271. 쉬네-이데르 마을 남쪽 유적의 꽃(사진 정석배)

서 위를 보면서도 촬영하였다(도면 270). "용 갈기" 산은 절경 중 하나일 것이다. 유적에는 내가 알타이에서 본 적이 있는 아칸투스 같은 잎사귀를 가진 짙은 보라색의 구상(球狀) 꽃들도 자라고 있었다(도면 271).

점심 도시락은 샌드위치, 양고기+밥+사탕 무 샐러드+감자였다. 삼삼오오 모여 돌에 걸치고 앉아 식사하였다. 나는 점심은 대충 먹고, 학생들이 식사하는 동안에 유적을 더 살펴보았다.

3) 청동기시대 사방입석묘가 있는 쉬네-이데르 유적에서   221

### 4) 항가이산맥을 넘어 오쉬깅 우브르 복합유적으로

점심 식사와 유적답사를 한꺼번에 한 우리는 다시 출발하였다(14시 01분). 곧 쉬네-이데르 마을을 가운데로 가로질렀고(14시 11분), 계속해서 북쪽으로 이동하였다. 다시 오르막길을 가는데 고갯마루를 넘기 조금 전에 오른쪽 산언덕에서 쌍봉낙타가 한 마리가 보였다(도면 272)(14시 19분). 나는 답사 첫날 운전기사에게 혹시 낙타가 보이면 바로 이야기해 주길 요청한 상태였다. 그동안 계속 낙타가 보이지 않아 의아해하였는데 드디어 낙타를 보게 된 것이다. 잠시 정차하여 차에서 내리지 않은 상태에서 사진을 찍었다. 한 마리만 보이는 것이 이상하긴 했다. 아마 낙타가 서식하기 좋은 곳이 따로 있을 것이다.

고개를 넘어 아래로 내려가 다시 산을 넘고 들판을 지나 계속해서 북쪽으로 이동하였는데, 나를 특히 놀라게 한 것은 항가이산맥의 첩첩산중 계곡이 모두 넓은 초원이라는 사실이었다. 창밖으로는 산들과 함께 어우러진 그림 같은 몽골의 초원이 계속해서 펼쳐지고 있었다. 생깅 달라이 호수(Сангийн далай нуур)에서 발원하는 작은 강-개울의 넓은 들판을 지날 때는 히르기수르가 여기저기 많이 보이기도 하였다(도면 273~274). 멀리 말들이 풀을 뜯는 모습이 보였고, 또 우리가 한 무리의 양과 염소 떼 곁을 지나가기도 하였다(도면 275)(15시 41분). 들판을 지나 다시 오르막길을 가는데 오른쪽 산언덕에서 수백 마리씩의 검은 새가 떼를 지어 앉아 있거나 날고 있는 것이 보였다(15시 48분). 까치보다 조금 작아 보이는 크기의 새였는데 어떤 종류인지는 파악하지 못하였다. 이 일대에 그 새들의 서식지가 있을 것이다. 우리는 고개를 넘어 다시 아래로 내려가 들판을 달렸다. 그런데 화장실이 필요한 사람들이 있어 이 들판에서 차를 세웠다(16시 10

도면 272. 쉬네-이데르 마을 북쪽 언덕의 쌍봉낙타(사진 정석배)

도면 273. 생긴 달라이 호수 발원 강-개울 일대 모습(사진 정석배)

도면 274. 생긴 달라이 호수 발원 강-개울 부근의 풍경과 히르기수르(사진 정석배)

분). 사방이 확 트인 곳이기는 하였어도 주변에 낮은 곳도 있었다. 이곳에서도 이쪽저쪽 노천화장실을 사용하였는데 일부 학생은 차마 이쪽저쪽에 참여하지를 못하였다. 도시에서 자란 사람에게는 초원의 화장실이 너무 힘들 것이다.

    들판을 지나 다시 오르막길로 갔으며, 고개를 넘자 이제 상당히 험한 내리막길이 시작되었다. 비가 잠깐 내려 길조차 조금 미끄러워졌다. 우리 운전기

도면 275. 생긴 달라이 호수 발원 강-개울 부근의 양-염소 무리(사진 정석배)

사들은 아주 조심하여 천천히 차를 몰았다. 길가 낭떠러지 아래에는 개울이 흘렀으며, 개울 건너편은 전나무 숲이었다(도면 276). 이 개울은 델게르므릉 강(Дэлгэрмөрөн гол)의 작은 지류 중 하나로서 마침내 므릉시(市)에 가까이 온 것이었다. 중간보다 조금 더 내려왔을 때 운전기사가 차를 세우면서 저기 사슴이 있다고 하였다. 개울 곁 전나무 아래에 작은 꽃사슴 한 마리가 서 있는 것이 보였다(도면 277)(16시 51분). 나는 몽골에서 가축은 수없이 보았지만, 야생의 사슴은 처음이었다.

계곡을 내려오자 눈앞에 다시 초원이 펼쳐졌고, 곧 멀리 델게르므릉강이 보였다. 툭소 선생은 이곳에 엄청난 수의 히르기수르가 발견되었다고 하였다. 나는 주의해서 보았으나 이상하게 히르기수르가 보이지 않았다. 그래서 하나라도 보여 달라고 하였고, 툭소 선생은 조금 더 가다가 길가에 차를 세웠다(17시 26분). 이곳에서는 멀리 델게르므릉강 다리도 보였는데 다리에서 남쪽으로 약 1.3㎞ 떨어진 곳이었다(도면 278). 이곳의 히르기수르는 규모가 작아 멀리서 잘 보이지 않았던 것이다. 나는 그중 1기의 히르기수르를 가까이

도면 276. 델게르므릉강 가까이 산길과 숲(사진 정석배)

가서 보았다. 나지막한 중앙 적석구 둘레에 평면 원형의 경계 위석열이 돌려져 있었고, 그 바깥에는 일정 간격으로 환석이 배치되어 있었다(도면 279). 위성 돌무지와 부석낭도는 보이지 않았다. 사용된 석재는 모두 강돌이었다. 유적 이름은 차강 보르가싱 걸(Цагаан Бургасын Гол)이라고 하였으나 관련 자료를 구하지 못하였다.

델게르므릉강의 다리를 건너자 길이 좋아졌고 또 므릉시(市)(Мөрөн хот 므릉 허트) 남쪽 외곽의 집들 사이에서 무지개가 우리를 반겨 주었다(도면 280)(17시 37

도면 277. 델게르므릉강 가까이 숲속의 꽃사슴(사진 정석배)

4) 항가이산맥을 넘어 오쉬깅 우브르 복합유적으로   225

도면 278. 델게르므릉강 다리 부근의 초원(사진 정석배)

도면 279. 델게르므릉강 다리 부근 차강 보르가싱 걸 유적의 히르기수르(사진 정석배)

도면 280. 므릉시 동남쪽 교외의 무지개(사진 정석배)

분). 우리는 이 도시를 지나 바로 오쉬깅 우부르 복합유적으로 향하였다. 도시 서쪽 교외의 비행기 공항을 지나자 길은 다시 자유로운 비포장도로였다. 유적은 므릉 공항에서 서쪽으로 약 12㎞ 거리에 위치한다.

   내가 굳이 항가이산맥을 넘고 또 다음 목적지인 홉스굴 호수로 가기로 한 것은 바로 오쉬깅 우부르 유적을 보기 위해서였다. 이 유적은 우리가 보려고 한 다른 유적들과는 서북쪽으로 지나치게 멀리 떨어져 있다. 처음에는 비용이나 시간 문제로 이 유적은 답사를 포기할까도 생각하였지만, 이때 가지 않으면 영영 가지 못할 수 있다는 생각이 들어 강행하기로 하였다. 덕분에 외퇴겐 산으로 불렸던 항가이산맥도 넘어 보았고, 또 홉스굴 호수에서 하루를 보내게 된 것이다. 이 호수는 므릉에서 다시 북쪽으로 한참을 가야 했지만, 이왕 내친김에 그곳까지 가기로 한 것이다. 오쉬깅 우부르 유적에 도착하자(18시 22분),

4) 항가이산맥을 넘어 오쉬깅 우브르 복합유적으로   227

이미 해가 서쪽으로 기울고 있었다. 우리가 도착하고 조금 지나 다른 답사팀도 왔는데 하르허롬 박물관에서 본 2명의 일본 사람과 다른 외국인들이었다.

### 5) 청동기시대 인면(人面) 사슴돌이 있는 오쉬깅 우부르 복합유적 1차 답사

델게르므릉강의 북쪽 들판에 위치하는 오쉬깅 우부르(Уушигийн өвөр, Uushigiin uvur) 복합유적은 14기의 히르기수르, 1기의 판석묘, 15개의 사슴돌로 이루어져 있다(도면 281). 히르기수르는 유적의 북쪽에서 남쪽까지 거의 전 범위에 걸쳐 분포하며, 경계위석열은 평면이 2기는 네모-사다리꼴이고, 나머지 12기는 원형이다. 판석묘는 4호 히르기수르의 북쪽 부석낭도와 겹쳐져 있다. 사슴돌은 모두 유적의 남서쪽 부분에 북-남 방향으로 분포한다(정석배, 2024, 38~49쪽).

이 유적은 1970년에 몽골과 소련이 공동으로 조사를 하였고, 1999년과 2003~2006년에는 몽골과 일본이 공동으로 1호와 12호 히르기수르, 1호 판석묘, 그리고 4호 및 7호 사슴돌 주변을 발굴하였고, 2013년에는 몽골과 러시아가 공동으로 5호~10호 사슴돌 분포 지역을 발굴하였다(E.A.노브고라도바 저 / 정석배 역, 1995; Takahama Shu 외, 2006; 꼬발레프 외, 2016). 몽·일 공동 발굴 당시 히르기수르와 사슴돌 의례 시설에서 출토된 동물 뼈에서 기원전 13~9세기로 속하는 4건의 방사성탄소연대가 확보되어 유적의 조성 시기를 추정할 수 있게 되었다. 최근에는 이 유적을 올랑 오쉬그-Ⅰ(Ulaan Uushig I) 유적으로 부르기도 한다.

러시아의 저명한 몽골 고고학 전문가 E.A.노브고라도바는 사슴돌이 있는 부분의 유구 현황도와 상상 복원도를 제시하였는데 1호부터 15호까지 모두 15개의 사슴돌 번호가 표시되어 있다. 사슴돌은 모두 3개의 열을 이루며 남북 방향으로 배치되어 있으며, 10호 원형 히르기수르 앞 남쪽에 3개, 그 서쪽에 6개, 그 서쪽에 6개가 있다(도면 282). 현재 이 유적에는 14개의 사슴돌만 남아 있고, 1기는 므릉시의 훕스굴 아이막 박물관(Хөвсгөл Аймгийн

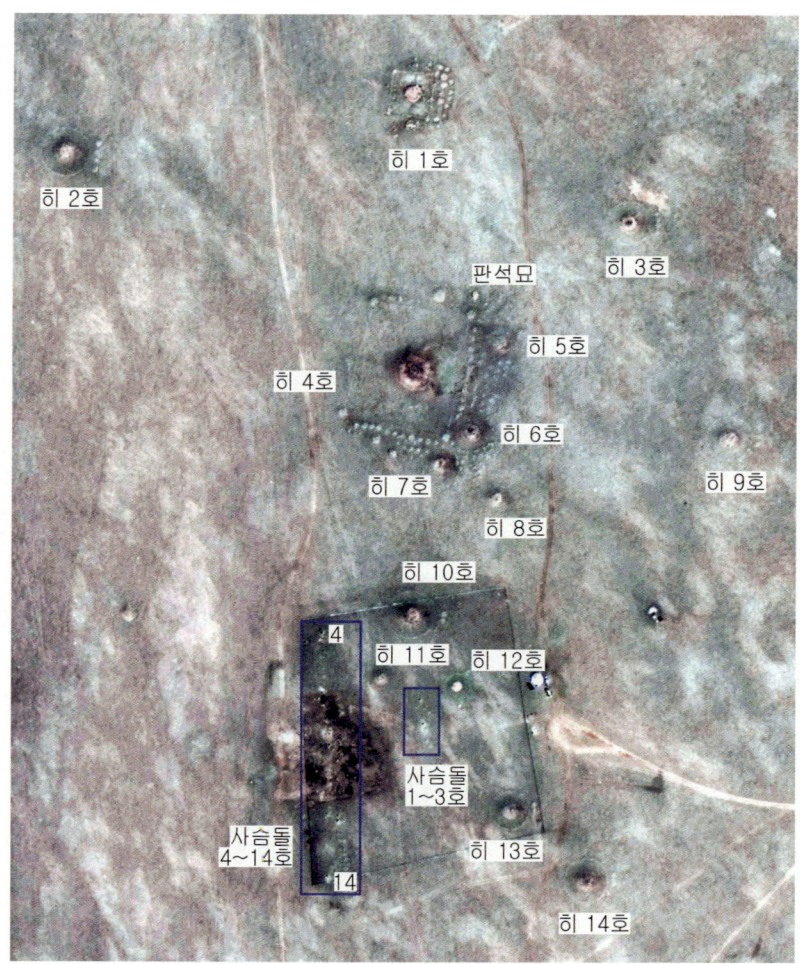

도면 281. 오쉬깅 우부르 복합유적(Takahama Shu 외, 2006, 도판 2 참조) 구글어스 필자 재작성

Музей, Museum of Khuvsgul Province)에 보관되어 있다.

  이곳에는 남북 방향의 작은 개울을 사이에 두고 동쪽에는 우리가 답사한 오쉬깅 우부르 유적 혹은 올랑 오쉬그-Ⅰ유적이 있고, 서쪽에는 올랑 오쉬그-Ⅱ 유적이 있다. 우리가 도착한 곳은 오쉬깅 우부르 유적의 남쪽 부분이었다. 이곳에는 울타리를 만들어 사슴돌을 보호하고 있고, 울타리 출입구 곁에는 유적

5) 청동기시대 인면(人面) 사슴돌이 있는 오쉬깅 우부르 복합유적 1차 답사   229

도면 282. 오쉬깅 우부르 복합유적 사슴돌 복원 조감도(E.A.노브고라도바 저 / 정석배 역, 1995, 필자 재편집)

을 설명하는 표지석과 벽체에 판자를 댄 게르가 한 채 있었다. 우리가 도착하자 유적 관리인이 와서 문을 열어 주었다. 늦게 도착한 관계로 우리에게 주어진 시간이 많지 못하였다.

　나는 이번에도 사슴돌에 정신이 팔렸다. 다행히 하늘이 맑아져 사슴돌을 관찰하기에 좋은 날씨가 되었다. 하지만 우리가 늦게 온 탓에 그늘이 길게 드리어져 사슴돌의 한쪽 면은 너무 어두웠다. 좋은 점도 있었다. 햇빛이 비스듬하게 비치니까 어떤 사슴 그림들은 더 선명하게 보이기도 하였다. 나는 나중에 사진이 헷갈리지 않게 일정한 순서로 사진 촬영을 하였는데, 도중에 하르허롬에서 본 일본 연구자들이 와서 서로 엉기게 되면서 잠시 사진 찍는 순서가 바뀌기도 하였다. 나는 그들과 두 번째로 만나 이번에는 서로 인사를 하였다. 다행히 이곳에는 사슴돌마다 아래에 각 사슴돌의 번호와 설명서가 있어서 사슴돌의 번호가 헷갈릴 염려는 없었다. 사슴돌은 대부분 세워져 있었지만, 땅 위에 눕혀진 상태인 것들도 있었다. 눕혀진 사슴돌은 뒷면의 그림을 볼 수가 없어 아쉬웠다.

　이 유적에서 가장 대표적인 사슴돌은 울타리 안의 남서쪽 모서리 부분에 서 있는 사람 얼굴이 새겨진 14호 사슴돌이다. 내가 동쪽 열의 1호, 2호, 3호 사

도면 283. 오쉬깅 우부르 유적 답사 모습(앞의 사슴돌은 4호)(사진 정석배)

 슴들을 차례로 보고 서쪽 열의 가장 북쪽 4호 사슴돌로 갔을 때 우리 학생들은 김은옥 박사와 함께 바로 14호 사슴돌로 갔다(도면 283). 사실 나는 김은옥 박사와 사진을 찍을 때 서로 방해되지 않게 나는 북쪽에서 시작하고, 김은옥 박사는 남쪽에서 시작하는 것으로 이야기하였다.

 화강암 재질 4호 사슴돌은 한쪽 넓은 면에 새 부리 얼굴, 뒤로 길게 늘어뜨린 가지 달린 뿔, 둥근 눈, 볼록한 등, 안쪽으로 접어 넣은 가느다란 다리가 표현된 전형적인 몽골-자바이칼 유형이다(도면 284). 윗부분에는 둥근 고리 아래에 물방울 장신구가 매달려 있는데 자르갈란팅 암 유적 사슴돌에서 본 것과 같은 형태였다. 둥근 고리에 대해서는 귀, 귀걸이, 태양의 상

도면 284. 오쉬깅 우부르 유적 4호 사슴돌(사진 정석배)

5) 청동기시대 인면(人面) 사슴돌이 있는 오쉬깅 우부르 복합유적 1차 답사   231

도면 285. 오쉬킹 우부르 유적 올(兀)자 모양 그림이 있는 사슴돌 세부(사진 정석배)

징이라는 여러 의견이 있다. 나는 사실 이것이 무엇인지 확신하지 못하였지만, 귀걸이를 표현하였을 가능성이 있다고 생각하게 되었다. 그것은 14호 사슴들의 둥근 고리가 귀로 생각되는 볼록한 표현물에 걸려 있기 때문이다(도면 288 참조). 다만 이 경우에도 고리 둘레로 햇살이 표현된 것은 해석이 힘든데, 태양 귀걸이로 부를 수는 있을 것이다. 아랫부분의 "X"자가 연속으로 이어진 모양의 사격자(斜格子) 장식 요대(腰帶) 아래에는 전투용 도끼, 즉 투부(鬪斧)가 새겨져 있다.

4호 사슴돌을 보고 남쪽으로 더 이동하자 바닥에 눕혀져 있는 사슴돌이 몇 개 보였다. 그중 하나에는 올(兀)자 모양 그림이 새겨져 있었다(도면 285). 사실 답사 당시에는 온전한 사슴돌에 정신이 팔여 이 그림에 크게 주목하지 않았다. 그런데 지나고 보니 사슴돌에서 올(兀)자 모양 그림을 직접 본 것은 이것이 처음이었다. 요대에는 단검이 비스듬하게 겹쳐 있고, 올(兀)자 모양 그림은 요대 아래에 매달려 있다. 사실 이 유적의 14호 사슴돌에도 올(兀)자 모양 그림이 새겨져 있다.

사슴돌이 전사(戰士)를 표현한 것이라면, 올(兀)자 모양 그림이 새겨져 있는 사슴돌은 바로 전차를 다룬 전사를 표현한 것이 분명할 것이다. 실제 시베리아 청동기시대 카라수크 문화와 중국 은나라 및 서주(西周) 유적에서는 "기능을 알 수 없는 유물" 혹은 올(兀)자 모양 동기로 소개된 청동 유물이 다수 발견된 바 있다. 처음에는 이것이 활의 가운데에 부착한 활 부속품의 하나로 파악하였지만, 지금은 전차를 끄는 2필의 말고삐를 각각 하나씩의 고리에 연결하여 말을 통제할 때 사용하였다고 인식하고 있다. 중국 북경 북쪽의 백부(白浮

바이푸) 유적 출토 여성 전사가 전차를 타고 말을 다루는 모습을 복원한 그림은 이 유물의 용도를 잘 설명해 준다(도면 286). 그 여성 전사는 등에는 방패를 지고, 손에는 과 모양 창을 꼬나들고, 허리로는 올(兀)자 모양 기물을 사용하여 두 필의 말을 한꺼번에 부리면서 전투에 임하고 있다. 14호 사슴돌의 등에 방패를 표현한 것은 이와 무관하지 않을 것이다.

중간에 7호 사슴돌 부분에서 다른 사람들과 엉기게 되어 중간 열로 가서 12호와 13호를 보고, 남쪽 가장 끝부분에 있는 14호 사슴돌로 갔다. 이 사슴돌은 위 한쪽 면에 사람의 얼굴이 부조로 표현되어 있다(도면 287~288). 얼굴의 이목구비가 잘 확인되며, 양쪽 측면에는 크고 둥근 고리가 새겨져 있다. 얼굴은 남쪽 델게르므릉강 쪽을 보고 있다. 얼굴 바로 아래에는 목걸이로 보이는 선이 돌려져 있고, 그 아래에는 네 면 모두에 사슴들이 새겨져 있다. 이 사슴돌에는 몇 가지 독특한 점이 더 있는데 바로 요대가 다른 사슴돌과는 달리 상당히 윗부분에 표현되었고, 또 방패가 요대보다 훨씬 더 위에, 사람으로 치면 등 부분에 묘사되어 있다. X자 모양 무늬로 장식된 요대의 오른쪽에는 투부(鬪斧)와 활집이, 왼쪽에는 검집에 넣은 단검과 숫돌이 매달려 있

도면 286. 백부 유적 여전사 복원도와 세부(꼬미사로프, 1988) 및 출토 올자형 동기(북경수도박물관, 사진 정석배)

5) 청동기시대 인면(人面) 사슴돌이 있는 오쉬깅 우부르 복합유적 1차 답사

도면 287. 오쉬깅 우부르 유적 14호 사슴돌 모습(사진 정석배)

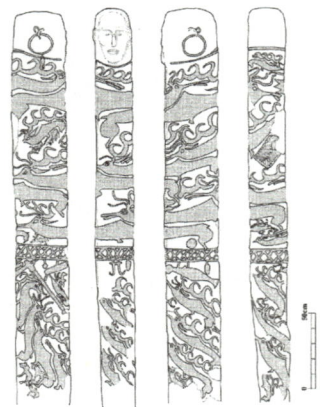

도면 288. 오쉬깅 우부르 복합유적 14호 사슴돌 모사도
(Takahama Shu 외, 2006), 도판 20, 1)

234 Ⅱ. 몽골, 초원의 나라로

다. 주목되는 것은 얼굴 좌우 측면의 둥근 고리가 귀로 보이는 조금 볼록한 표현물과 겹쳐 있다는 사실이었다. 그렇다면 이것은 귀걸이를 표현하였을 것이다. 적어도 이 경우에는 말이다. 앞면에 올(兀)자 모양 그림도 있는데 답사 당시에는 주목하지 못하였지만, 나중에 사진을 보니 다행히 확인할 수 있었다. 이 사슴돌은 청등기시대 전차를 몰았던 전사(戰士), 즉 전차병(戰車兵) 혹은 전차장(戰車將)의 형상을 표현한 것이 분명할 것이다.

사슴돌 중에는 요대 아래에 투부와 단검, 활집이, 요대 위에 시위에 화살을 건 활, 거울 등이 묘사된 것도 있었다(도면 289). 바로 9호인데 청동기시대 전사의 무기 갖춤새가 어떠하였는지를 시각적으로 보여주었다. 8호 사슴돌에는 좁은 한쪽 면에 산양 2마리가 사실적으로 표현되어 있었다(도면 290). 매우 드문 예이다. 다른 좁은 면에는 요대 위에 방패가 새겨져 있다. 사슴돌이 자연과 어우러진 모습도 그림과 같이 멋있다(도면 291).

도면 289. 오쉬킹 우부르 유적 9호 사슴돌(사진 정석배)   도면 290. 오쉬킹 우부르 유적 8호 사슴돌(사진 정석배)

사슴돌만 보다 보니 시간이 너무 지체되어 히르기수르는 제대로 보지를 못하였다. 울타리 안의 4기 히르기수르는 사슴돌을 볼 때 그냥 보여 일부러 가서 보지는 않았다. 이 4기는 경계 위석열이 모두 평면 원형이었으며, 규모가 크지 않았다. 울타리 바깥 북쪽에 있는 4호는 이 유적에서 대표적인 히르기수르여서 가서 보았다(도면 292). 경계 위석열이 평면 네모-사다리꼴이었고, 가운데에 중앙 적석구가 있었으며, 주변에 위성 돌무지들도 확인되었다. 또 북동쪽 모서리 바깥에는 히르기수르의 부석낭도를 파괴하면서 축조한 판석묘도 있었다(도면 293. 하지만 시간의 부족으로 인해 한 바퀴 빠르게 둘러본 것이어서 세부를 모두 살펴보지는 못하였다. 사슴돌 있는 곳에서 서쪽으로 멀리

도면 291. 오쉬킹 우부르 유적 남쪽 부분 모습(사진 정석배)

도면 292. 오쉬깅 우부르 유적 4호 히르기수르(북쪽에서)(사진 정석배)

도면 293. 오쉬깅 우부르 유적 4호 히르기수르 북동쪽 판석묘(사진 정석배)

5) 청동기시대 인면(人面) 사슴돌이 있는 오쉬깅 우부르 복합유적 1차 답사

도면 294. 오쉬깅 우부르 유적 사슴돌 쪽에서 본 올랑 오쉬그-Ⅱ 유적(사진 정석배)

산 아래 푸른 초원 위에서는 볼록볼록 솟아있는 올랑 오쉬그-Ⅱ 유적의 히르기수르 적석구(積石丘)들이 우리를 부르고 있었지만(도면 294), 시간이 부족하여 멀리서 보는 것으로 만족할 수밖에 없었다.

### 6) 훕스굴 호숫가의 게르 캠프로

어느덧 해가 많이 기울어 훕스굴 호수 가에 있는 숙박할 캠프로 출발하였다(19시 09분). 차에 타고서 나는 저녁 무렵의 그림자로 인해 사슴돌 사진이 좋지 못한 것도 많고 또 히르기수르를 제대로 보지 못하여 오쉬깅 우부르 유적은 한 번 더 보아야겠다고 마음먹었다.

유적에서 다시 동쪽으로 이동하였는데 멀리 초원 너머로 므릉시(市)가 보였다(도면 295). 우리는 므릉 비행장을 지나지 않고 지름길이 있는 북쪽으로 방향을 바꾸어 초원 사이로 난 길을 따라 더 가다가 므릉(Мөрөн)-하트

도면 295. 므릉시(市) 원경(사진 정석배)

갈(Хатгал) 사이의 큰길로 올라갔다. 이 도로는 아스팔트 포장도로여서 차가 빨리 달릴 수 있었다. 한참을 달려가니 왼쪽(도로의 서쪽)에 큰 호수가 하나 보였는데(19시 53분), 에르헬(Erkhel) 호수였다. 호수 건너편 구름 사이에 아직도 해가 비치고 있었고, 호수를 지나자 서쪽 산 위에 오색구름이 보였다. 가끔 산 위에 눈(雪)이 쌓여 있는 것도 보였다. 이제 점차 어둠이 깔리기 시작하였다.

그러다가 뒤따르는 차들이 오지 않아 길가 넓은 곳에 잠시 차를 세웠다(20시 40분). 길 아래 들판에는 강이 구불구불하게 흐르는 것이 보였는데 바로 홉스굴 호수에서 시작되는 에그강(Эг гол, Эгийн гол)이었다(도면 296). 나는 뜻하지 않게 에그강의 상류를 바로 곁에서 보게 된 것이었다. 길가에는 상점으로 보이는 작은 건물 하나와 정자가 있었고, 또 그 곁에 하얀색의 기념탑이 보였다. 이 기념탑에 몽골어로 무언가를 써 놓았고, 또 한쪽 면에는 영어로 "100th year of Mogolian Trade Union"이라는 글자가 씌어 있었다. 그 곁에는 두 개의 기둥으로 만든 금속 조형물이 하나 있었다. 이 조형물 아랫

6) 홉스굴 호숫가의 게르 캠프로 239

도면 296. 에그강 최상류 모습(사진 정석배)

도면 297. 에그강 최상류 부근 도로변의 "바다 어머니의 문턱" 조형물(사진 정석배)

부분에는 몽골어로 "바다 어머니의 문턱(ДАЛАЙ ЭЭЖИЙН БОСГО)"이라고 쓴 판이 하나 붙여져 있었다(도면 297). 바다로 불리기도 한 훕스굴 호수를 염두에 두었을 것이다. 다시 길을 가는데 앞쪽에 눈으로 덮인 큰 산이 하나 보였다(도면 298) (20시 43분).

우리는 이곳의 중심지인 하트갈 남쪽 외곽까지 가서 서쪽으로 방향을 바꾸어 비포장도로를 따라 다시 한참을 갔다. 길이 어두워 주변은 잘 보이지 않았다. 차가 숲속 나무들 사이로 난 길로 들어가더니 마침내 캠프에 도착하였다(21시 40분경). 차에서 내려 배정받은 게르로 짐을 끌고 가는데 학생 한 명이 고산병 증세를 보였고, 호흡을 매우 힘들게 하고

도면 298. 하트갈 부근의 눈 덮인 산(사진 정석배)

있었다. 다른 학생들이 그를 캠프 관계자들의 안내로 식당 건물로 데려갔고, 의사로 보이는 여성이 그를 진찰하였다. 고산병이 심한 것은 아니니 곧 진정될 것이라고 하면서 의약품을 주었다. 캠프가 있는 곳은 해발 1,670~1,680m 사이지만, 오쉬킹 우부르 유적에서 이곳으로 오는 도중에 해발 1,800m가 넘는 곳이 있었는데 아마 그때부터 고산병 증세가 시작되지 않았나 생각된다.

 우리는 짐을 풀고서 바로 저녁 식사를 하였다(21시 49분). 저녁 메뉴는 고기 채소 샐러드, 양고기 야채 볶음+쌀밥(도면 299), 차였다. 우리 학생들도 마찬가지였겠지만, 운전기사들이 무척 힘들었을 것이다. 함께 나담(NAADAM)이라는 보드카를 한 잔씩 하였다. 식당에는 다른 팀의 한국 관광객들도 있었다.

 고산병 증세를 보인 학생은 다행히 얼마 후에 정상으로 돌아왔다. 그런데 게르에 와서 잠깐 쉬고 있을 때 다른 학생이 한 명 와서 몸에 힘이 하나도 없다고 하였다. 원인은 잘 모르겠지만, 맥이 완전히 풀린 상태였다. 하트갈에 있

6) 홉스굴 호숫가의 게르 캠프로   241

는 병원으로 갈까 하다 가 가져온 비상약품을 먹었으니 시간이 지나 면 나아질 것 같다고 하 여 일단은 기다려 보기 로 하였다. 나는 학생들 과 외국에 답사나 발굴 을 가면 꼭 비상약품을 챙긴다. 이번에도 조금 은 도움이 된 것으로 생 각된다.

도면 299. 홉스굴 소르 리조트 게르 캠프의 저녁 주메뉴(사진 정석배)

저녁이 늦었지만, 세면 후에 사진 정리를 하고, 게르에서 다시 보드카를 한잔하였다. 학생도 몇 명 와서 함께 마시면서 내일 일정과 이것저것 지나온 답사 여정에 관해 이야기를 나누었다. 자기 전에 캠프 관계자가 와서 난로에 장작을 피워 주었다.

다음 날은 유적답사가 없었다. 항가이산맥을 넘으면 힘들 것이니 홉스굴 호수에서 하루를 쉬는 것이 어떻겠냐는 몽골과학아카데미 고고학연구소 G.에렉젠 소장의 의견을 받아들여 그렇게 한 것이었다. 결과적으로 이것은 올바른 결정이었다.

홉스굴 호수(Хөвсгөл нуур, Khuvsgul lake)는 홉스굴 바다(Хөвсгөл далай)라고도 한다. 한국에서는 "홉스골" 호수로 더 잘 알려져 있다. 몽골에서 가장 깊고 가장 물이 많은 호수지만, 크기는 두 번째이다. 남북 길이는 136㎞, 동서 최대 폭은 36.5㎞, 최대 깊이는 262m이다. 지리적으로 동(東) 사얀산맥 남록에 위치한다. 해발고도는 1,645m이다. 이곳으로 96개의 강과 개울 물이 흘러 들어가며, 오직 에그강 하나로만 물이 흘러나간다.

## 7. 제7일 : 2022년 8월 22일 월요일

### 1) 훕스굴 호숫가 게르 캠프와 하트갈에서

    이날은 관광객이 즐겨 찾는 유명한 휴양지 훕스굴 호수 일대에서 시간을 보냈고, 하트갈(Хатгал)에도 잠깐 다녀왔다. 아침에 일어나 캠프를 둘러보기 시작하였다(7시 01분). 우리가 묵은 훕스굴 소르 리조트(KHUVSGOL / KHUVSGUL SOR RESORT) 게르 캠프는 이곳 하트갈 중심지에서 북쪽으로 약 14.4㎞ 떨어져 있다. 이 캠프는 완만한 경사지에 있어 앞쪽으로 호수가 한눈에 들어오며, 주변은 온통 전나무 숲이다. 가운데 식당 건물을 중심으로 북쪽과 동쪽에 게르가 열을 지어 있고, 서쪽에도 게르가 있으며, 또 북쪽과 서쪽에는 방갈로 모양 숙박시설도 있다. 아래 남쪽에는 화장실과 샤워실이 그리고 조금 떨어져 정자가 있다(도면 300). 이곳을 지나 아래로 내려가면 바로 호수이다. 맑고 푸른 하늘 아래의 숲속 캠프는 마치 동화 속의 한 장소 같았다.

    캠프를 구경하고 있는데 호수 쪽에서 동방 원장이 걸어오면서 호수에서 일출 모습을 사진 찍었다고 하였다. 나는 그 생각을 미처 하지 못하고 있었기에,

도면 300. 훕스굴 소르 리조트 캠프 모습(사진 정석배)

도면 301. 홉스굴 호수의 아침(사진 정석배)

　　그 말을 듣자마자 바로 호숫가로 갔다. 태양은 벌써 수평선 위로 솟아올라 있었다(7시 04분). 수평선 위를 막 올라오는 장면은 아니었지만, 이 모습 또한 아주 멋있었다(도면 301). 나는 쏴아-쏴으-쏴아 하는 파도 소리를 들으면서 일렁이는 짙푸른 물결과 푸른 하늘, 햇살을 쏟아내고 있는 아침의 태양, 물결 위로 반사되는 긴 햇살이 서로 어우러진 모습을 보았다. 그 사이를 새들이 날아 지나가기도 하였다. 갈매기들이 물속에 들어가 헤엄을 치기도 하고, 물가를 거닐기도 하였다(도면 302). 이 얼마나 멋진 모습인가! 갈매기는 갈색 깃털에 검은 부리가 있는 것과 회색과 하얀색 깃털에 부리 아래 끝이 빨간색인 것이 있었다. 아마도 여러 종류 갈매기가 서식하는 것 같다.

　　파도 소리를 뒤로 하고 게르 쪽으로 몸을 돌리자 풀밭에서 이슬을 머금은 작은 들꽃들이 햇살을 받으며 숨을 쉬는 것이 보였다(7시 29분). 하얀 꽃은 피어 있었고, 남색 꽃과 분홍색 꽃은 꽃잎이 오므려져 있었다(도면 303).

도면 302. 홉스굴 호숫가의 갈매기(사진 정석배)

도면 303. 홉스굴 호숫가의 아침 꽃(사진 정석배)

    문득 전나무 한 그루 위에 청설모 한 마리가 앉아 있는 것이 보였다(도면 304). 머리와 등이 모두 짙은 밤색이었는데, 자세히 보니 배는 하얀색이었다. 나를 보더니 다른 가지로 자리를 옮겨서는 나를 관찰하기 시작하였다. 우리의 캠프는 아직 고요 그 자체였다. 나는 다시 게르로 들어가 잠시 게르의 내부를 살펴보고, 다시 세면을 하였다.

    아침 식사하러 가는데 캠프 마당에 행상(行商)들이 와서 짐을 푸는 것이

1) 홉스굴 호숫가 게르 캠프와 하트갈에서

도면 304. 홉스굴 호숫가의 청설모(사진 정석배)

도면 305. 홉스굴 소르 리조트 아침 메뉴 중의 버르척(사진 정석배)

보였다. 다행스럽게 어제 몸이 불편하였던 학생은 다시 건강이 돌아왔다. 아침은 일종의 양식 뷔페식이었다(8시 15분). 죽(?), 식빵, 버르척(Боорцог 작은 꽈배기 모양 빵)(도면 305), 버터와 여러 종류의 잼, 커피, 차 등이 준비되어 있었다(도면 306). 이곳은 숲이 많아 베리 종류 잼이 많다고 하였다. 다른 식탁에서도 한국말이 들렸다. 우리 학생 몇 명이 그들과 인사를 나누었다. 식사를 마치고 나오니 다음 여정을 위해 캠프를 떠나가는 한국 사람들이 보였다.

행상들이 캠프 마당에 펼친 물건들을 보니(8시 52분) 캐시미어로 만든 목도리, 장갑, 양말, 모자, 스웨터, 각종 준보석으로 만든 목걸이, 팔찌, 뿔로 만든 잔, 뼈로 만든 목걸이, 천으로 만든 낙타, 사슴, 소 등의 인형, 작게 자른 아가타, 수정 등 매우 다양하였다(도면 307~308). 동방 원장이 돌 종류는 가짜가 많으니 조심하라고 하였다. 구경하는 것도 재미있었고, 또 가격이 저렴하여 이것저것 샀다. 우리 학생들도 신이 나서 이것저것을 샀고, 또 기념사진을 찍기도 하였다. 나는 나중에 우리 답사단원들에게 나누어 주기 위해 목걸이 알이 하나 달린 목걸이를 인원수에 맞추어 사기도 하였다. 이 목걸이는 흥정하기에 따라 한국 돈으로 1천~2천원 사이였다. 우리가 자리를 뜨자, 행상들도 짐을 꾸렸다. 나는 그들이 지난밤에 우리가 여기 온 것을 알고 일부

도면 306. 홉스굴 소르 리조트의 아침 메뉴 중의 버터, 잼, 커피, 차 등 (사진 정석배)

러 물건을 팔기 위해 여기까지 왔다는 사실에 놀랐다. 무거운 짐을 어깨에 둘러메고 혹은 끌면서 되돌아가는 그들의 얼굴에 미소가 있는 것을 보니(도면 309)(10시 34분), 다행히 우리가 그들을 실망시키지 않은 것 같았다. 하늘을 바라보니 정자 지붕 위에 갈매기들이 앉아 있었고, 또 부리 아래에 빨간 점이 있는 갈매기가 바로 가까이 뜰을 걷고 있었다

도면 307. 홉스굴 행상의 아침 장사(사진 정석배)

1) 홉스굴 호숫가 게르 캠프와 하트갈에서   247

도면 308. 홉스굴 행상의 상품 일부(사진 정석배)

도면 309. 홉스굴의 행상들(사진 정석배)

캠프를 구경하면서 주차장 쪽으로 갔더니 운전기사들이 차량을 점검하고 있었다. 어떤 차는 바퀴를 빼어내기까지 하였다. 하루를 여기에서 쉬지 않았으면 큰일 날 뻔하였다는 생각이 들었다.

우리가 답사 여정을 시작한 첫날에 동방 이호형 원장이 양 한 마리를 내겠다고 이야기하였고, 운전기사들은 그러면 홉스굴 하트갈에서 사라고 하였었다. 마침내 그날이 온 것이었다. 양도 사야 했고, 또 학생 중 몇 명이 하트갈 읍내로 가서 먹을거리를 사고 싶어 했다. 나는 차를 수리하고 있는 운전기사들에게 어떤 차가 하트갈 읍내로 갈 수 있는지를 물었다. 2대가 가능하다고 하여 학생들과 나누어 타고 하트갈로 향하였다. 전날은 어두워서 캠프와 하트갈 사이의 풍경을 제대로 보지 못하였는데, 이번에는 주변을 잘 살펴볼 수 있었다. 가는 도중에 오른쪽(서쪽)에 돌들이 많이 보여 혹시 유적이 아닌가 하는 생각이 들어 돌아오는 길에 확인해 보아야겠다고 마음먹었다.

도면 310. 하크갈의 슈퍼마켓(사진 정석배)

비행기 활주로 곁을 지나갔고, 하트갈 읍내 가운데에 있는 슈퍼마켓 앞의 광장 겸 주차장에 정차하였다(11시 28분). 주황색 벽돌의 2층 건물이었는데 정면에 "AGAR SUPERMARKET"이라고 큼직하게 쓰여 있었다(도면 310). 이곳에서 우리 차 한 대는 수리를 위해 차량정비소로 가고, 나는 통역 및 운전기사와 함께 차를 타고 양을 사러 갔으며, 학생들은 이곳에서 잠깐 기다리기로 하였다. 우리가 간 곳은 일종의 정육점이었다. 한쪽에 양고기를 파는데, 머리와 내장을 제거한 양을 통째로 걸어 놓은 것이 보였다. 우리는 그중 한 마리를 샀다. 가격은 한국 돈으로 대략 8만원 조금 넘었던 것 같다. 우리 운전기사가 능숙한 솜씨로 토막을 내자(도면 311) 여성 주인이 마대 포대에 넣었다. 이 정육점에는 같은 공간의 다른 부분에 약초와 다른 물품을 파는 가게도 함께 있었다. 우리가 고기를 사는 동안에 학생들은 슈퍼마켓 곁에 있는 카페에 가서 맛있는 커피와 음료를 마셨다고 하였다. 함께 슈퍼마켓으로 들어가 이것저것을 샀는데 나는 보드카를 샀다.

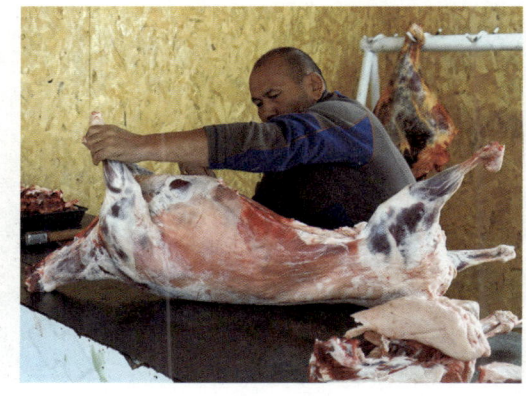

도면 311. 하크갈의 정육점에서(사진 정석배)

1) 홉스굴 호숫가 게르 캠프와 하트갈에서

도면 312. 하트갈 부근 들판의 이끼 낀 돌(사진 정석배)

다시 캠프로 돌아갈 때 잠시 차를 정차시켜 유적 같아 보이는 곳을 확인해 보았다(13시 08분). 멀리서 보면 하얀색으로 보이는 큰 돌들이 군데군데 모여 있어 의심을 불러일으킨 것이었는데 유적은 아니었다. 그런데 이 돌들에는 주황색 이끼가 아주 멋있게 끼어 있었다(도면 312). 마치 돌에 꽃이 핀 것처럼 보였다. 이끼 중에는 하트 모양을 한 것도 있었고, 또 여러 가지 형상이 서로 어우러진 모습도 있었다. 흡스굴 캠프로 돌아가면서 언덕 위에서 호수를 내려다보니 호수가 짙은 남색이었다(도면 313). 마침 언덕 아래 전나무 숲에 야크들이 풀을 뜯는 모습도 보였다(도면 314). 차에 내려 숲을 보니(13시 42분) 아직 한창인 전나무들이 울창하게 하늘을 향해 뻗어 있었고(도면 316), 캠프 울타리 부근에는 분홍색 꽃이 예쁘게 피어 있었다(도면 315).

도면 313. 언덕 위에서 본 흡스굴 호수(사진 정석배)

도면 314. 홉스굴 호수 주변 숲의 야크(사진 정석배)

도면 315. 홉스굴 소르 리조트의 꽃(사진 정석배)

도면 316. 홉스굴 호수 주변의 전나무 숲(사진 정석배)

1) 홉스굴 호숫가 게르 캠프와 하트갈에서

## 2) 훕스굴 호수와 소원바위에서

점심 메뉴는 면과 고기를 넣은 수프, 당근을 넣은 양고기+밥, 잼, 차였다 (13시 54분). 밖에 비가 조금 내리고 있었다. 식당에서 나오자 캠프 관계자 한 명이 우리에게 혹시 말을 타거나 아니면 배를 탈 수도 있다고 하였다. 말은 타이하르 캠프에서 이미 타보았기 때문에 배를 타기로 하였다. 이곳 캠프에서 전화하면 배가 캠프 앞 호숫가로 온다고 하였다. 배가 오려면 시간이 많아 남아 먼저 호수에 들어가 물놀이하기로 하였다. 마침 비가 그치고 해가 비치기 시작하였다.

호수의 물이 차가웠지만, 뜨거운 가슴의 우리 학생들에게는 따뜻하였던 것 같다. 아침에 심하게 치던 파도는 잠잠해져 이제 고요한 물결로 바뀌어 있었다. 나와 손덕영 학생이 먼저 물속으로 들어갔고(14시 34분), 다른 학생들이 뒤따라 들어갔다. 나는 먼저 학생들이 어디까지 들어가도 괜찮은지 가늠해 보았는데 무릎 조금 위 깊이까지 이상은 나가지 못하게 하였다. 나는 수영을 조금 하였고(도면 317), 학생들은 물싸움도 하고, 한 명씩 던지기도 하고, 어깨동무하고서는 함께 뒤로 넘어지기도 하였다(도면 318). 물에 들어가지 않은 학생들과는 함께 호숫가의 자갈밭을 맨발로 걷기도 하였다. 학생들은 계속해서 웃고 떠들고 소리를 질렀다. 이곳은 호수 가장자리가 얕아 물놀이하기에 좋았다. 다만 바닥이 모래가 아니라 자갈이어서 익숙하지 않은 사람에게는 발바닥이 아플 수도 있다. 물이 차갑고, 날씨가 추웠기 때문에 물놀이는 조금만 하고 얼른 숙소로 돌아가 뜨거운 물에 샤워하고 따뜻한 옷으로 갈아입게 하였다.

게르로 돌아가는데(14시 59분) 아침에 오므리고 있던 남색 꽃들이 꽃잎을 열고 있는 것이 보였다. 이 꽃들이 꽃밭을 이루는 것으로 보아 이

도면 317. 훕스굴 호수에서(사진 김은옥)

도면 318. 홉스굴 호수에서(사진 정석배)

곳에 이 꽃들의 군락이 있는 것 같았다. 나는 이곳에 어떤 종류의 꽃이 자라는지 궁금하여 여기저기를 살펴보았는데 아침에 보지 못한 몇 가지 다른 종류 꽃을 발견하였다. 줄기 대가 있는 풀에 남색 꽃이 핀 것도 있었고, 하얀색과 파란색이 조금 섞인 듯한 색깔의 꽃도 보였다(도면 319). 캠프 가장자리 나무 아래서 누군가 땔감 나무를 준비하고 있는 것이 보였다. 양고기 요리를 준비하는 것이었다. 식당에 몽골의 전통 양고기 요리 허르헉(xopxor)을 부탁하였더니 너무 비싸게 불러 우리 운전기사들이 직접 요리하기로 하였다고 하였다.

도면 319. 홉스굴 호숫가의 꽃(사진 정석배)

배를 기다리면서 정자에 갔더니 탁구대가 있어 동방 원장과 탁구를 조금 치기도 하였다. 시간이 되어 배를 타러 호숫가로 갔다(16시 12분). 배가 지체되어 기다리는 동안에 호수의 물속을 보니 물이 너무나 깨끗하여 그냥 마셔도 될 듯하였고, 물아래 조약돌뿐만 아니라 그 곁의 작은 모래들까지도 잘 보였다. 그때 갈매기 한 마리가 나를 향해 돌진해 와서는 머리 바로 위를 지나갔다. 이 갈매기가 몇 번이나 선회하면서 나에게 돌진해 왔는데, 아마도 나도 모르는 사이에 내가 자기의 안식처 혹은 중요한 무언가를 침범하였기 때문일 것이다. 나무그루터기가 흩어져 있는 호변(湖邊)은 그야말로 한 폭의 그림 같았다(도면 320). 마침내 저쪽에서 배가 오는 소리가 들렸고, 곧 몽골 국기를 단 배가 모습을 드러내었다(16시 27분).

나는 배를 보고 잠깐 실망하였다. 바이칼호수나 중앙아시아 키르기스탄의 이식쿨호수에서 탔던 수십 명이 함께 탈 수 있는 종류의 배를 상상하고 있었는데, 8~12인승 보트가 왔기 때문이었다. 왜 배를 2대를 불렀는지 이해가 되었다. 1대는 조금 더 컸다. 우리는 보트 기사가 나누어준 구명조끼를 입고 보트에 나누어 탔다. 내가 탄 보트가 먼저 출발하였지만(16시 35분), 다음 보트

도면 320. 훕스굴 호수의 풍경(사진 정석배)

도 곧 출발하여 일정 거리 밖에서 우리 곁을 지나갔다(도면 321). 짙푸른 물결과 푸른 하늘, 그리고 수평선 너머 하얀 구름이 보였고, 뒤쪽으로는 우리 캠프와 곁의 다른 캠프들, 그 너머 숲으로 덮인 산들, 또 한쪽에는 정상부가 눈으로 덮인 산들이 보였다. 곁을 지나는 보트에서 웃고 환호하는 학생들의 모습이 보였다.

배는 호수 건너편 길게 돌출된 곳으로 갔다. 이곳은 후슬린 하드(Хүслийн хад, Khusliin khad)라고 불리는 훕스굴 호수의 명소 중 하나였다. 후슬린(Хүслийн)은 소원(所願)이나 소망(所望)의 뜻을 가진 후셀(Хүсэл)이라는 단어가 원형이고, 하드(хад)는 바위, 암벽이라는 뜻이니, 이 바위는 아마도 우리말로 "소원바위"로 부를 수 있을 것이다.

우리가 이 돌출부 가까이 다가가니 위에서 사람들이 우리에게 손을 흔들었다. 우리도 함께 손을 흔들었고, 곧 배가 이 돌출부의 서쪽 안쪽에 만든 선착

도면 321. 훕스굴 호수에서(사진 정석배)

2) 훕스굴 호수와 소원(所願)바위에서

도면 322. 홉스굴 호수의 소원바위 선착장(사진 정석배)

도면 323. 홉스굴 호수의 소원바위 머리 부분(사진 정석배)

장에 도착하였다(도면 322) (16시 46분). 언덕 위로 올라가는 길에 기념품을 파는 것이 보였고, 그 안쪽에서 우리에게 손을 흔들던 사람들이 나오고 있었는데 한국 사람이었다. 아마도 다른 게르 캠프에서 이곳으로 왔을 것이다. 이곳 돌출부는 목을 길게 내민 자라(鱉)의 목을 연상시켰다. 좁은 등성이 좌우로 가파른 절벽이 있어 조심해서 걸어야만 하였다(도면 323~324). 돌출부 끝 가까이에는 작은 돌무지, 즉 오보가 하나 있었다. 사람들은 아마도 이곳 끝까지 와서 자신의 소원을 빌었을 것이다. 이곳은 "소원바위"로 불러도 괜찮을 것이다.

 이곳에서 바라보는 호수는 더 멋있어 보였다(도면 325). 푸른 하늘과 호수 그리고 수평선 위의 하얀 구름이 아름답게 조화를 이루고 있었다. 건너편 산 아래로 캠프들이 줄지어 있었고, 눈 덮인 산은 더 가깝게 보였다. 절벽 아래로 물속이 훤히 보였고, 절벽에는 양파의 줄기와 꽃을 연상시키는 식물도 있었다(도면 326). 나올 때 보니 우리 학생 몇 명은 다시 기념품을 사고 있었고(도면 327), 어떤 학생은 벌써 배에 타고 있었다(17시 06분). 언덕을 내려가자 이번에는 몽골 사람들이 보트에서 내리고 있었다.

도면 324. 훕스굴 호수의 소원바위에서(사진 정석배)

도면 325. 소원바위에서 본 훕스굴 호수(사진 정석배)

2) 훕스굴 호수와 소원(所願)바위에서　257

도면 326. 소원바위에 자라는 식물(사진 정석배)    도면 327. 소원바위의 행상(사진 정석배)

돌아갈 때는 배가 돌출부의 다른 쪽으로 약간 선회하여 빛이 비치는 방향에서 "소원바위"를 볼 수 있었다. 바람이 심하게 불었고, 배가 출렁거렸다. 갑자기 배가 속도를 내면서 S자를 그리며 질주하였다. 우리는 이쪽으로 쏠리었다가 다시 저쪽으로 쏠리면서 소리를 지르며 즐거워하였다. 속도를 줄이더니 우리 캠프 앞으로 다가갔고 곧 도착하였다(17시 20분).

### 3) 몽골 전통 양고기 요리 허르헉과 밤하늘

호숫가에는 갈색 털과 검은 부리를 가진 갈매기 두 마리가 앉아 있었다. 머리와 온몸이 하얗고 날개만 회색인 빨간 반점 노란색 부리를 가진 갈매기들과는 다른 종류였다. 게르로 가면서 다시 아래를 보니 이번에는 남색 꽃들 사이에서 연한 보라색의 꽃들도 보였다.

빗방울이 조금씩 보이기 시작하였고, 우리는 모두 각자의 게르로 들어갔다. 게르의 천장을 보았더니 가운데 둥글게 구멍을 내고 여닫을 수 있게 하였으며, 그 절반은 비닐인지 유리인지로 덮어 빛이 게르 안으로 들어올 수 있게 하였다(도면 328). 몽골에서는 이것을 턴(тооно)이라고 부르는데, 바로 천장에 낸 창, 즉 천창(天窓)이다. 난로에 연결된 연통 구멍은 조금 틈이 있어 찬 바람이 들어올 수 있었다. 천장 목재와 문은 주황색을 칠한 위로 전통 문양으로 장식하였다.

도면 328. 게르의 천창(사진 정석배)

룸메이트들과 호수에서 찍은 사진을 보면서 이것저것 이야기를 하다가 잠깐 밖에 나갔더니 운전기사들이 식당 건물 바깥의 테라스에서 보드카를 마시면서 오전에 산 양고기를 작은 크기로 잘라 다듬고 있었다(도면 329). 나에게도 권하여 한잔하였더니 조금 술기운이 느껴졌다. 나는 오전에 산 보드카가 생각이 났고, 게르에서 에덴 보드카

도면 329. 허르헉을 위해 준비된 양고기(사진 정석배)

2병을 가져가 선물로 주었다. 선물로 주기 전에 게르에서 기념으로 사진을 찍었다(도면 330).

비가 내려 게르 안으로 다시 들어갔으나, 곧 다시 밖으로 나갔다. 한쪽 나무

3) 몽골 전통 양고기 요리 허르헉과 밤하늘

도면 330 몽골 보드카 에덴(EDEN)과 서여르헐(Соёрхол)
(사진 정석배)

도면 331. 허르헉 요리 모습(사진 정석배)

아래에서 연기가 나서 가보니 운전기사들이 난로에 불을 때면서 즐겁게 이야기하고 있었다(18시 31분). 몽골의 전통 양고기 요리인 허르헉(хорхог)을 하기 위해 돌을 굽는 중이었다. 돌을 난로에 넣고 약 1시간 동안 구웠다고 하였다. 난로 곁에는 깨끗하게 잘 다듬은 양고기가 보였고, 또 보드카도 보였다.

얼마 후에 마침내 돌과 양고기를 큰 알루미늄 우유 통에 넣기 시작하였다(도면 331). 먼저 물을 약 1.5리터 통에 부었고, 그다음에는 소금을 두 숟가락 정도 넣었다. 다음에는 고기 몇 덩이와 양파, 감자, 당근을 통째로 조금씩 넣고, 소금을 한 숟가락 정도 치고, 그 위에 주먹 크기의 구운 돌을 몇 개 넣었다. 고기를 다 넣을 때까지 이 일을 반복하였다. 그다음에는 뚜껑을 닫아 잠그고 난로 위에 얹었으며, 한 번 불을 때었다. 그 상태로 약 2시간 정도 두면 요리가 완성된다고 하였다. 구운 돌은 대략 20개가 들어갔고, 돌을 넣은 다음에는 열기가 빠져나가지 않게 바로바로 뚜껑을 닫았다. 도중에 김세인 학생이 와서 함께 구경하였고, 또 조금 있다가 김은옥 박사도 왔다.

이제 기다리기만 하면 되었다. 기다리면서 우리는 함께 보드카를 마셨고, 여러 가지 이야기를 나누었다. 1조 차 운전기사는 우리와 함께 움직이는 동안에 날씨도 도와주고 또 험한 항가이산맥 길을 넘을 때 아무 사고도 나지 않아 기쁘다고 하면서 답사가 끝까지 성공적이길 바란다고 하였다. 툭소 선생과 다른 운전기사들도 맞장구를 치면서 동의하였고, 또 어떤 운전기사는 이곳이 처음이라면서 덕분에 좋은 곳을 구경한다고 하였다. 나는 도움에 감사드리고 끝까지 우리를 잘 데리고 다녀주길 부탁하였다.

나는 오쉬깅 우부르 유적에서 오후 늦게 햇빛이 비스듬할 때 도착하여 사슴돌 사진을 제대로 찍지 못하였고, 또 히르기수르도 제대로 보지 못하여 한 번 더 가야겠다고 마음을 먹고 있었다.

도면 332. 훕스굴 소르 리조트 캠프의 저녁 주메뉴(사진 정석배)

이 문제와 관련하여 동방 원장 및 김은옥 박사와도 상의하였었다. 마침 말하기 좋은 때라고 생각되어 보드카를 함께 마시면서 이 문제를 이야기하였고, 내일 아침에 오쉬깅 우부르 유적을 다시 들리기로 하였다. 이 유적을 보기 위해 항가이산맥을 넘었는데 제대로 보지 않고 그냥 간다면 나중에 얼마나 아까울 것인가! 다른 이야기도 많이 하였다. 허르헉은 저녁 식사 후에 먹기로 하였다.

우리는 식당에 모여 먼저 캠프에서 제공하는 저녁을 먹었다(19시 10분). 메뉴는 감자+당근+사과 샐러드, 밥+소고기+야채(도면 332), 차였다. 학생들이 음식을 남기는 경우가 많았는데 나는 오늘 저녁만큼은 남겨도 된다고 미리 말하고, 나중에 몽골 전통 양고기 요리 허르헉을 먹을 것이라고 이야기해 주었다. 모두 술잔에 보드카를 따르고 1조 운전기사에게 건배사를 부탁하였다. 허르헉을 만들 때 말한 것과 같이 항가이산맥을 넘으면서 차가 단 1대도 미끄러지지 않고 모두 무사히 이곳까지 오게 되어 기쁘고, 또 우리의 여정이 끝까지 무사하길 바란다고 하였다. 아마도 운전기사들은 힘한 항가이산맥을 넘으면서 혹시라도 사고가 나면 어쩌나 걱정을 하였던 것 같다.

게르에 돌아오니 젊은 여성이 와서 난로에 불을 피워 주었다(도면 333)(20시 33분). 조금 있다가 우리는 다시 식당에 모였다. 내가 조금 늦었는데 내가

3) 몽골 전통 양고기 요리 허르헉과 밤하늘   261

도면 333. 게르 안 난로에 불피우기(사진 정석배)

오면 시작한다고 기다리고 있었다. 양고기가 든 큰 알루미늄 우유 통을 안쪽에 놓고 1조 운전기사가 지켜보는 가운데 한국어를 아는 운전기사가 뚜껑을 열었다. 2명이 집게로 통에서 양고기와 돌을 차례로 꺼내 고기는 큰 양푼에 담았다(도면 334)(20시 46분). 고기에서 맛있는 냄새와 함께 김이 모락모락 났고, 우리는 모두 침을 꼴깍꼴깍하면서 지켜보았다.

도면 334. 허르헉 꺼내기(사진 정석배)

마침내 다른 운전기사가 양고기가 든 큰 양푼을 들고 와서 모두에게 먹을 수 있는 만큼씩 각자의 앞에 놓인 접시에 집어 놓으라고 하였다. 다들 큼직큼직한 고깃덩이를 2~3개씩 집었다(도면 335). 술잔에 보드카를 따라 내가 먼저 간단하게 건배사를 하면서 이 양고기는 동방 원장이 산 것이고, 또 우리 운전기사들이 직접 몽골 전통 요리 방법으로 만든 것이니 맛있게 먹으라고 하였다.

모두 동방 이호형 원장과 운전기사들에게 감사를 표하였다. 동방 원장은 학생들에게 도움이 될 여러 가지 좋은 이야기를 해주었고, 양고기를 맛있게 먹자고 하였다. 마침내 모두 환호성을 지르며 양고기를 먹기 시작하였다. 양고기를 꺼렸던 몇몇 학생들도 이 양고기는 진짜로 맛있다면서 배부르게 먹었다. 정말 그 누구 하나 이 양고기를 먹지 않은 사람이 없었다. 양 한 마리를 29명이 먹었는데도 조금 남았다.

도면 335. 접시에 담은 허르헉(사진 정석배)

우즈베키스탄 사마르칸트와 중국 흑룡강성 쌍압산시(雙鴨山市)에서 먹은 양고기도 맛있었지만, 몽골의 허르헉은 정말 맛있었다. 사마르칸트와 쌍압산시의 양고기는 숯불에 구운 것이라면, 몽골의 허르헉 양고기는 뜨거운 돌을 넣고 반쯤 찐 요리라고 말할 수 있다. 간이 적당히 배었고, 육즙이 느껴졌으며, 부드럽게 씹혔다. 그냥 말로 표현하기 힘든 맛있는 맛이었다.

우리는 게르에서도 오랫동안 이야기를 나누었다. 여기저기 학생들이 삼삼오오 게르에 모여 즐겁게 이야기하는 소리가 들렸다. 자기 전에 잠깐 밖으로 나왔더니 구름은 모두 어디로 갔는지 하늘에서 별들이 아름답게 반짝이고 있었다. 한쪽에는 은하수가 흐르고, 또 한쪽에는 별똥별이 지나갔다. 그야말로 별이 빛나는 밤이었다.

나중에 알고 보니 대학원생 강나루가 밤에 따로 캠프 뜰과 호숫가에 나가 하늘의 별들을 사진으로 찍었다. 호수 너머로 다른 무수한 별들과 함께 목성도 사진에 담았다(도면 336). "달빛 어린"이 아니라 "목성 빛 어린" 호수라니 정말 놀라운 일이다. 아마 달빛 어린 호수 위 밤하늘도 멋있을 것이다. 호숫가 왼쪽과 오른쪽(도면 337)의 밤하늘도 사진에 담았는데 하얀 선이 나 있는 것은 별똥별이 떨어지는 모습이다. 오른쪽의 숲 위로는 은하수가 성운을 이루고 있는 듯하였다.

3) 몽골 전통 양고기 요리 허르헉과 밤하늘

도면 336. 훕스굴 호수의 밤하늘 별들(아래 큰 점은 목성)(사진 강나루)

도면 337. 훕스굴 호수의 밤하늘 은하수와 별들(사진 강나루)

3) 몽골 전통 양고기 요리 허르헉과 밤하늘

## 8. 제8일 : 8월 23일 화요일

이날의 일정은 오쉬킹 우부르 복합유적을 다시 보고 므릉부터는 동쪽으로 이동하여 바이 발릭 성을 보고 셀렝게강 곁의 바타르완 게르 캠프까지 가는 것이었다.

### 1) 홉스굴 게르 캠프에서의 아침

나는 어제 일출 모습을 보지 못하였기에, 오늘은 일찍감치 호숫가로 나갔다(6시 05분). 멀리 수평선 위에서 먼동이 트기 시작하였다(도면 338). 쏴아-쑤-쑤아하는 파도 소리를 들으며 해가 떠오르길 기다렸다. 아침에는 파도가 강하다가 낮이면 잠잠해지는 것 같았다. 수평선 너머의 주황색 하늘 아래로 황금색이 보이기 시작하더니, 금방 하얀색의 강한 빛이 눈을 부시게 하였다. 해가 떠오르고 있었다. 하지만 해가 구름에 가려 해의 둥근 모습은 보지를 못하였다.

도면 338. 홉스굴 호수의 여명(사진 정석배)

일출 모습을 구경한 다음에는 캠프 곁의 전나무 숲과 굴뚝에서 연기가 피어 오르는 게르를 보면서(도면 339) 캠프를 지나 주차장 밖의 오솔길로 갔다. 오솔길 옆 숲에서 다람쥐 한 마리가 나무뿌리 위에 앉아 있는 것이 보였다(도면 340)(7시 05분). 나는 천천히 다가갔고, 다람쥐는 잠깐 나의 존재를 눈치채지 못하였다. 나를 본 다람쥐는 나무뿌리 밑의 굴속으로 들어가서는 다시 나를 쳐다보았다. 적의가 없음을 깨달았는지 몸을 일으켜 세우고는 다시 나무뿌리 위로 올라가 앉았다. 이곳에서 우리 한국에 있는 다람쥐와 똑같은 다람쥐를 보게 되다니 놀라운 일이었다. 나는 이와 똑같은 다람쥐를 아무르강의 지류인 제야강 부근에서도 본 적이 있다.

도면 339. 아침의 게르 캠프(사진 정석배)

도면 340. 오솔길 곁 전나무 숲의 다람쥐(사진 정석배)

1) 홉스굴 게르 캠프에서의 아침

도면 341. 홉스굴의 꽃(사진 정석배)

우리 캠프의 진입로-오솔길 입구 곁에는 숲 쪽으로 습지가 형성되어 있었고, 또 앞쪽으로 다른 게르 캠프도 있었다. 이곳 습지에는 호수와 캠프 사이에서 본 것과는 다른 꽃들이 자라고 있었다(도면 341). 나는 시간이 지체됨을 느끼고 오솔길 곁의 숲속을 걸으며 캠프 쪽으로 이동하였다. 숲속이 어떠한지 궁금하였기 때문이다. 숲속에는 수령이 얼마 안 되는 전나무들만 자라고 있었다. 둥치가 큰 전나무들은 벌목하고 남긴 그루터기들만 있거나 혹은 뿌리를 뽑힌 채 누워있었다. 전나무 아래에는 캠프에서 본 것과는 다른 남색 꽃과 하얀색 방울꽃, 하얀색 꽃 등이 자라고 있었다(도면 342).

도면 342. 게르 캠프 부근의 전나무 숲 꽃(사진 정석배)

## 2) 다시 청동기시대 오쉬깅 우부르 복합유적으로 가면서

아침 메뉴는 우유 차, 면+양고기 수프(도면 343), 볶음밥이었다(7시 35분). 식사 후 각자 볼일을 보고 나서 차에 짐을 싣고 다시 길을 떠났다(8시 31분). 원래는 8시경 출발 예정이었으나, 도시락 준비에 시간이 걸려 지체되었다. 캠프 관계자들이 나와서 작별 인사를 하였으며, 우리의 무사 안녕을 기원해 주었다. 모두 고마운 사람들이다.

내가 탄 차가 하트갈 남쪽의 큰길까지 왔는데 뒤차들이 오지 않았다. 나는 기다리는 동안에 차에서 내려 주변을 둘러보기 시작하였다(9시 06분). 북쪽으로 하트갈의 외곽 집들과 그 동쪽의 에그강이 보였다. 남쪽으로는 병목처럼 잘록한 곳이 있어 마치 물이 작은 호수에 가두어져 있는 듯하였다. 올 시간이 한참 지났는데도 아무도 오지를 않았다. 운전기사가 전화해도 받지 않았고, 우리의 전화나 카톡도 먹통이었다. 걱정되어 나는 다시 뒤돌아 가서 어찌된 일인지 알아보자고 하였다. 우리가 차를 돌려 왔던 길을 다시 7~8㎞ 정도 갔더니, 저쪽에서 우리 차들이 오는 것이 보였다(9시 30분). 중간에 3조 차가 고장이 나서 오지를 못하였다고 하였다. 그런데 그 차는 아직도 뭔가 이상하였다. 잔자갈을 깐 길 위에서 이쪽저쪽으로 달리면서 어디가 문제인지 살펴보았고, 또 길가 들판에 차를 세우고 운전기사들이 함께 세밀하게 차를 관찰하였다. 마침내 문제점을 찾았는데 한쪽 바퀴 부분에 문제가 있었다(도면 344). 운전기사들은 모두 기술자였다. 스스로 문제점을 찾아내고 해결하였으며, 차량 수리에 필요한 장비와 부품을 가지고 다녔다. 마침내 다시 출발하였다(9시 46분).

하트갈에서 므릉 가는 길은 깨끗한 아스팔트 포장도로여서 빠른 속도로 이동이 가

도면 343. 홉스굴 소르 리조트에서의 아침 주메쥬(사진 정석배)

도면 344. 초원에서의 차 수리(사진 정석배)

능하였다. 므릉에서 하트갈 갈 때는 날이 어두워 잘 보지를 못하였는데, 밝을 때 보니 들판과 산이 아주 멋지게 어우러진 곳이었다. 작은 호숫가에서 한 무리의 양과 염소들이 물을 마시는 광경도 보였다(도면 345). 길가 동쪽의 산 중턱에 북위 50°와 동경 100°가 교차하는 지점이 있어 신기하였다(10시 42분). 한참을 달려 다시 오쉬깅 우부르 유적에 도착하였다(11시 27분).

이틀 전에는 오후 늦게 이 유적에 도착하여 그늘이 길에 늘어진 관계로 사슴돌에 새겨진 그림들 사진이 썩 좋지를 못하였고, 또 곁의 히르기수르들도 제

도면 345. 호숫가의 양과 염소(사진 정석배)

대로 보지 못하였다. 이 유적을 보기 위해 항가이산맥을 넘었는데 제대로 보지 못하고 그냥 가기에는 너무 아까운 생각이 들어서 다시 간 것이었다.

### 3) 청동기시대 인면(人面) 사슴돌이 있는 오쉬깅 우부르 복합유적 2차 답사

두 번째 답사도 시간이 촉박하기는 마찬가지였다. 먼저 입구의 표지석을 보았다(도면 346). 유적의 위치와 15개 사슴돌이 있다는 내용이었다. 사슴돌을 영어로는 디어 스톤(deer stone) 몽골어로는 보강 촐론 후슈(буган чулуун хөшөө)라고 한다.

다음에 울타리 출입구로 들어가서 남동쪽 모서리 부분 13호 히르기수르 → 남서쪽 모서리 부분 14호 (인면) 사슴돌 → 가장 안쪽의 서쪽 열 사슴돌 → 가운데 열 사슴돌 → 서쪽 열 중간 부분 → 11호 히르기수르 → 울타리 안 북쪽 가운데 10호 히르기수르 → 울타리 바깥 북쪽 4호 히르기수르 → 더 북쪽 1호 히르기수르 → 4호 히르기수르 → 울타리 안 서쪽 사슴돌 순서로 유적을 답사하였다.

울타리 가장 안쪽에 있는 서쪽 사슴돌들을 몇 번이고 본 것은 혹시 사진을 더 잘 찍을 수 있을까 해서였다. 날씨가 흐려 그림자가 없었고, 전반적으로 괜찮은 사진들이 나왔다. 14호 인면 사슴돌과 같이 이틀 전 그늘이 져 잘 안 보이던 면들이 잘 보여 만족스러웠다. 하지만 몇몇 사슴돌의 그림은 여전히 음영이 뚜렷하지 못하였다. 이날 찍은 사진 일부는 8월 21일 이 유적 1차 답사 설명할 때 함께 사용하였다.

서쪽 가장 안쪽 열의 사슴돌을 보면서 짬짬이 개울 건너 서쪽에 분포하는 올랑 오쉬그-II유적 히르기수르들의 원경도 찍었다. 히르기수르 너머 저 멀리 가축 떼가 풀을 뜯는 모습도 보였다. 울

도면 346. 오쉬깅 우부르 유적 표지석(사진 정석배)

타리 북쪽 4호와 그 북쪽의 1호 히르기수르를 보면서 주변의 다른 히르기수르 사진도 찍었다. 나는 3호와 9호 히르기수르를 가보지 못하였는데 김은옥 박사와 몇몇 학생은 보고 와서 다행이었다. 1호 히르기수르는 발굴한 다음에 다시 복구한 것이 표가 났다.

 차량이 있는 곳으로 오자 이곳에서 점심 도시락을 먹자고 하였다. 모두 도시락과 음료 혹은 물을 받고 삼삼오오 도시락을 먹기 시작하였다(12시 34분). 도시락은 면과 잘게 쓴 고기였는데 면이 부푼 상태였다. 나는 얼른 먹고 이번에는 울타리 바깥을 따라 남쪽으로 가서 먼저 울타리 남동쪽 모서리 바깥에 있는 14호 히르기수르를 보고(도면 347), 울타리 남쪽으로 더 멀리 가서 유적 전경을 살펴보았다(도면 348. 내가 번역한 E.A.노브고라도바의 『몽고의 선사시대』라는 책에는 1970년대에 작성된 남쪽에서 바라본 이 유적의 조감도가 있기 때문이다(도면 282 참조). 유적 현장에서 50여 년 전에 그려진 조감도와 실제를 비교해 보는 것은 흥미로운 일이었다. 나는 울타리 바깥에서 얼굴이 표현된 14호 사슴돌을 한 번 더 보고 차량으로 발길을 돌렸다(12시 47분).

 한 가지 아쉬운 점은 이 유적의 사슴돌에 맹수가 새겨진 것도 있는데, 보지를 못하였다는 사실이다. 학생들에게 이 그림을 찾아보라고 하였지만, 학생들

도면 347. 오쉬킹 우부르 유적 14호 히르기수르(사진 정석배)

도면 348. 오쉬깅 우부르 유적 남쪽에서 본 전경(사진 정석배)

도 찾지를 못하였다. 나중에 알고 보니 맹수 그림이 있는 그 사슴돌은 므릉시에 있는 훕스굴 아이막 박물관에 있다고 하였다. 안타깝게도 나는 이 사실을 너무 늦게 알아 그 사슴돌을 보지 못하였다. 다음에 또 이곳에 온다면 훕스굴 아이막 박물관에도 가야겠다.

### 4) 셀렝게강 변의 위구르 부귀성(富貴城)으로 가면서

이제 우리는 므릉을 지나 동쪽으로 줄곧 이동할 것이다. 므릉을 지나가는 데 체육관이 하나 보였고, 그 앞에 몽골 씨름 선수들의 동상이 보였다(도면 349)(13시 16분). 이곳이 몽골의 전통 씨름으로 유명하다고 하였다. 몽골에도 씨름의 역사가 매우 길다. 내가 알기로 씨름은 흉노 시대에도 있었다. 오르도스 지역에서 발견된 씨름을 묘사한 패식(도면 350)이 바로 그 증거이다(데블레트, 1980).

므릉에서 다음 목적지인 바이 발릭 성까지는 이동 거리가 약 200km였지만, 길이 모두 포장도로여서 상대적으로 빨리 이동할 수 있었다. 므릉의 경계에는 길 좌우에 기념 기둥을 세우고 그 위에 뿔 달린 사슴 상을 마주 보게 배치한 것이 보였다. 그 좌우에는 몽골어로 므릉(МӨРӨН) 시(XOT)라는 글이 북이 달

도면 349. 므릉시의 몽골 씨름 선수 동상(사진 정석배)   도면 350. 오르도스 지역 발견 씨름 장면이 묘사된 흉노 청동 패식(데블레트, 1980)

린 집 모양 형상물에 쓰여 있었다(도면 351). 길을 가다 보니 앞쪽에 호수가 나타났는데 아치마그 호수(Ачимаг нуур, lake Achimag nuur)였다(도면 352)(13시 47분). 이 호수 곁의 길 오른쪽 산비탈에 히르기수르가 하나 보였다. 우리는 계속해서 동쪽으로 이동하였다. 길가 좌우의 들판은 모두 풀로 덮인 푸른 초원이었다. 산은 풀만 있고 나무가 없는 곳, 나무가 듬성듬성 보이는 곳, 한쪽이 숲으로 덮인 곳 등 다양한 구성을 하였지만, 대부분 산에는 나무가 보이지 않았다. 곳곳에서 가축이 풀을 뜯고 있었는데, 말을 탄 목동도 보였으며, 풀을 뜯는 하얀 양과 검은 염소 무리도 보였다(도면 353).

뒤를 보니 우리 차가 또 보이지 않았다. 조금 천천히 가다가 운전기사도 걱정이 되었는지 길가에 차를 세우고 뒤의 차들을 기다리기로 하였다(14시 10분). 나는 기다리는 동안에 주변을 살펴보았는데 좌우 들판에는 풀이 드문드문 짧게 자라고 있었고, 그 사이

도면 351. 므릉시 입구-출구 조형물(사진 정석배)

사이에 하얀 꽃들이 끝없이 펼쳐져 있었다. 왼쪽의 산에는 나무가 없었지만, 능성이 너머로 나무가 조금 있는 것 같았고, 오른쪽의 산에는 가끔 숲이 있기도 하였다. 이곳에도 산 북쪽 사면에는 나무가 조금 자라고, 산 남쪽 사면에는 나무가 없었다. 곧 우리 차들이 왔고 쳉겔

도면 352. 아치마그 호수 모습(사진 정석배)

(Цэнгэл, Tsengel) 마을(도면 354)을 지나(14시 22분), 산 모서리를 돌자 오른쪽(남쪽)으로 셀렝게강이 멀리 보였다. 다만 이곳에는 강 자체가 아니라 강 좌우에 무성하게 자라고 있는 나무들로 인해 강이 확인되었다. 강 앞쪽에는 풀로 덮인 들판이 넓게 펼쳐져 있었고, 강 너머에는 험한 산들이 계속해서 이어지고 있어 그림 같은 풍경이었다(도면 355).

도면 353. 아치마그 호수 지나서의 염소 무리(사진 정석배)

4) 셀렝게강 변의 위구르 부귀성(富貴城)으로 가면서

도면 354. 쳉겔 마을 원경(서쪽에서)(사진 정석배)

도면 355. 셀렝게강 초원과 산(사진 정석배)

우리가 가는 길이 셀렝게강과 점점 가까워지자 들판은 더 푸르게 변하고 있었고, 또 듬성듬성 상대적으로 큰 풀들이 모여있는 것들도 보였다. 그때 운전기사가 갑자기 차를 세우면서 왼쪽을 가리켰다. 보니 낙타 무리가 보였다(14시 36분). 항가이산맥을 넘을 때 낙타 한 마리를 본 적이 있지만, 그때는 한 마리만 있어서 뭔가 좀 그랬는데, 이번에 제대로 낙타 무리를 보게 된 것이다. 쌍봉낙타들이 풀 사이의 모래땅에 앉아 한가롭게 쉬고 있었다(도면 356).

나는 관광지에서 사람을 태우는 낙타가 아니라 자연 속에서 방목되고 있는 낙타를 꼭 보고 싶었다. 그것은 발해의 유적에서 쌍봉낙타의 뼈와 쌍봉낙타 청동상이 발견된 것이 있기 때문이었다. 내가 동해안 바닷가에 위치하는 발해 끄라스끼노성을 발굴할 때인 2012년에 쌍봉낙타의 지골이 발견되었고,

도면 356. 셀렝게강 유역의 낙타(사진 정석배)

또 2015년에는 청동 쌍봉낙타상이 출토되었다(김은국·정석배, 2021). 낙타의 뼈는 의심의 여지 없이 동해 바닷가까지, 다시 말해서 유라시아대륙의 동쪽 끝까지 쌍봉낙타를 부리는 대상(隊商)들이 방문하였음을 증명할 것이다. 그 쌍봉낙타는 멀리 서역에서부터 출발하였을 수도 있지만, 몽골지역에서 출발하였을 수도 있었을 것이다. 나는 그저 내 눈으로 쌍봉낙타가 실제 서식하는 모습을 보고 싶었다.

이 낙타 떼를 보고 다시 차가 출발하였는데 조금 지나자 오른쪽 들판에서 더 많은 낙타가 풀을 뜯는 모습이 보였다. 내가 낙타 무리를 본 곳은 쳉겔(Цэнгэл, Tsengel)과 이흐 올(Их Уул, Ikh Uul) 사이의 도로가 셀렝게강과 가장 가까워지는 곳이다. 동쪽에서 서쪽으로 혹은 서쪽에서 동쪽으로 가던 이 마을들을 지날 때 들판을 살핀다면 낙타 떼를 볼 수 있을 것이다. 이곳 셀렝게강 상류 지역에서 낙타를 다수 보았다는 것은 이곳이 낙타가 서식하기에 좋은 자연조건을 가졌기 때문이며, 아마 과거에도 그러하였을 것이다.[12]

---

12. 2023년 8월에는 울란바토르 – 바양노르 가는 길의 톨강 다리 못가 롱의 동쪽에서도 낙타 무리를 보았다.

나는 계속해서 오른쪽 셀렝게강[13] 쪽을 바라보면서 이동하였다. 마침내 멀리 창밖으로 셀렝게강의 강물이 보였다(도면 357)(14시 48분). 나는 셀렝게강을 보는 사실 자체가 기뻤다. 그것은 아마도 셀렝게강에 대해 오래전부터 들어왔기 때문일 것이다. 바이칼호수 주변의 신석기시대와 청동기시대를 공부할 때, 또 흉노를 공부할 때면 어김없이 셀렝게강이 등장한다. 발해 담비길과 관련해서도 셀렝게강이 반드시 언급된다. 셀렝게강은 『신당서』 「회골전」과 「지리지」에 선아하(仙娥河)로 소개되어 있는데, 회골 아장, 즉 하르 발가스에서 북으로 600~700리 떨어져 있고, 북안에 바이 발릭성, 즉 부귀성(富貴城)이 있다. 마침내 그 셀렝게강을 보게 된 것이다.

서쪽에서 동쪽으로 갈 때 셀렝게강이 보이는 곳은 이흐 올 마을 가까이이다. 곧 이흐 올 마을의 북쪽을 지나갔다. 이 마을에서 직선거리로 동쪽 약 3㎞ 떨어진 곳에는 큰길 가에 몇 채의 집이 보였고(15시 09분), 그 주변 일대는 온통 경작지였다. 경작지 둘레에는 울타리를 쳐서 가축이 들어가지 못하게 하였다. 경작지 일대를 지나 오른쪽 산기슭에 히르기수르가 몇 개 보였다. 동쪽으로 향하던 우리의 차는 곧 남동쪽으로 방향을 바꾸어 좁은 계곡으로 들어섰으며, 이 계곡을 지나자 노란색 유채꽃이 가득한 넓은 들판이 펼쳐졌다. 바

도면 357. 셀렝게강 원경(사진 정석배)

---

13. 러시아에서는 "셀렝가"강이라고 부른다.

이 발릭성에 가까이 온 것이다. 큰길에서 나와 유적으로 들어가는 갈림길로 들어섰는데 뒤따르는 차 3대가 늦어져 잠깐 기다리기로 하였다(15시 44분).

툭소 선생이 길에서 남쪽으로 셀렝게강 쪽을 가리키면서 저기 바이 발릭성이 보인다고 하였다. 처음에는 구분이 되지 않았지만, 자세히 보니 유채꽃밭 너머로 멀리 성벽이 보였다. 나는 조금 높은 곳으로 가서 유적과 주변 일대를 관찰하였다. 조금 더 위로 큰길로 올라갔더니 도로 이정표도 보였고, 또 셀렝게강을 배경으로 찍은 사진에 무언가 글을 써 놓은 간판도 있었다. 큰길에서는 유채꽃밭과 바이 발릭성이 조금 더 잘 보였다(도면 358). 이곳에 3개의 성이 있어 혹시 다른 2개의 성도 보이는지 자세하게 관찰하였으나 보이지 않았다. 아마도 내가 알아보지 못하였을 것이다. 길 건너편에서는 하얀색의 꽃과 남보라색의 꽃들이 피어 있었는데(도면 359), 하얀색 꽃은 참깨의 꽃과 닮았다고 생각되었다. 차가 뒤처진 것은 도중에 잠깐 수리가 필요했기 때문이라고 하였다.

도면 358. 유채꽃밭과 바이 탈릭성(사진 정석배)

4) 셀렝게강 변의 위구르 부귀성(富貴城)으로 가면서

경작지 곁을 지나 유적 가까이 갔을 때 한 번 차를 세워 원경을 찍고(도면 360), 유적 바로 가까이에 다시 차를 세웠다 (16시 22분). 유적 앞에는 비볼락 발가스와 그 아래 작은 글씨로 뭐라고 쓴 표지판이 하나 세워져 있었다(도면 361).

도면 359. 바이 발릭성 갈림길 큰길 가의 꽃(사진 정석배)

도면 360. 바이 발릭성 원경(사진 정석배)

도면 361. 바이 발릭성 표지판(사진 정석배)

### 5) 위구르 부귀성(富貴城) 바이 발릭 성 답사

이곳에는 3개의 성이 삼각형 구도를 이루고 있다(도면 362). 동북쪽에 비 볼락(Bi Bulag) 성(1호 성), 동남쪽에 보르 톨고이(Bor Tolgoi) 성(2호 성), 서쪽에 아르슬란 어드(Arslan Üüd) 성(3호 성)이 각각 위치한다. 1호 성과 2호 성은 730m, 1호 성과 3호 성은 1,300m 떨어져 있다. 3개 성은 평면이 모두 네모꼴(방형)이다. 비 볼락성 북서쪽 약 950m 거리에는 아르슬란 톨고이(Arslan Tolgoi)라고 불리는 나지막한 언덕이 하나 위치한다(정석배, 2024, 235~241쪽).

1982년과 1986년에 러시아의 Yu.S.후댜꼬프가, 1997~98년에 일본 조사단이 각각 이 유적을 조사하였다(森安孝夫·オチル, 1999).

비 볼락성은 성벽 둘레 길이 약 970m이다. 성벽은 북벽과 동벽 일부가 7m 높이까지 남아있으나, 나머지 부분은 모두 무너진 상태이다. 전형적인 판축 성벽이며, 판축에 사용된 목재 흔적이 구멍 형태로 잘 확인된다. 네 모서리에

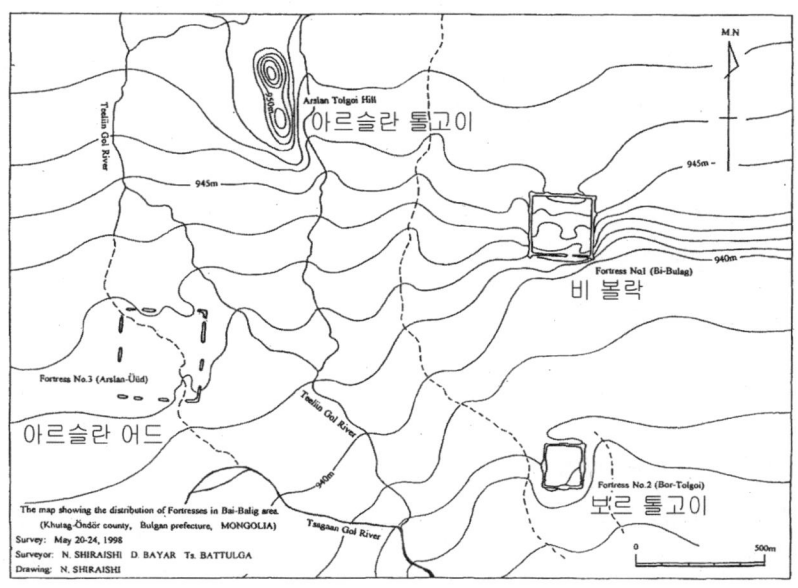

도면 362. 바이 발릭 1호, 2호, 3호 성 배치도(森安孝夫·オチル, 1999, 필자 수정)

는 각대가 있는데 북동쪽과 북서쪽 모서리 각대가 바깥으로 크게 돌출하였다. 성벽 중간중간에 치가 있다. 성문터는 남벽 동쪽에 단절부 형태로 남아있다. 동벽과 서벽에는 성문이 없었으며, 북벽에는 서쪽 부분에 나지막한 단절부가 한 곳 있는데 하르 발가스 궁성에도 이와 비슷한 현상이 관찰되어 원래 성문이 있었을 것이다. 성 내에는 다수의 건축물 기단이 있다. 그중 성 내의 남동쪽에 장축이 대체로 남북 방향인 긴 네모꼴의 대형 기단에 성의 중심 건물이 있었던 것으로 생각된다.

보르 톨고이성은 성벽 둘레 길이가 약 600m, 성벽의 잔존 높이는 1.3~2.8m이며, 아르슬란 어드성은 성벽 둘레 길이가 약 1,300m, 성벽 잔존 높이는 0.4~0.9m이다.

이곳에 세 성이 유기적인 관계를 보이기 때문에 모두 같은 시기에 축조되었을 것으로, 일반적으로 비 볼락성을 바이 발릭성으로 간주하나, 이 3개 성이 모두 바이 발릭성이라는 의견도 있다. 1호 비 볼락성의 판축성벽은 위구르 도성인 하르 발가스와 유사한 면도 있지만, 거란의 성과도 유사한 면이 있어 위구르 때에 초축하고 요 시기에 증축하였을 가능성도 있는 것으로 판단되고 있다. 만약에 이 성이 요나라 때에 증축된 것이라면, 이 성은 가장 북서쪽의 거란성이 될 것이다.

비 볼락성에서는 거란 토기, 청대 화폐, 현무암 돌사자, 보르 톨고이 성에서는 위구르 토기, 기와, 전돌, 아슬란 어드성에서는 위구르 토기, 거란 토기, 송대 자기, 기와 등이 발견되었다. 현무암으로 만든 돌사자 두 마리는 현재 울란바토르에 있는 몽골국립박물관에 전시되어 있다(도면 470 참조).

바이 발릭성은 몽골제국(원) 시기에도 계속 사용되었는데 『원문류(元文類)』 옥공(玉工) 조에 쿠빌라이 칸이 카라코룸, 바이 발릭 등의 보석세공 장인 3,000여 호를 대도로 이동시키라고 명령한 사실이 있다고 한다.

이 성이 바이 발릭성으로 불리었다는 사실은 1909년에 람스테드트가 셀렝게강 유역의 쉬네-오소(시네 우스)(Шине усу, Shine-Usu)에서 발견한 비석 덕분에 알 수 있었다. 위구르 제2대 엘레트미쉬 빌게칸(Eletmish Bilge-kagan) 혹은 카를륵 카간(갈륵가한 葛勒可汗, 영무가한 英武可汗: 재위 747~759)인 모옌 초르(마연철 磨延啜)의 이 비석에는 "그다음에 나는 소그드인들과 타브가치인들에게 셀렝게 강변에 바이 발릭성을 쌓게 명령하였다"는 내용이 있다. 여기에서 타브가치인은 중국인을 말하는 것이다.

오늘날 이 바이 발릭성은 『신당서』 「지리지」의 부귀성(富貴城)으로 비정되고 있다. 『신당서』 「지리지」에 "회골아장(回鶻衙帳)에서 북쪽으로 6~7백리 떨어진 곳에 선아하(仙娥河)가 있고, 선아하의 북안에 부귀성(富貴城)이 있다(回鶻衙帳... 北六七百里至仙娥河 河北岸有富貴城)"는 기록이 있다. 회골 아장, 즉 하르 발가스에서 북쪽 셀렝게강까지는 직선거리로 약 214㎞여서, 북쪽 6~7백리 거리에 상응하여 셀렝게강이 곧 선아하(仙娥河)임을 알 수 있고, 또 선아하 북안에 부귀성이 있다는 내용도 셀렝게강 북안에 바이 발릭성이 있다는 사실과 잘 상응한다.

바이 발릭성은 발해 담비길의 주요 노선 중 하나에 위치하는데, 아마도 위구르 시기에는 회골 아장이 있던 하르 발가스에서 북쪽으로 이곳까지, 다시 이곳에서 서쪽으로 셀렝게강 북안을 따라 교통로가 형성되어 있었을 것이다(정석배, 2019).

바이 발릭성(비 볼락성)에서는 유적 표지판이 있는 북동쪽 모서리 가까이에 차를 세우고, 바로 성벽 북동쪽 모서리로 올라가서 성벽과 성 내부를 살펴보았다. 곧 학생들이 왔고, 성벽 모서리 위에서 학생들에게 유적에 대해 간단하게 설명을 한 다음에 바로 유적답사를 시작하였다. 북동쪽 모서리 부분에서는 좌우로 동벽과 북벽이 마치 기차처럼 위압적으로 다가왔고, 성 내부가 모두 관찰되었으며(도면 363), 또 성 내 남동쪽의 중심 건물 기단과 그 너머의 남벽 및 그 너머의 남쪽 보르 톨고이 성도 잘 보였다. 성 바깥으로는 경작지 바깥으로 아르슬란 톨고이 언덕이 보였다. 북벽과 동벽은 판축성벽 단면도 모두 잘 보였다. 나는 북벽부터 차근차근 살펴보기로 하였다. 북벽은 판축 두께가 10㎝ 내외였으며, 곳곳에 성벽을 관통하는 구멍들이 남아 있었는데, 모두 성벽

도면 363. 바이 발릭성 북서쪽 모서리에서 본 성 내부(사진 정석배)

을 판축 기법으로 축조할 때 사용하였던 목재 흔적이다(도면 364). 성벽의 토층은 전형적인 시루떡 모양이었으며, 각 층이 서로 잘 구분되었다. 토층에 자잘한 돌이 많이 섞여 있는 것이 눈에 띄었다. 일부 토층에는 하얀색 반점들이 섞여 있었는데 혹시 회를 섞었을 수도 있지만 분명하지 않다.

나는 북벽의 안쪽을 따라 이동하다가 성 안쪽으로 들어가 멀리에서도 성벽을 관찰하였는데, 우리 학생들도 성벽을 자세하게 관찰하는 모습이 보였다. 성안에는 보라색의 꽃이 많이 피어 있었다(도면 365). 북벽의 판축 성벽 사이에는 단절된 부분이 있다. 그곳에 올라가자 치의 위에 돌로 사각형의 기단을 만든 것과 그 주변에

도면 364. 바이 발릭성 북벽 모습(안쪽에서)(사진 정석배)

전돌이 흩어져 있는 것이 확인되었다(도면 366). 이곳은 좌우에 높은 판축성벽이 있기에, 이 기단이 성벽 당시의 것이라면 원래 성벽 사이에 무언가 구조물이 있었던 흔적이라고 생각해야 할 것이나, 후대의 것일 수도 있어 뭐라 말하기 힘들다. 이곳에서도 성 내부와 그 너머의 보르 톨고 이성이 잘 보였다. 다시 성 안쪽으로 들어가 서쪽으로 이동하면서 뒤돌아 보니 동벽도 판축 부분 전체가 잘 보였다(도면 367).

도면 365. 바이 발릭성 내의 꽃(사진 정석배)

추정 북문지를 지나서 성 바깥으로 나가 문지와 북서쪽 각대(角臺)를 살펴보았다. 추정 북문지의 바닥은 성 바깥보다 더 높았고(도면 368), 북서쪽 각대는 바깥으로 많이 돌출한 것이 확인되었다(도면 369). 나

도면 366. 바이 발릭성 북벽 단절 부분 치 위의 기단(사진 정석배)

는 이곳에서 바로 서벽 바깥으로 갔는데, 나중에 김은옥 박사가 북서쪽 각대 정상부에도 기단 같은 시설이 있다고 하였다.

서벽에는 두 군데에 볼록한 부분이 있다. 이곳에서는 모두 판석들이 흩어져 있었다. 아마도 망루의 기초일 것이다. 그렇다면 혹시 이곳에는 원래부터 북벽과 동벽에 남아 있는 높은 판축성벽이 없을 수도 있지 않았을까? 아니면 북벽의 판축성벽 사이에 있는 기단 시설과 같이 이 좌우에 높은 판축성벽이 있었을까? 아니면 후대의 시설물일까? 서벽 위에서는 동벽 판축성벽이 잘 보였다. 또 성 내의 중심 건물 기단도 눈에 잘 들어왔다. 서벽의 남쪽 치 정상부

5) 위구르 부귀성(富貴城) 바이 발릭 성 답사

도면 367. 바이 발릭성 안에서 본 동벽(사진 정석배)

도면 368. 바이 발릭성 북벽 추정 북문지 밖에서 본 모습(사진 정석배)

에도 돌로 만든 구조물의 흔적이 남아 있었다(도면 370). 나는 남서쪽으로 아르슬란 어드 성도 보이는지 살펴보았지만 보이지 않았다.

그런데 이때 북서쪽에서 비구름이 몰려오는 것이 보였다(도면 371). 남쪽 하늘은 맑은데 북쪽 하늘은 짙게 구름이 드리웠다. 나는 서둘러 남서쪽 모서리 부분을 보고 남벽을 따라 남문지로 갔다. 남서쪽 모서리 부분은 바깥으로 크게 돌출하지는 않았으나, 주변보다는 조금 높고, 편평하였으며, 성 내부도 모두 잘 보였다. 남벽에서 보니 우리 학생들은 벌써 중심 건물 기단에서 왔다 갔다 하거나 혹은 무언가 열심히 토론하는 모습이 보였다(도면 372).

남문지 곁의 성벽 위에 화강암을 다듬어 만든 두꺼운 초석이 2개 놓여 있었다. 평면모양이 원형이고, 가운데에 위에는 둥글게 그 아래는 네모지게 구멍을 파놓았다. 성문에 사용되었던 초석(문지공석)일 것이다. 이곳에서는 성 내의 중심 건물 기단이 가까이 잘 보였다. 보르 톨고이 성도 더 가깝게 보였고(도면 373), 또 그 주변에 한 무리의 가축 떼가 풀을 뜯는 모습도 보였다. 대부분이 양과 염소였고, 더 멀리에는 한 무리의 말도 보였다. 들판은 온통 비옥한 초원이었고, 셀렝게 강 너머의 산들에는 나무도 많이 자라고 있었다. 성의 안쪽을 보니 우리 학생들이 삼삼오오 모여 중심 건물 기단을 열심히 관찰하고 있었다(도면 374). 남문지는 바닥의 높이가 성 내외가 거의 비슷하였다(도면 375).

도면 369. 바이 발릭성 북서쪽 각대 밖에서 본 모습(사진 정석배)

남문지를 보고 중심 건물 기단으로 갔다. 먼저 화강암으로 만든 2개의 장주초석이 나란히 놓여 있는 것이 눈에 띄었다(도면 376). 장주추석의 위쪽은 가운데를 위는 둥글게 그 아래는 네모지게 구멍을 파놓았는데 남문지 곁 성벽 위에 놓여 있는 초석과 동일한 구조였다. 그 가까이에 현무암으로 만든 평면 원형 초석의 일부가 보였다(도면 377). 이 초석은 표면에 골을 내어 다듬었고, 가운데로 가면서 깊어졌으며, 가운데가 직각으로 네모진 것으로 보아 원래 가

도면 370. 바이 발릭성 서벽 북쪽 치 위의 구조물(사진 정석배)

도면 371. 바이 발릭성 서벽 북쪽의 비구름(사진 정석배)

도면 372. 바이 발릭성 남벽에서 본 중심 건물 기단(사진 정석배)

도면 373. 바이 발릭성 남문지 곁 성벽에서 본 보르-톨고이성(사진 정석배)

운데 네모꼴 구멍이 있었을 가능성이 있다. 초석들 주변으로 다량의 전돌과 기와 쪼가리가 흩어져 있었다. 이때 비가 오기 시작하였다. 처음에는 빗방울이 몇 개씩만 떨어지다가 곧 소나기로 변하였다. 이곳에서 남문지를 지나 그 너머의 보르 톨고이성이 바로 바라보였다. 학생들에게는 빨리 차로 돌아가라고 하였지만, 나 자신은 빗속에 남아서 기단의 북쪽과 동쪽 부분을 돌아보았다. 가까이 바깥에서 보니 위로 솟아있는 기단의 외면이 잘 관찰되었다(도면 378).

곧 대학원생 2명이 우산을 가져와서, 우산 아래 사진기를 두고 사진을 찍을 수 있었다. 사진기는 비에 젖지 않게 잘 보호하였는데, 빗물이 들어가면 사진을 찍을 수 없게 되기 때문이었다. 나는 과거 환인(桓仁)에 있는 고구려 오녀산성에 올라갔을 때 비가 오든지 말든지 바깥으로 사진기를 꺼내어 찍은 적이 있었는데, 그 뒤에 사진기가 작동되지 않아 집안(集安)에 갔을 때 중요한 고구려 유적들의 사진을 거의 찍지 못한 적이 있었다.

도면 374. 바이 발릭성 남문지 곁 성벽에서 본 중심 건물 기단(사진 정석배)

도면 375. 바이 발릭성 남문지 모습(사진 정석배)

빗방울이 점점 더 강해졌고, 옷과 신발이 모두 비에 젖었다. 할 수 없이 적어도 2개 이상의 기단으로 이루어진 중심 건물 기단의 구조를 제대로 확인하지 못한 채 철수해야만 했

도면 376. 바이 발릭성 중심 건물 기단의 장주초석(사진 정석배)

도면 377. 바이 발릭성 중심 건물 기단의 초석(사진 정석배)

5) 위구르 부귀성(富貴城) 바이 발릭 성 답사

도면 378. 바이 발릭성 중심 건물 기단 북쪽 가장자리 외면(사진 정석배)

다. 가면서 동벽의 판축성벽이 없는 쪽을 지나 성벽 바깥으로 멀리 나가 차로 돌아가기 전에 동벽의 원경과 동북쪽 모서리 부분을 사진으로 찍었으나 모두 너무 컴컴하게 나왔다. 옷과 신발이 모두 젖은 상태로 차에 탔다(17시 22분).

눈앞에 보르 톨고이성을 보았으면서도 가지 못한 것과 남서쪽의 아르슬란 어드성을 찾아보지 못한 것은 너무 안타까웠다. 사실 북서쪽의 아르슬란 톨고이 언덕에 가서 바이 발릭성 원경도 찍고 싶었지만 그렇게 하지를 못하였다. 언젠가 다시 가야 할 것이다. 바이 발릭성에서 발견된 돌사자 두 마리는 나중에 울란바토르 역사박물관에서 볼 수 있었다.

### 6) 셀렝게강 변의 게르 캠프와 선아하(仙峨河)

비는 동쪽의 호탁 운두르(Хутаг-Өндөр, Hutag-Ondor) 솜 읍(도면 379)을 지나자 벌써 조금씩 그치기 시작하였지만, 하늘은 여전히 구름으로 가득하였다. 경찰차가 우리 차를 세우더니 운전면허증 등을 검사하면서 운전기사에게 몇 가지 질문을 하고, 바로 보내주었다. 평화로운 초원이 펼쳐졌고, 셀렝게강이 눈앞에 다가왔으며(도면 380), 곧 우리의 차는 다리로 진입하였다(17시 54분). 얼마나 오랫동안 기다려 왔던 셀렝게강인가! 하지만 차를 세우지 않고 바로 가까이 있는 캠프로 갔다. 짐을 풀고 하늘이 조금 맑아지면 다시 와서 보기로 하였다.

도면 379. 호탁 운두르 솜 읍을 지나며(사진 정석배)

도면 380. 셀렝게강과 주변 풍경(사진 정석배)

　우리가 숙박할 바타르완 게르 캠프(Баатарван гэр камп)는 셀렝게강 다리를 건너 조금 북쪽으로 치우친 곳에 있다. 다리에서 동쪽으로 약 970m 떨어져 있다. 캠프에 도착하자 우리가 예상보다 빨리 와서 그런지 캠프 관계자가 오랫동안 나타나지를 않았다. 우리는 처음에는 차를 세워 둔 길에서 기다리다가 조금 지나 다시 빗방울이 떨어지기 시작하자 캠프 울타리 안에 있는 정자에 가서 비를 피하였다(18시 05분). 하늘에서는 매가 한 마리 우리에게 인사를 하였다. 마침내 게르 캠프 관계자가 왔고, 우리는 게르를 배정받아 짐을 풀었다. 나는 8호 게르에서 2명이 함께 사용하였다. 세면하고 저녁 식사를 하러 나오자 언제 그랬느냐는 듯 맑고 푸른 하늘이 우리를 기다렸다.

6) 셀렝게강 변의 게르 캠프와 선아하(仙峨河)　　291

도면 381. 보리식당(사진 정석배)

저녁 식사는 캠프가 아니라 다리 건너 큰길 가에 있는 "아르배 저깅 가자르(АРВАЙ ЗООГИЙН ГАЗАР)"라는 식당에서 하기로 하였다(도면 381). 아르배(АРВАЙ)가 보리(麥)라는 뜻이고, 저깅 가자르(ЗООГИЙН ГАЗАР)가 식당 혹은 레스토랑이라는 뜻이니 한국말로 "보리 식당" 혹은 "보리 레스토랑"이 될 것이다.

식당에서 통역인 토야 선생이 음식을 주문하고, 우리는 음식이 준비될 동안에 셀렝게강을 구경하기로 하였다. 차를 식당 건물 앞에 세우고 큰길로 나오니 길가에 이곳을 안내하는 간판이 보였다(도면 382)(19시 15분). 우리가 숙박하는 곳은 캠프와 약수(藥水) 요양원(РАШААН СУВИЛАЛ 랴샹 소빌랄)이 있는 바타르완 휴양지(БААТАРВАН АМРАЛТ 바타르완 아므를트)이다. 약수 요양원에 대해서는 통역이 이야기해 주었는데 많은 사람이 와서 요양한다고 하였다. 그 간판에서 강 쪽으로 조금 가니 언덕에서 셀렝게강을 내려 볼 수 있었다(도면 383). 초원과 강과 산과 하늘이 어우러진 모습이 정말 아름다웠다.

셀렝게강 다리에는 양쪽으로 사람이 걸어 다니는 인도가 있다. 우리는 아래로 내려가 먼저 그 인도를 따라 다리를 건너면서 셀렝게강의 하류 쪽을 구경하였다. 파란 하늘에 비친 파란 강물과 강 저쪽으로 보이는 푸른 산들, 그리고 그 좌우의 초원이 어우러진 모습은 정말로 한 폭의 그림 그 자체였다(도면 384). 이렇게 멋진 풍경을 볼 수 있다니! 복이 아닐 수 없다.

한자로 이 강의 이름을 선아하(仙娥河)라고 한 것은 이곳에 신선과 선녀가 산다고 여겨졌기 때문은 아니었을까? 신선을 뜻하는 선(仙) 자 다음에 예쁜 혹은 미녀를 뜻하는 아(娥) 자를 붙였으니 말이다. 우리가 상상 속의 신선과 선녀가 살던 곳을 본 것은 아니었을까?

오른쪽으로는 우리의 캠프와 요양원 건물이 보였다. 다리를 다 건넌 다음에는 다시 길을 건너 다리의 다른 쪽, 즉 상류 방향을 보면서 다시 다리를 건넜다. 상류 방향은 그늘이 드리워져 있었지만, 잔잔한 물결과 풍요로운 초원

도면 382. 보리식당 부근의 약수 요양원과 게르 캠프 안내 간판(사진 정석배)

과 산이 잘 어울렸다. 보리식당 가까이 가자 우리가 묵는 게르 캠프 가까이 벌써 그림자가 다가가고 있었다. 이곳 선아하(仙娥河)의 강폭은 120~200m이다.

저녁 메뉴는 몇 가지가 있었는데 나는 빵, 양고기+밥+사탕 무 샐러드+빵(?)(도면 385), 음료였다(19시 46분). 운전기사들은 양고기 국을 먹는 것이 보였다. 맛있는 양고기였다. 식사 후에 식당 안의 한쪽 매점에서 학생들에게 아이스크림을 사 주고, 또 보드카도 샀다. 게르로 가서 세면하고 조금 있다가 너무

도면 383. 언덕 위에서 본 셀렝게강(사진 정석배)

도면 384. 셀렝게강 다리에서 본 셀렝게강(사진 정석배)

피곤하여 일찍 침대에 누웠다. 어둠이 내리자 게르 바로 곁에 있는 레스토랑에서 몽골 전통음악을 연주하는 소리가 들렸다. 악기 소리도 들렸고, 노래를 부르는 고운 목소리도 들렸다. 통역이 오늘 게르 곁 레스토랑에서 몽골 전통음악 공연이 있을 것이라고 이야기한 것이 기억났다. 아름다운 음률과 목소리였지만, 너무 피곤하여 게르 안에서 듣기만 하고 몸을 일으켜 세우지를 못하였다. 아마도 부귀성에서 비를 흠뻑 맞은 것이 원인이었을 수도 있다. 11시경 캠프 관계자가 와서 난로에 불 때는 소리를 듣고 잠이 들었다. 다음날 동방 원장이 그 음악공연이 얼마나 멋있는지를 이야기해 주고, 또 사진도 보여주었다. 직접 보지 못한 것은 안타깝지만, 사실 나는 2012년에 울란바토르에서 몽골 전통음악 공연을 본 적이 있어 그나마 위안이 되었다.

도면 385. 보리식당 저녁 식사 주메뉴(사진 정석배)

## 9. 제9일 : 2012년 8월 24일 수요일

새벽 4시 30분 무렵 잠이 깨어 게르 밖으로 나갔더니 하늘에 별이 가득하였다. 반짝이는 별들 사이로 은하수가 흐르고 있었고, 별똥별도 떨어지고 있었다. 아름다운 밤하늘을 보는 것은 언제나 신비로운 일이다. 한참을 보다가 게르로 들어와 난로에 불을 피웠다. 6시쯤 다시 난로에 불을 피웠는데 덕분에 내 룸메이트들은 따뜻하게 잠을 잤을 것이다. 날이 많이 밝아지자 나는 먼저 게르 안을 살펴보면서 사진을 찍었으나 어두워 사진이 좋지 못하였다.

이날 일정은 구석기시대 툴부르-4 유적, 청동기시대 에르데네트 구리광산, 선비(鮮卑) 아이라깅 고즈고르 고분군을 차례로 보고, 몽골의 세 번째 도시 다르항까지 가는 것이었다

### 1) 셀렝게강-선아하(仙娥河)에서의 아침

게르에 들어가 조금 있다가 다시 밖으로 나와 캠프 뒤의 셀렝게강-선아하(仙娥河)로 갔다. 가는 길에 보니 캠프 뒤쪽에 캠프파이어장도 마련되어 있었고, 강가에 의자도 나란히 놓아 강과 그 주변의 경치를 보면서 쉴 수 있게 해 놓았다(도면 386). 구름 한 점 없는 푸른 하늘과 대비된 아침의 셀렝게강은 더욱 푸르렀고, 물결은 잔잔하였다(7시 38분). 상류 쪽으로는 우리가 어제 건넌 다리가 보였다. 게르로 돌아가는데 마침 동방 이호형 원장과 소현승 대학원생이 보여 다시 강으로 갔다. 차례로 기념사진을 찍고, 나는 신발과 양말을 벗고 강 안쪽으로 조금 들어가 보았다(도면 387). 이곳까지 와서 수영은 못할지언정 셀렝게강의 물을 느껴보지 못한다면 나중에 후회가 될 것 같았다. 바닥에는 자갈이 깔려 있었고, 물은 차가웠지만, 나는 기분이 좋았다. 게르로 돌아가면서 들판의 풀을 보니 이슬이 맺혀 있었고, 간혹 부추로 보이는 풀도 보였다. 하르허룸의 에르덴조 사원에서도 본 적은 있지만, 이곳 몽골초원에 부추(?)가 있다니 정말 놀라운 일이었다. 마침 김은옥 박사가 보여 다시 함께 셀렝게강

도면 386. 셀렝게강과 곁의 캠프파이어장(사진 정석배)

으로 가서 서로 기념사진을 찍어 주었다. 학생들에게는 카톡으로 연락하여 가서 셀렝게강을 바로 곁에서 보라고 하였다. 게르로 들어가 빛이 밝은 상태에서 다시 게르 내부를 관찰하였다.

내가 하룻밤을 머문 게르는 가운데 난로를 제외하고 안에 냉장고와 텔레비전, 거울, 세면대 등이 있어 새로운 모습이었다. 다만 우리는 이것들을 사용할 시간이 없었다. 내부가 깨끗하였고, 주황색으로 칠한 기둥, 둥근 천창, 지붕 얼개 막대기, 문이 모두 전통 문양으로 장식되어 있었다(도면 388). 정말 멋있는 장식이었다. 지붕 가운데의 둥근 천창은 절반 정도를 투명한 것으로 씌어 바깥의 빛이 들어 올 수 있도록 하였다. 외관도 잘 정리되어 있어 바람이 들지 않았다(도면 389).

도면 387. 셀렝게강에서(사진 이호형)

아직도 시간이 남아 나는 캠프를 지나 이제는 반대쪽으로 가보았다. 보도블록을 깐 산책로 주변에는 노란색의 꽃들이 피어 있었는데 바이칼호 주변에서 본 것과 같은 종류였다(도면 390). 되돌아오면서 게르 캠프도 사진 찍었다(도면 391)

오늘은 차에 짐을 먼저 싣고, 큰길 가에 있는 보리 레스토랑에서 아침 식사를 하고 바로 하루 일정을 시작하기로 하였다. 차를 식당 건물 앞에 세우고 (9시 02분), 모두 안으로 들어가 식탁에 앉았다. 그런데 창밖으로 매들이 앉아 있는 것이 보였다. 어제 운전기사들이 먹은 양고기국을 주문하고 밖으로 나갔다. 식당 건물 뒤편으로 가니 매 몇 마리가 아직도 앉아 있었다. 그런데 그중 한 마리가 울기 시작하였다(도면 392). 나는 매 울음소리를 처음 들어보기 때문에 무척이나 신기하였다. 동영상으로 찍는 것도

도면 388. 바타르완 게르 캠프의 게르 천창(사진 정석배)

도면 389. 바타르완 게르 캠프의 게르(사진 정석배)

성공하였다. 매 울음소리는 "끼아르르르"하는 것 같기도 하고, "꺄아로로로" 하는 것 같기도 하였다. 나는 이제 매의 울음소리를 구분할 수 있게 되었다.

　매가 날아가자 나는 식당 뒤 멀리 돌아서 셀렝게강이 보이는 곳으로 갔다. 도중에 다른 매들이 보였고, 또 들판에는 작은 모래언덕들이 형성되어 있었다. 강이 보이는 곳 언덕에서 마침 매 한 마리가 두 날개를 한껏 펼치면서 하늘로 날아오르고 있었다(도면 393). 멋진 모습이었다. 셀렝게강과 다리가 함께 어우러

1) 셀렝게강-선아하(仙峨河)에서의 아침　　297

도면 390. 바타르완 게르 캠프 주변의 꽃(사진 정석배)

진 모습도 멋졌다(도면 394). 조금 더 가자 땅다람쥐 한 마리가 굴에서 나오고 있었다. 멀리 셀렝게강과 다리를 보고 다시 식당 안으로 들어갔다. 아직도 음식이 나오지 않아 다시 잠시 바깥으로 나왔다가 들어가니 마침내 주문한 음식이 나왔다(9시 27분).

아침은 양고기와 면이 함께 들어간 수프였는데 정말 맛있었다(도면 395 왼쪽). 나는 그렇게 맛있는 양고기국은 처음 먹어 보았다. 양고기+만두+감자+당근+양배추 수프를 먹은 학생들도 있었는데, 모두 맛있게 먹었다고 하였다(도면 395 오른쪽). 또 그 레스토랑을 간다면 양고기국을 다시 먹을 것이다. 나는 양고기국이 그렇게 맛있는 줄을 몰랐다. 명심보감(明心寶鑑)에서 읽은 적이 있는 "양갱(羊羹)이 수미(雖美)나 중구(衆口)는 난조(難調)니라(양고기국이 비록 맛있어도 모든 사람의 입맛을 맞추기는 어렵다)"라는 표현이 왜 생겼는지 이해가 되었다. 물론 이 문장의 뜻은 아무리 좋은 정책이라도 모든 사람을 만족시킬 수는 없다는 것이지만, 여기에 비유 대상이 양고기국이라는 것은 그만큼 맛있기 때문일 것이다. 그 외에 피자 모양으로 얇게 만든 빵과 차가 있었다.

도면 391. 바타르완 게르 캠프 모습(사진 정석배)

도면 392. 보리식당 뒤의 매(사진 정석배)

도면 393. 셀렝게강 언덕 위의 비상하는 매(사진 정석배)

도면 394. 셀렝게강과 다리(사진 정석배)

도면 395. 보리식당의 양고기+면 수프와 양고기+만두+감자+당근+양배추 수프(사진 정석배)

1) 셀렝게강-선아하(仙峨河)에서의 아침

## 2) 구석기시대 툴부르-4 유적으로

식사 다음에 우리는 차를 타고 셀렝게강의 남쪽 들판에 만든 왕복 2차선 포장도로를 따라 동쪽으로 이동하였다. 레스토랑에서 동쪽 약 10㎞ 떨어진 곳에 셀렝게강의 지류인 이흐-툴부르강이 남서쪽에서 북동쪽 및 북쪽으로 흘러 셀렝게강과 합류하는데, 이 강의 좌안(서안)을 따라 남쪽으로 조금 더 가니 답사 예정 유적인 구석기시대 툴부르-4 유적이 보였다(10시 09분).

## 3) 구석기시대 툴부르-4 유적 답사

이 유적은 이흐-툴부르강 유역에서 발견된 다수의 구석기시대 유적 중 하나이다. 2002년에 이 일대에서 19개소의 구석기~신석기시대 유적이 발견되었고, 이후 더 추가되어 유적 번호가 툴부르-21까지 확인된다(데레뱐꼬 외, 2007; 군칭수렝 외, 2017; 정석배, 2024, 15~17쪽).

툴부르-4 유적(Толбор-4, Tulbur-4, Tolbor-4)은 후기구석기시대 유적이며, 2004년과 2005년에 몽골과 러시아가 공동으로 이 유적의 일부분을 발굴하였다. 6개의 문화층에서 밀개, 뚜르개, 홈날 석기, 긁개, 찌르개, 새기개, 칼, 끌 모양 석기, 잔손질 격지, 양면 가공 석기, 석인, 몸돌, 격지, 비늘 등 다량의 석기와 석기 부산물이 출토되었다.

유적 아래 큰길 가에 차를 세우자 서드 휴양지(СОД АМРАЛТ)라는 간판이 보였다. 이곳에는 약초(藥草)가 유명하다고 하였는데 아마 약수(藥水)도 유명한 것 같다. 사람들이 휴식을 취하면서 치료도 받는다고 하였다. 유적은 강이 있는 들판 가까이 산언덕 위에 있다(도면 396). 위로 올라가면서 보니 남쪽 산비탈에 서드 휴양지 건물들이 보였고, 동쪽 길 건너편으로 이흐-툴부르강 들판과 그 너머의 산들이 잘 보였다. 푸른 초원인 들판에서는 소들이 풀을 뜯고 있었고(도면 397), 산에는 계곡 부분에 나무가 자라고 있었다.

유적에는 크기가 다양한 격지들이 사방에 흩어져 있었다. 등면과 박리면(배면), 타격면과 타격혹이 분명하게 구분되는 것도 다수 확인되었다(도면 398).

도면 396. 툴부르-4 유적 모습(사진 정석배)

도면 397. 툴부르-4 유적에서 본 이흐-툴부르강과 초원(사진 정석배)

3) 구석기시대 툴부르-4 유적 답사

도면 398. 툴부르-4 유적의 석기(사진 정석배)

툭소 선생이 학생들에게 유적에 대해 간략하게 설명하였고, 나도 유물을 보여주면서 석기 용어에 대해 이야기해 주었다. 학생들은 모두 자기 손으로 직접 석기를 주어 만져보았는데 무척이나 신기해하였고, 또 석기 이해에 큰 도움이 되었을 것이다.

유적의 위쪽에는 발굴하고 메운 구덩이 흔적이 보였다. 유적 부근의 전나무 숲 위에서 매 몇 마리가 선회하더니 울음소리를 내었다. 나는 보리식당 가까이에서 매 울음소리를 듣기 전에 다른 곳에서도 매 울음소리를 들었겠지만, 그때는 알아듣지를 못하였는데 이번에는 분명하게 들렸다. 하늘에서 매가 우는 소리를 알아들으니 신기하였다.

### 4) 화산 분화구를 지나며

우리는 툴부르-4 유적을 충분히 보고 다음 유적으로 출발하였다(10시 55분). 유적에서 남서쪽으로 약 19.5km 거리에 오니트(Уньт, Unit)라고 불리는 마을이 하나 있는데 이 마을에 진입하기 전에, 그리고 이 마을을 지나서 다수의 히르기수르가 큰길 가에 분포하고 있는 것이 보였다. 중앙 적석구(積石丘) 둘레의 경계 위석열이 평면 원형 혹은 방형이었다. 안타깝게도 사진이 모두 심하게 흔들렸다.

툭소 선생이 오니트 마을에서 남쪽으로 약 17km 떨어진 곳에서 잠깐 차를 세워 우리에게 화산 분화구를 보여주었다(11시 24분). 이곳에는 다수의 화산 분화구가 있는데 그중 2개가 잘 남아 있다. 두 화산 분화구는 길 서쪽에 서로 약 7km 떨어져 있다. 둘 중에서 북쪽의 화산 분화구를 보았다(도면 399). 사실

도면 399. 오니트 마을 남쪽의 화산 분화구(사진 정석배)

분화구 자체는 보이지 않고, 산 정상에 분화구의 동쪽 외곽선만 보였다. 이 화산은 아주 오래전에 폭발하였는지, 주변에 현무암이나 화산재의 흔적은 전혀 확인되지 않았다. 모두 초원 그 자체였다.

나는 화산 분화구보다도 그 앞에 펼쳐진 그림 같은 풍경에 더 감동하였다. 화산은 내가 보는 방향에서 나무가 자라는 오른쪽 조금을 제외하면 모두 풀로 덮여있었다. 길 가까이에는 목장의 나무 구조물이, 그 안쪽에는 한 무리의 양과 염소 떼가, 더 안쪽 오른쪽에는 한 무리의 소 떼가, 더 안쪽으로 화산 바로 아래에는 두 무리의 양과 염소 떼가 풀을 뜯고 있었다.

우리는 이곳에서 다시 동쪽으로 방향을 바꾸어 이동하였다(11시 25분). 곧 오르막길이 시작되었고, 우리는 고갯마루의 휴게소에 도착하였다(11시 38분).

### 5) 고갯마루 휴게소에서

이곳에는 차를 주차할 수 있는 넓은 광장이 있었으며 그 오른쪽(남쪽)으로 가판대가 줄지어 늘어서 있었고, 여러 가지의 토산품을 팔고 있었다(도면 400).

도면 400. 고갯마루 휴게소 모습(사진 정석배)

길 바로 가의 가운데쯤에서는 화덕에 고기를 굽고 있었는데 우리의 눈은 모두 그쪽으로 쏠렸다. 몽골 양고기 꼬치구이인 셔를럭(шорлог)이었다(도면 401). 우리는 인원이 많아 굽고 있는 셔를럭을 모두 사서 한두 덩이씩 나누어 먹었는데 다들 정말 맛있다고 하였고, 운전기사들과 나도 맛있게 먹었다.

가판대에는 들판과 숲에서 채취한 각종 열매와 말이나 소 젖으로 만든 각종 말린 유제품을 팔고 있었다(도면 402~403). 열매에는 껍질을 까지 않은 잣과 붉은색과 검은색 베리 종류가 많았고, 베리 열매로 만든 잼도 있었으며, 특이하

도면 401. 고갯마루 휴게소의 양고기 셔를럭(사진 정석배)

도면 402. 고갯마루 휴게소의 베리 종류 열매와 잼(사진 정석배)

게 해당화 열매도 보였다. 나는 그중에서 잣을 조금 샀다.

차를 타려고 하는데 한 학생이 휴대 전화기를 잃어버렸다고 하여 차 안의 여기저기를 찾았는데 알고 보니 자기 가방에 들어있는 것을 깜빡한 것이었다. 찾아서 다행이었다.

도면 403. 고갯마루 휴게소의 유제품 파는 가판대(사진 정석배)

### 6) 몽골의 두 번째 도시 에르데네트와 구리광산

이제 내리막길로 가기 시작하였다(12시 09분). 고갯마루 휴게소에서 조금 내려가자 길 바로 가까이에서 말을 탄 목동이 긴 장대를 들고 한 무리의 말 떼를 몰고 가는 것이 보였다. 눈앞에서 바로 말 떼가 지나가는 모습은 우리에게는 신기한 광경이었다(도면 404). 우리는 계곡의 시냇물 가까이 만든 길을 따라 처음에는 북동쪽으로, 다음에는 남동쪽으로 이동하였다. 산이 첩첩

도면 404. 휴게소 지나서의 말들(사진 정석배)

도면 405. 휴게소 지나서의 몽골 초원(사진 정석배)

도면 406. 볼강시를 지나며(사진 정석배)

이 이어진 산간 계곡이 모두 널찍하고 비옥한 초원이라는 사실에 놀랐다. 이곳에는 숲도 많이 보였다(도면 405). 남동쪽으로 초원과 산언덕의 숲을 보면서 볼강(Булган) 시(市)를 지나게 되었다(도면 406)(12시 38분). 이곳에서 우리는 도심을 가로지르지 않고, 북동쪽으로 방향을 바꾸어 몽골에서 두 번째로 큰 도시인 에르데네트(Эрдэнэт) 시(市) 방향으로 길을 재촉하였다.

푸른 초원과 풀을 뜯는 가축들 그리고 멀리 산언덕의 숲들을 구경하면서 (도면 407~409) 에르데네트 가까이 다가갔을 때 멀리 구리광산이 보이기 시작하였다. 이곳의 한 언덕 가까이에 잠시 차를 세우고 구리광산의 원경을 구경하기로 하였다(13시 12분).

도면 407. 볼강시 지나 풍경(사진 정석배)

　　에르데네트 구리광산은 몽골에서 가장 큰 구리광산 중 하나이며 청동기시대부터 사용되었다(에렉젠, 2018b). 그래서 나는 이 광산을 꼭 보고 싶었다. 하지만 광산 자체에는 들어가도 별 의미가 없다고 생각하여 원경 사진을 찍어야겠다고 마음먹었다. 동북쪽으로 멀리 에르데네트 교외의 마을 너머로 엄청난 크기의 광산이 보였다(도면 410). 마침 차를 세운 곳은 작은 마을 하나를 조금 지난 곳이었는데 양 떼가 바로 우리 곁을 지나갔고, 마을 부근에 여러 채의 게르 곁에도 한 무리의 양 떼가 있었다(도면 411). 그곳에는 길가에 앞치마처

도면 408. 볼강시 지나 풍경(사진 정석배)

6) 몽골의 두 번째 도시 에르데네트와 구리광산　　307

도면 409. 볼강시 지나 풍경(사진 정석배)

럼 생긴 간판이 있었는데, 위에는 두 마리의 말이 몽골의 상징을 사이에 두고 서로 마주 보게 배치되어 있었고, 간판에는 말 그림과 "새항(САЙХАН)"이라는 글이 보였다. 아마도 몽골 볼강 아이막에 있는 새항 솜을 표시한 것 같다.

에르데네트에서 우리는 도시의 북동쪽에 위치하는 한국식당에서 점심을 먹기로 하였다. 교외의 단독주택들을 지나 도심으로 갈수록 고층 아파트가 많이 있었고, 체육관도 보였다. 우리는 동쪽으로 에르데네트 구리광산이 보이는 곳까지 가서 시내 쪽으로 차의 방향을 바꾸었다. 우리가 간 식당은 "레스토랑 서울"이었다(도면 412)(13시 38분). 식당 안에는 노래를 부를 수 있는 넓은 홀이 있었고, 우리는 홀의 한쪽 창

도면 410. 새항 부근에서 본 에르데네트 구리광산(사진 정석배)

도면 411. 새항의 풍경(사진 정석배)

가에 앉았다. 메뉴는 김치찌개, 된장찌개, 생선탕, 부대찌개 등 다양하였다. 나는 된장찌개를 주문하고, 동방 원장과 함께 음식을 준비하는 동안에 큰길로 가서 다시 에르데네트 구리광산 사진을 찍기로 하였다. 앞에 건물들이 가리기는 했지만, 구리광산이 비교적 잘 보였다(도면 413). 식당으로 돌아가면서 보니 길가에 예술 조형물이 다수 보였고(도면 414), 길가에서 양배추, 오이, 당근, 마늘, 호박, 양파, 순무, 수박 등 야채를 파는 것도 보였다. 유치원도 있었고, 또 한국 식품을 파는 상점도 보였다.

식당으로 돌아오니 곧 음식이 나왔다. 오랜만에 한국 음식을 본 우리 학생들은 모두 얼굴에 화색이 돌았으며, 모두 즐겁고 맛있게 먹었다.

도면 412 에르데네트의 레스토랑 서울(사진 정석배)

6) 몽골의 두 번째 도시 에르데네트와 구리광산

도면 413. 에르데네트에서 본 에르데네트 구리광산(사진 정석배)

"레스토랑 서울" 곁에 러시아어로 "모스크바(Москва)"라고 쓴 간판도 보였다. 툭소 선생이 이곳 구리광산은 원래 러시아와 몽골이 각각 50%의 지분을 가지고 있어 엄청난 수의 러시아 광부들이 와서 일하였고, 또 이곳의 아파트에는 러시아인들이 주로 거주하였으나, 10년 전에 몽골이 100% 지분을 갖게 되면서 점차 러시아인들이 줄어들었지만, 아직도 상당수 남아 있다고 하였다. 흥미로운 이야기를 하나 더 해주었는데 우크라이나의 젤렌스키 대통령이 이곳에서 고등학교를 다녔다고 하였다.

우리는 식사를 마치고 다음 답사 유적으로 출발하였다(14시 52분). 큰길로 나오자 에레데네트 구리광산이 창밖으로 잘 보였다. 광산이 얼마나 큰지 큰길에서 약 7㎞를 이동하여 철도 길(도면 415)을 건너기 전까지 계속해서 오른쪽으로 구리광산이 보였다.

도면 414. 에르데네트의 한 조형물과 주변(사진 정석배)

도면 415. 에르데네트의 기찻길(사진 정석배)

## 7) 선비(鮮卑)가 남긴 아이라깅 고즈고르 고분군으로 가면서

에르데네트에서 아이라깅 고즈고르(Айрагийн гозгор, Airagiin gozgor) 유적으로 가는 길은 셀렝게강의 북쪽 지류 중 하나인 항갈강(Hangal gol)의 상류 북쪽을 따라 나 있다. 나는 차의 오른쪽에 앉았기에 오른쪽으로 항갈강 쪽 초원을 구경하면서 갔다. 강은 상류 지역이라서 그런지 폭이 개울 정도였지만 물은 많이 흘렀다. 비옥한 초원에서는 가축들이 풀을 뜯는 평화로운 풍경이었다(도면 416).

오르혼 아이막 자르갈란트(Жаргалант, Jargalant) 솜 읍을 지나자(도면 417)(15시 44분), 우리 차는 남동쪽으로 서서히 방향을 바꾼 항갈강과 멀어지면서 동쪽으로 향하였다. 그런데 곧 길 오른쪽으로 경작지가 보였고, 우리는 첫 번째 만난 경작지의 길가 모서리에서 오른쪽 농로(農路)로 들어섰다. 이 길은 유적으로 가는 지름길이기는 하였지만, 땅이 질척거렸고, 트랙터가 다니면서 파진 웅덩이가 많아 차가 이쪽저쪽으로 심하게 흔들렸다. 거의 거북이걸음으로 조심해서 간신히 두 경작지 사이의 농로를 지났는데, 나중에 들으니 우리 차 중 한 대가 한쪽으로 심하게 기울어 거의 넘어질 뻔하였다고 하였다. 차가 많이 흔들려 자세히 보지는 못하였으나 경작지에는 밀이 자라고 있었다.

도면 416. 오르혼 아이막 자르갈란트 솜 읍 서쪽 항갈강 풍경(사진 정석배)

도면 417. 오르혼 아이막 자르갈란트 솜 읍을 지나며(사진 정석배)

농로를 지나 산길로 접어들자 길이 오히려 좋아졌다. 길바닥이 단단하여 차가 힘차게 달릴 수 있었다. 산등성이를 넘어 조금 더 가자 유적이 눈앞에 보였다(16시 06분). 마침내 몽골에서 발견된 선비(鮮卑) 유적에 도착한 것이다. 그런데 4조와 5조 차가 보이지 않았다. 뒤에서 뒤처지면서 다른 길로 갔던 것이다. 우리는 여러 가지 방법으로 연락을 취하였고, 마침내 그 차에 탄 한 학생과 연락이 되어 길을 안내해주었는데, 마침 산 아래쪽 멀리 그 차가 보여 금방 합류할 수 있었다.

### 8) 선비(鮮卑)가 남긴 아이라깅 고즈고르 고분군 답사

아이라깅 고즈고르(Айрагийн гозгор) 고분군은 2008년에 발견되었으며, 2014~2017년에 몽골국립박물관에서 13기 고분을, 2018년~2019년에 중국과 몽골이 공동으로 8기 고분을 발굴하였다(오드바타르, 2017; 中國人民大學北方民族考古研究所·蒙古國國家博物館, 2021; 정석배, 2024, 170~176쪽).

모두 91기의 무덤이 확인되었으며, 자연 지형에 의해 3개 구역으로 구분되었다(도면 418). 무덤의 평면은 사각형(방형)과 원형이 있다. 남쪽 제1구역과 북쪽 제3구역에 분포하는 방형 무덤에는 둘레에 대부분 주구(周溝)가 있으며, 무덤의 종류는 경사진 묘도가 있는 동실묘(洞室墓)이다. 원형 무덤은 대체로 규모가 작은 수혈식 토광묘이나, 수혈식 동실묘도 있다. 동실묘는 수직으로 구덩이를 판 다음에 한쪽 측면에 굴을 파서 시신을 매장한 무덤을 말한다.

중국조사단은 이 고분군을 동한(東漢) 시기로 판단하였고, 방사성탄소연대는 기원전 50년~서기 150년 사이임을 지적하였다. 또 이 고분군에 보이는 "凸"자 모양 봉분과 경사진 묘도, 수혈식 세로(竪) 동실묘와 가로(橫) 동실묘는 몽골고원에서 발굴된 흉노 고분에서는 보이지 않은 특징이며, 대신 내몽골 오란찰포(烏蘭察布) 칠랑산(七郎山) 선비 고분군에서 발굴된 무덤 구조와 같다고 말하였다.

토기의 형태와 문양은 흉노의 것과 같으나, 선비나 북위 고분군에서도 비슷

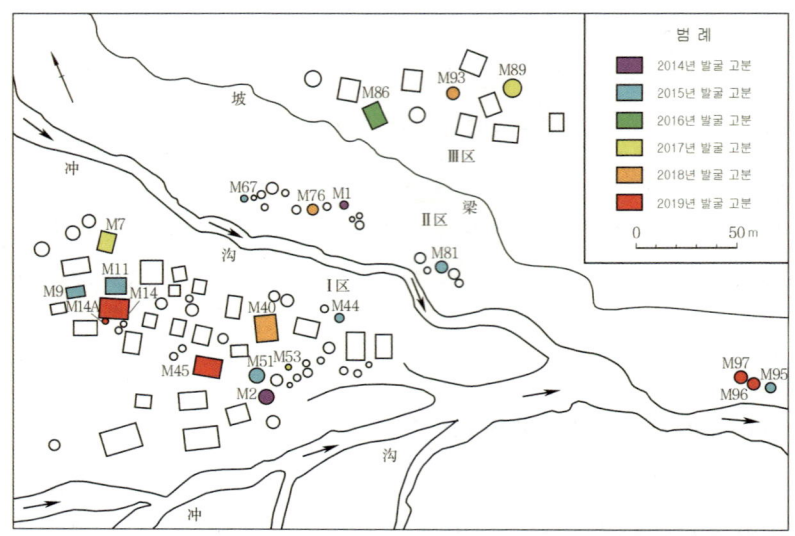

도면 418. 아이라깅 고즈고르 고분군 현황도(中國人民大學北方民族考古研究所 외, 2021, 필자 재편집)

한 토기가 발견되어 토기만을 가지고 흉노 유적으로 판단할 수는 없다고 하였다. 결과적으로 이 유적은 흉노가 동한에 패하고 서쪽으로 이주한 후에 그 잔존 10여만 락(落)이 스스로 선비라고 불렀는데, 바로 선비로 자칭한 흉노의 후예들이 남긴 것으로, 또 칠랑산 선비의 전신일 수 있다고 추론하였다.

우리는 먼저 차를 탄 채로 유적을 멀리에서 한꺼번에 볼 수 있는 남쪽 산등성이로 갔다(16시 13분). 그곳에서 보니 북쪽 아래의 골짜기 부분과 그 너머의 언덕에 조성된 고분들과 주변 지형이 한눈에 들어왔다. 마침 하늘도 푸르러 답사하기에 좋은 날씨였다. 툭소 선생에게 유적에 관해 간단하게 설명을 듣고, 또 내가 유적이 가지는 의미에 대해 설명을 한 다음에 우리는 남쪽 산등성이에서 서쪽 유적 위의 산 사면 쪽으로 이동하면서 유적의 원경과 주변 지형을 관찰하였다(도면 419). 차는 사진에 방해되지 않게 산등성이 위에 그대로 세워 두었다.

각 고분에는 번호가 부여되어 있지만, 내가 답사하기 전에 확보한 유구 배치도에는 번호가 희미하게 표시되어 보이지 않았다. 그래서 나중에 사진과 각

도면 419. 아이라깅 고즈고르 고분군 전경(남서쪽에서)(사진 정석배)

고분이 헷갈리지 않게 일정 방향으로 가면서 고분들을 살펴보았다. 대체로 남쪽의 제1구역 서쪽에서 시작하여 이 그룹의 중간을 지나, 가운데 제2구역, 북쪽의 제3구역 순서로 답사하였다. 이 유적 자료 중 하나에는 제1구역을 서쪽, 제2구역을 중간, 제3구역을 동쪽으로 표기하였는데 북쪽을 잘못 이해한 결과로 생각되며, 사실은 남쪽(남서쪽), 중간, 북쪽(동북쪽)이 옳다.

고분 중에는 지면에 네모지게 혹은 둥글게 돌이 얇게 깔린 것도 있었고(도면 420), 또 규모가 큰 네모꼴의 석축 봉분도 다수 확인되었다(도면 421). 돌을 얇게 깐 모양새를 가진 봉분 중에 평면이 원형인 것 외에 방형도 있어 주목되었다. 평면 사각형의 석축 봉분 중에는 봉분 측면의 면석(面石)이 아직 그대로 남아 있는 것들도 있었다. 또 봉분 둘레가 조금 오목한 것들도 있었는데 아마도 주구(周溝)와 관련이 있을 것이다. 고분들 사이에서 무덤에 사용되었을 것으로 보이는 벽돌도 보였다.

남쪽 1구역의 한 곳에 몽골어와 영어로 유적 설명이 적혀 있는 표지판이 있었다. 이 유적에 90기 이상의 고분이 있고, 2010년에 아이막 보호 유적이 되

도면 420. 아이라깅 고즈고르 고분군 돌깐 무덤(d)(사진 정석배)

도면 421. 아이라깅 고즈고르 고분군 석축분(f)(사진 정석배)

었으며, 2014년에 몽골국립박물관에서 발굴하였고, 일부 고분은 흉노 시기에 속하는 것으로 판단된다고 하였다. 사실 돌을 한두 겹 깐 낮은 봉분은 흉노의 소형 고분에서 흔히 보이며, 또 발굴된 고분들 중에서 흉노에 특징적인 토기 등의 유물도 출토되었다. 하지만 중국과의 공동 발굴 보고 내용을 보면 흉노계 선비의 유적으로 보는 것이 타당할 것이다.

모두 열심히 고분을 자세하게 살펴보았다. 북쪽의 3구역으로 가서 남쪽을 보니 1구역의 고분들이 다른 모습으로 보였고, 또 남쪽 산등성이 위에는 아직 우리 차들이 그대로 있었다. 3구역에서는 형태가 온전한 전돌이 하나 확인되었다. 고분들을 충분히 보고 나자 마침내 눈을 들어 멀리 유적의 앞쪽도 바라볼 수 있게 되었다. 동쪽으로 고분들 너머 앞쪽에는 멀리 경작지와 그 뒤로 펼쳐진 산들이 보였는데 그중 한 산은 홀로 솟아있는 돌산이었다. 우리는 유적을 보고 난 다음에 언제 산언덕에서 내려왔는지 유적 가까이에서 우리를 기다리는 운전기사들에게로 갔다. 유적과 헤어지기 전에 툭소 선생 및 동방 이호형 원장과 유적을 배경으로 기념사진을 찍었다(17시 13분).

나는 선비 고분군을 처음 보았으며, 덕분에 외견상 드러나는 선비 고분의 특징도 어느 정도 파악할 수 있게 되었다. 하지만 평면 사각형과 원형의 석축 봉분이 다른 선비 고분들에도 그대로 적용되었는지는 더 확인이 필요하다. 요녕성 조양시 부근의 북표현(北票縣)에 있는 북연(北燕: 407~436)의 귀족 풍소불(馮素弗) 무덤을 답사한 적이 있지만, 시기 차이가 너무 나서 상호 비교하기는 힘들다. 몽골에서 발굴된 대표적인 선비 유적을 답사한 것은 나와 우리 학생 모두에게 선비 고고학을 이해하는 데에 많은 도움이 될 것으로 생각된다.

### 9) 몽골의 세 번째 도시 다르항으로 가면서

아이라깅 고즈고르 고분군에서 나갈 때는 산등성이 길을 이용하였는데 길이 좋아 힘들이지 않고 큰길에 도착하였다(17시 25분). 우리는 길 오른쪽의 밀밭을 지나 동북쪽으로 초원 사이로 난 길을 지나갔고(도면 422), 오르혼강

도면 422. 아이라깅 고즈고르 고분군 나와 큰길 가의 밀밭(사진 정석배)

도면 423. 바론부렌 부근 산 위의 바위(사진 정석배)

의 북쪽 지류 중 하나인 강의 다리를 건넜다. 이 강 건너편에는 바론부렌 솜 (Баруунбүрэн сум, Baruunburen sum) 읍이 있다. 바론부렌을 지나자 이 마을이 의지하고 있는 뒷산의 북쪽 완만한 산기슭에 바위들이 무리 지어 곳곳에 지면 위로 솟아있는 모습이 보였다(도면 423)(17시 51분). 보기 드문 광경이었다. 그다음의 길 좌우는 넓은 들판이었다.

어느덧 오른쪽 창밖으로 오르혼강이 보이기 시작하더니 곧 다리가 보였다(18시 14분). 내리막길을 가면서 본 이곳의 오르혼강 다리는 그렇게 길어 보이지 않았으나, 사실은 상당이 긴 다리였다. 다리가 세워진 곳의 강폭만 하여도 대략 100m가 되었다. 다리 건너 차를 세우고 잠시 강을 구경하였다. 하류쪽과 상류 쪽의 다리 인도(人道)를 모두 걸어 보았다. 물살이 부드러우면서도 강한 듯하였고, 곳곳에 작은 섬이 만들어져 있었다(도면 424). 또 하류 방향 오른쪽에는 강 가까이 마을이 하나 보였는데 바로 오르혼(Орхон, Orkhon) 마을이었다. 그런데 오로혼 이름의 마을은 이곳에만 있는 것이 아니라 다른 곳에도 몇 개가 더 있는 것으로 파악된다.

나는 어떻게 하다 보니 오르혼강 다리를 3개나 건너게 되었다. 8월 17일 울지트 솜을 지나 흉노 용성 부르힝 두르불징성으로 갈 때, 8월 18일 하르허롬에서 머일팅 암 유적을 갈 때, 8월 19일 다시 하르허롬에서 위구르 도성 하르발가스 유적을 갈 때, 그리고 이날 8월 24일 에르데네트에서 다르항으로 갈 때 각각 오르혼강 다리를 건넜다. 오랫동안 말로만 들었던 유목 세계 역사의

도면 424. 오르혼강 모습(하류 방향으로)(사진 정석배)

중심지였던 오르혼강을 이렇게 여러 지점에서 보게 된 것은 복이라고 말할 수 있을 것이다.

다리에서 조금 더 가자 길 왼편(북쪽)에 물고기를 파는 가판대가 하나 있었다(18시 21분). 사실은 이곳에 도착하기 한참 전에 툭소 선생이 오르혼강에 훈제한 생선을 파는 곳이 있다고 말해주었고,

도면 425. 오르혼강 다리 부근 가판대의 훈제 생선(사진 정석배)

나는 한번 맛을 보아야겠다고 생각하고 있었다. 운전기사들도 우리의 몽골 일행들도 모두 훈제 생선을 맛보고 싶어 하였다. 훈제 생선은 오르혼강에서 잡은 물고기라고 하였다. 메기와 붕어 등 몇 가지 종류가 있었다(도면 425). 나는 메기, 붕어, 이름이 기억나지 않는 물고기 등을 사서 나중에 호텔에서 나누어 먹었다. 훈제 방법을 러시아 사람들에게서 배운 것이라고 하였다.

오르혼강 다리에서 다르항(Дархан) 가까이 하라강(Хараа гол) 다리를 건너기 전까지 우리는 후툴(Хөтөл, Khutul)과 넘겅(Номгон, Nomgon)이라는 두 개의 마을을 지나갔는데, 후툴 마을부터 넘겅 마을을 지나 하라강 다리 가까이 까지는 가축이 거의 보이지 않았다. 대신 좌우의 넓은 들판은 모두 밀이나 다른 곡물이 자라는 경작지였다(도면 426). 생각해 보니 경작지가 있는 곳에서는 가축을 거의 보지 못한 것 같았다. 물론 울타리를 친 경작지 사이의 초지에 아주 가끔 가축이 있기는 하였다. 내가 왜 가축이 보이지 않느냐고 통역에게 묻자, 경작지에 가축이 들어가면, 경작지 주인이 가축을 잡아서 가두어 놓고 가축 주인이 가서 배상금을 지불해야만 가축을 되돌려 주는데, 배상금의 액수가 상당히 높다고 하였다. 다만 경작지라고 할지라도 추수가 끝난 다음에는 다시 가축 방목이 가능하다고 하였다. 넘겅 마을 표지판에는 아래에 "환영합니다(ТАВТАЙ МОРИЛ 타브태 머릴)"라고 쓰여 있었다(도면 427).

도면 426. 넘겅 지나서의 밀밭(사진 정석배)

하라강 가까이 가자 토양이 모래흙으로 바뀌고 있는 것이 보였고, 풀도 띄엄띄엄 자라고 있었다(도면 428). 오르혼강이 항가이산맥에서 발원한다면, 하라강은 울란바토르 북쪽 헨티산맥의 서남쪽에서 발원한다. 하라강 다리를 건너가자(19시 11분), 다리 부근 강가에서 안장을 갖춘 말을 옆에 세우고 낚시를 하는 사람들이 보였다(도면 429). 말을 타고 낚시하러 간 사람들일 것인데 우리에게는 독특한 광경이었다. 철도 건널목을 지나 북쪽으로 방향을 바꾸자 다르항의 큰 바퀴 모양 관람차와 아파트 건물들이 멀리 보이기 시작하였다(도면 430)(19시 21분).

도면 427. 넘겅 표지판(사진 정석배)

9) 몽골의 세 번째 도시 다르항으로 가면서

도면 428. 하라강 다리 가까이 풍경(사진 정석배)

도면 429. 하라강의 말 타고 온 낚시꾼들(사진 정석배)

도면 430. 다르항시(市) 초입의 모습(사진 정석배)

다르항은 몽골에서 세 번째로 큰 도시이다. 몽골에서 두 번째로 큰 도시는 우리가 이미 지나온 에르데네트이다. 다르항은 "대장장이"라는 뜻을 가지며, 행정구역상 다르항 올 아이막(Дархан-Уул аймаг)에 속한다. 그런데 다르항 올 아이막은 셀렝게 아이막에 둘러싸여 있어 지도를 얼핏 보면 마치 셀렝게 아이막에 있는 것처럼 헷갈린다.

곧 우리가 묵을 보다이 호텔(Buudai Hotel)에 도착하였다(19시 32분). 호텔은 깨끗하였고 음식도 좋았다. 7박을 게르에서 생활하고 마침내 도시의 호텔에 오니 학생들은 모두 너무 좋아하였다. 저녁 식사에 여러 가지 음식을 주문하였고, 음료수와 맥주도 양껏 마셨다. 저녁 식사 후에 훈제 생선을 운전기사들 및 일행과 나누었고, 또 학생 몇 명과 훈제 생선을 안주 삼아 보드카를 마시면서 내가 알타이, 시베리아, 중앙아시아 등 여러 지역 유적 답사에서 경험하였던 일들을 이야기해 주었다.

이 호텔에서는 로비에 놓여 있는 밀이삭 꽃병이 인상적이었다(도면 431). 아마도 이곳 다르항 올 아이막과 셀렝게 아이막에서 밀을 많이 재배하기 때문일 것이다. 로비의 벽에 걸려 있는 해바라기 그림과 그 앞에 놓여 있는 동물과 번개무늬 장식 함도 눈에 들어왔다(도면 432). 메안드르(meander)라고 부르는 이 종

도면 431. 보다이 호텔 로비의 밀이삭(사진 정석배)

류 번개무늬는 어릴 적 어머니가 만들어준 베개에서도 볼 수 있는 우리의 전통 문양 중 하나이다. 하지만 사실 이 문양 모티브는 그리스에도 사용되었고, 중국 은나라에도 사용되었으며, 중앙아시아 청동기시대 안드로노보 문화 토기에 특히 유행하였다. 또 두만강은 물론이고 아무르강 유역의 신석기시대 토기에도 사용되었다. 내가 아는 가장 오래된 번개무늬는 우크이나 후기 구석기시대의 유물에서도 확인된다. 다시 말해서 이 문양은 유라시아 전통 문양이라고 말할 수 있다. 함에 표현된 동물은 사슴과 그리핀의 투쟁 장면을 묘사한 것인데 흉노 노용 올 고분군 출토 펠트천 양탄자에 있는 그림을 차용한 것이다.

도면 432. 보다이 호텔 로비의 해바라기 그림과 함(사진 정석배)

9) 몽골의 세 번째 도시 다르항으로 가면서

## 10. 제10일 : 2022년 8월 25일 목요일

아침에 세면을 한 다음에 호텔 밖으로 잠깐 나가 주변을 둘러보았다(7시 27분). 호텔의 외관을 보니 깨끗하고 아담한 느낌이었다. 호텔 주변의 도시도 모두 깨끗하였다. 호텔 곁에 백화점도 있었고, 무언가 비즈니스 센터 같은 빌딩도 보였다. 7시 35분쯤에 아침을 먹고 다시 우리의 여정을 시작하였다. 이날은 버러 유적, 노용올 고분군, 아르군트 고분군을 답사하고 울란바토르로 가는 일정이었다. 하지만 버러 유적은 가지 못하였다.

### 1) 다르항-버르노르 사이의 길을 가면서

다르항에서 울란바토르까지는 직선거리로 약 180㎞이고, 또 길이 포장도로여서 힘들지 않은 하루가 될 것으로 예상되었다. 그런데 다르항 남쪽 하라강 다리 부근의 주유소에서 기름을 넣고(8시 26분경), 다시 출발한 다음에 그 예상이 완전히 빗나갔음을 알게 되었다. 왕복 2차선 도로를 왕복 4차선 도로로 확장하는 공사가 한창이어서 아스팔트 포장도로는 거의 모든 곳이 차단되었고, 우리는 원래 도로의 이쪽저쪽을 왔다 갔다 하면서 들판과 산언덕에 임시로 만든 길로 갈 수밖에 없었다. 그나마 들판과 산언덕으로 차가 갈 때는 길바닥이 단단하고 좋았으나(도면 433), 공사 중인 길을 갈 때는 바닥이 완전히 울퉁불퉁해서 차가 덜컹거리며 거의 기어가기도 하였다. 물론 가끔은 포장도로를 달리기도 하였다. 포크레인, 불도저, 덤프트럭이 여러 곳에서 보였고, 도로에 깔 돌을 분쇄하는 곳도 있었다. 도로 곁으로 난 철도에는 가끔 화물열차가 지나갔다(도면 434).

몽골에서 철도는 수도인 울란바토르에서 북쪽과 남쪽으로만 깔려 있다. 남쪽으로는 몽골 남동부 더르너고비(Дорноговь) 아이막의 생샨드(Сайншанд)를 지나 중국 북경 북서쪽의 내몽골 오란찰포(烏蘭察布)와 연결되고, 북쪽으로는 다르항(Дархан)을 지나 러시아의 울란우데에서 시베리아횡단철도와 연결

도면 433. 다르항-바론하라 사이 왕복 4차선 확장공사 모습(사진 정석배)

도면 434. 바론하라 북쪽 어느 지점의 기차(사진 정석배)

된다. 여기에서 예외가 한 곳 있는데 바로 다르항에서 서쪽으로 광산도시인 에르데네트까지 연결된 철도이다. 울란바토르에서 동쪽과 서쪽으로도 철도가 건설된다면 사람과 물류의 이동에 크게 도움이 될 것이나, 그렇게 하지 않는 것은 아마도 무언가 다른 이유가 있기 때문일 것이다.

1) 다르항-버르노르 사이의 길을 가면서 **325**

오르혼강의 지류인 하라강에는 2개의 다리가 있다. 하나는 다르항 남쪽 가까이에 있고, 다른 하나는 그 다리에서 남쪽으로 약 57㎞ 떨어져 위치하는데, 바론하라(Баруунхараа, Baruunkharaa) 바로 남쪽이다. 우리가 8월 24일에 건넌 다르항 남쪽 하라강 다리에서 바론하라 북쪽에 동서 방향으로 뻗어 있는 헨티산맥의 한 지맥까지는 지형이 대체로 분지이며, 들판이 많고, 산도 낮은 구릉 형태이다. 이곳에도 강의 양쪽에 경작지가 넓게 펼쳐져 있다. 그래서인지 가축 떼는 가끔 볼 수 있었다. 바론하라 북쪽 헨티산맥 지맥의 북쪽 사면부터는 다시 가축 떼를 많이 볼 수 있었다.

바론하라를 지나는 길은 원래 이 마을의 서쪽 가장자리를 따라 곧게 나 있었으나, 도로공사로 인해 우리는 바론하라의 동쪽으로 빙 둘러서 갔다. 나무 울타리를 친 단독주택들이 도로 사이로 일정하게 배치되어 있었다(도면 435). 곧 하라강 다리를 지났고(도면 436)(09시 56분), 그 남쪽의 좁은 협곡 사이를 들어섰는데 이때부터는 원래 포장도로를 따라 차가 갔다. 왼쪽 곁에는 왕복 4차선 도로공사가 진행 중이었다. 협곡의 고개를 넘은 다음에 우리는 잠시 차를 세우고 휴식을 취하면서 이쪽저쪽 노천 화장실을 사용하였다.

도면 435. 바론하라 마을 모습(사진 정석배)

나는 이 협곡을 지나면서 곧 버러(Бороо)유적으로 가는 길이 있을 것으로 생각하고 계속해서 주의를 기울였다. 하지만 버러 유적으로 가는 길이라고 생각되는 곳을 보았지만, 도로공사로 인해 차의 방향을 바꿀 수가 없었다. 할 수 없이 남쪽으로 더 내려가 돌아

도면 436. 하라강 모습(사진 정석배)

서 가야겠다고 생각하였다. 가다 보니 도로 확장공사를 원래 도로의 오른쪽에서 하는 곳도 있었다(도면 437). 한쪽 산언덕에 라마교 사원과 금빛 불상이 보였다(10시 47분). 이곳은 남동쪽 버르노르(Борнуур, Bornuur) 호수 및 마을과 멀지 않은 곳이다. 우리는 이미 버러 유적에서 많이 멀어졌고, 대신 노용 올 고분군으로 가는 길과 가까워졌다. 하는 수 없이 먼저 노용 올 고분군을 가서 보고, 시간이 되면 버러 유적을 가는 것으로 결정하였다.

결과적으로 우리는 버러 유적은 가지 못하였다. 나는 꼭 가보고 싶었는데 그것은 이 유적에서 몽골의 흉노 유적 중에서는 유일하게 온돌(구들)이라고 주장되는 난방시설이 있는 주거지들이 발굴되었기 때문이었다. 물론 이 유적은 발굴한 다음에 모두 매몰하여 지금은 주거지를 볼 수가 없다. 하지만 유적을 답사하면, 그 유적에 관한 내용까지 머릿속에 오랫동안 남게 되고, 또 유적의 주변 자연환경도 파악이 되어 유적 이해에 큰 도움이 될 것이었다. 학생들에게 흉노시대 "구들" 주거지가 발굴된 유적을 보여주지 못하는 것도 안타까운 일이었다.

도면 437. 하라강 남쪽 산 사이를 지나며(사진 정석배)

1) 다르항-버르노르 사이의 길을 가면서

## 2) 흉노(匈奴)가 남긴 노용 올 고분군으로 가면서

나는 앞쪽 산 아래의 버르노르 호수를 보면서 왼쪽(동쪽) 버르노르 마을 방향으로 차를 돌렸다(도면 438)(11시 00분). 낮고 완만한 고개를 하나 넘자 버르노르 마을이 나타났다(도면 439). 우리는 이 마을을 서쪽에서 동쪽으로 가로질렀는데 동쪽 가장자리 부분에 버르강(Бороо гол) 다리가 있었다. 이 강은 사실 폭이 개울을 연상시키는 작은 크기였다. 남쪽으로 개울 건너 들판과 버르노르 마을의 남쪽 한 부분이 보였다. 곧바로 작은 개울 다리를 하나 더 건넜다. 다리 건너에는 산 아래로 넓은 길이 있었지만, 우리의 차는 산언덕 길로 올라갔다. 건너편 산언덕 아래의 작은 마을을 하나 지나 우리는 본격적으로 노용 올 고분군으로 들어가는 계곡에 들어섰다(11시 19분).

이 계곡 입구는 폭이 대략 500m로 상당히 넓으며, 우리는 계곡의 북쪽 및 서쪽 가장자리에 여러 가닥으로 형성된 길을 따라 계곡 안쪽으로 이동하였다. 계곡 들판에는 경작지도 있었고, 또 초원도 있었다. 경작지가 있는 곳에는 철조망을 쳐서 가축들이 들어가지 못하게 막아 놓았다. 경작지 철조망 바깥으로 말들이 풀을 뜯고 있었는데, 우리가 바로 그 곁을 지나가기도 하였다(도면 440). 말을 가까이에서 보니 어깨 부분에 숫자를, 엉덩이 부분에 낙인을 찍어 놓은 것이 보였다. 낙인의 문양은 그 말이 특정 소유자에게 속함을 말해주는 것이다. 들판 경작지에는 대부분 곡물을 심었지만, 유채꽃을 심은 곳도 있었다(도면 441). 들판 너머의 푸른 산언덕에는 나무들이 듬성듬성 작은 숲을 이루고 있었다. 산언덕의 숲은 계곡 안쪽으로 더 들어갈수록 더 커졌다.

계곡 안을 서쪽에서 동쪽으로 이동하다가, 북동쪽으로 방향을 바꾼 다음에 조금 더 갔더니 마침내 멀리 노용 올 고분군이 위치하는 산이 보였다(11시 50분). 나는 이곳이 처음이었으나 유적이 있는 곳을 바로 알아보았다. 나는 이곳에서 차를 잠시 세우고 유적 원경을 사진찍기로 하였다. 그런데 이곳은 유적과 너무 멀었다. 이곳에는 길이 들판의 거의 가운데를 따라 나 있었다. 들판은 온통 초원이었고, 더 이상 계곡 안쪽으로 경작지는 보이지 않았다. 신기하게

도면 438. 버르노르 호수 모습(사진 정석배)

도면 439. 버르노르 마을로 들어가면서(사진 정석배)

도 오른쪽 산언덕에는 숲이 무성하였지만, 왼쪽 산언덕에는 나무가 아주 드물게 보였다. 이곳에도 숲은 산의 북쪽 사면에 조성되어 있었다. 하늘 위로 구름이 조금씩 늘어나고 있었다.

우리는 다시 차를 타고 계곡 안쪽으로 이동하였고, 오른쪽 들판 저쪽으로

도면 440. 마을 조금 지나 노용 올 가는 계곡에서(사진 정석배)

도면 441. 노용 올 가는 계곡의 유채꽃밭(사진 정석배)

도면 442. 노용 올 가는 계곡 가장자리의 자작나무 숲(사진 정석배)

자작나무 숲이 보였다(도면 442). 들판 가장자리의 자작나무 잎사귀들은 벌써 노란색으로 바뀌고 있었는데, 8월 말 즈음에 벌써 가을의 소리가 들리다니 놀라운 일이었다. 아마 9월 중순 넘어가면 이곳의 자작나무 숲은 모두 황금빛 단풍으로 물들 것이다. 이곳에도 말들이 풀을 뜯고 있었다.

나는 계곡 안쪽으로 더 들어가서 다시 차를 세웠다(12시 03분). 다시 유적 원경 사진을 찍기 위해서였다. 이곳에서는 우리가 가고 있는 수직트 계곡 흉노 노용 올(Ноён Уул, Noyon uul) 고분군이 멀리서 잘 보였다(도면 443). 이제 주변의 산은 모두 숲으로 바뀌었다. 다시 차를 타고 길을 가니 길 가까이에도 자작나무들이 보이기 시작하였다. 길의 상태가 좋지 못해 차가 천천히 이동하였고, 마침내 유적 가까이에 차를 세웠다(12시 26분).

도면 443. 노용 올 고분군 원경(사진 정석배)

2) 흉노(匈奴)가 남긴 노용 올 고분군으로 가면서 331

### 3) 흉노(匈奴)가 남긴 노용 올 고분군 답사

노용 올(=노인 울라) 고분군은 1912년에 이곳 일대에서 금광을 탐사하던 러시아의 E. 발러드가 고분의 함몰부를 광물 채굴구덩이로 생각하여 아래로 파고 내려가서 금제 유물 등을 발견하면서 확인되었다(루덴꼬., 1962; 뽈로시막 외, 2011; 뽈로시막 외, 2015; 정석배, 2024, 152~162쪽). 하지만 여러 가지 이유로 한동안 유적의 존재가 잊혀지고 말았다. 그러다가 1924년에 러시아 지질학협회 몽골-티베트조사단장인 P.K.꼬즐로프가 우연히 이 유적에 대해 알게 되었고, 본격적인 발굴조사가 시작되었다. 그와 현장 책임을 맡은 S.A.꼰드라찌예프 등이 1924~25년에 "발러드 쿠르간", "안드레예프 쿠르간", "꼰드라찌예프 쿠르간" 및 수직트 계곡에 있는 1호, 6호, 23호, 25호 등 대형의 고분을 "발굴"하였는데, 모두 고고학자가 아니어서 2.2×2.2m 크기의 수직 구덩이를 파는 형식으로 발굴하였고 또 제대로 된 발굴기록도 남기지 못하였다.

꼬즐로프는 1924년 6월에는 오르가(우르가)(Ypra, 지금의 울란바토르) 신문에, 7월에는 모스크바의 신문에 자신의 발굴과 출토유물을 소개하였고, 엄청난 유물로 인해 학계에 큰 반향을 불러일으켰다. 러시아과학원은 몽골-티베트조사단에 고고학자가 없음을 알고 당시 시베리아 미누신스크 분지에서 유적 조사를 하고 있던 S.A.떼플로우호프를 급하게 파견하였다. 그 결과 1924년에 떼플로우호프가 발굴한 24호 고분만이 당시로서는 유일하게 제대로 된 발굴기록과 전체 단면도를 남기게 되었다.

1924~1925년 발굴에서 의복, 금은 장신구, 마구, 동복, 토기, 양탄자(도면 444), 목기, 동경, 수레 부속품 등 엄청난 유물이 발견되었고, 이 유물들은 베를린, 에르미타주, 런던, 모스크바 등 여러 도시의 박물관에서 차례로 전시되었다. 이후 1954~55년, 1961년에 몽골과학원, 도르지수렝 등이 각각 발굴하였고, 2006년, 2009년, 2011년, 2012년에 다시 몽·러 공동조사단이 발굴하였다(도면 445). 노용 올 고분군 대형 고분의 내부 구조는 20호 고분의 조감도를 통해 파악할 수 있다(도면 446).

도면 444. 노용 올 고분군 출토 양탄자 모사도(루덴꼬, 1962)

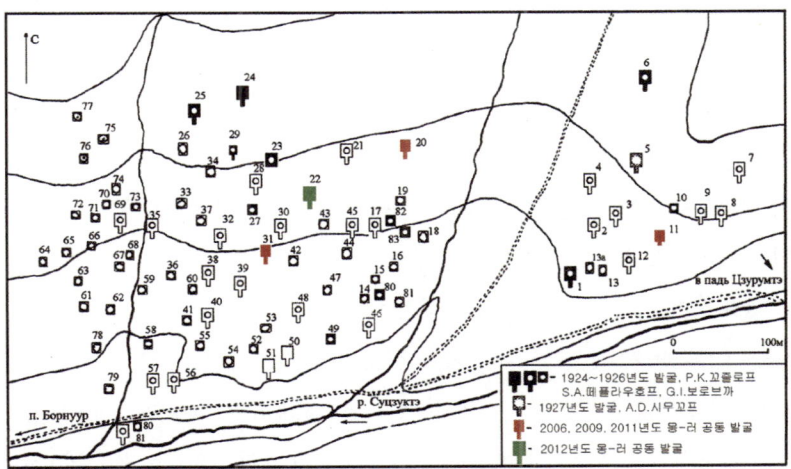

도면 445. 노용 올 고분군 수직트 계곡 고분 배치도(뽈로시막 외, 2015, 필자 수정)

　수직트 계곡의 노용 올 고분군은 우리가 지나온 계곡이 거의 끝나는 부분의 자작나무 숲속에 있었다. 숲속에는 풀과 관목이 무성하게 자라고 있었고, 또 가끔 소나무도 보였다. 차가 다닐 수 있는 길을 따라 더 안쪽으로 걸어서 들어가자 길가에 고분의 봉분이 보이기 시작하였다. 하지만 나는 번호를 알 수 있는 고분을 먼저 찾아 기준을 잡기 위해 그 고분들을 지나쳐 조금 더 안쪽으로

3) 흉노(匈奴)가 남긴 노용 올 고분군 답사　333

도면 446. 노용 올 고분군 20호 고분 조감도(뽈로시막 외, 2011)

들어간 다음에 왼쪽, 즉 고분이 있는 북쪽 숲속으로 들어갔다. 몇 개의 고분을 지나치자 차에서 내려 바로 숲속으로 들어갔던 툭소 선생이 어느 고분 앞에서 우리를 기다리고 있었다. 바로 31호 고분이었다. 하지만 처음에는 고분 번호가 조금 헷갈렸기 때문에 나는 다시 안쪽으로 30호와 22호 고분까지 가서야 이 고분들의 상대적 위치를 통해 유구 배치도에 있는 고분들과 실제 유적에 있는 고분들의 번호를 일치시킬 수 있었다.

결과적으로 나는 31호 → 30호 → 22호 → 30호(두 번째) → 31호(두 번째) → 22호(두 번째) → 28호 → 25호 → 24호 → 21호 → 20호 → 1호 → 2호 → 3호 고분 순서로 유적을 답사하였다. 처음에 고분 번호를 잘못 파악하였던 31호 고분에서 툭소 선생이 학생들에게 이 고분군에 관해 설명하는 동안에 나는 22호 고분을 다녀왔고, 그다음부터는 학생들과 함께 움직였다. 숲속에서 서로를 잃어버린다면 찾기가 아주 힘든 곳이었다. 나는 2006년에 연해주 체르냐찌노-5 발해 고분군 발굴조사를 가면서 하루 동안 몇 명의 학생을 잃어버린 적이 있어 숲속이 길을 잃기에 얼마나 위험한지를 잘 알고 있다. 나는 이 숲속에서 몇 번이나 인원 확인을 하였다. 혹시라도 한 명이라도 보이지 않는다면 바로 찾아야 하기 때문이었다.

도면 447. 노용 올 고분군 31호 고분 봉분(사진 정석배)

　31호 고분은 2009년에 몽골과 러시아가 공동으로 발굴하였다. 발굴 전에 긴 네모꼴의 봉분과 남쪽의 긴 사다리꼴 묘도구(墓道丘)가 함께 확인되었다고 하는데 현재의 모습은 봉분과 묘도 외곽을 두르고 있는 돌들, 즉 호석(護石) 뿐이었다(도면 447). 장축은 남북 방향이다. 고분의 왼쪽 봉분과 묘도 사이 부분에 2009년에 몽골과 러시아가 공동으로 흉노 유적을 조사하였다는 작은 표지석이 세워져 있다(도면 448). 이 고분은 발굴 전 봉분의 크기가 18×20m, 묘도구 길이가 14.5m였다. 31호 고분은 도굴된 상태였다.

　30호 고분은 31호 고분의 북동쪽 바로 가까이 위치하며, 아직 발굴되지 않았다. 긴 네모꼴의 봉분(도면 449)과 남쪽을 향하는 긴 사다리꼴의 묘도구(墓道丘)가 지상에 드러나 있었다. 봉분 안에는 크고 둥근 함몰구덩이가 있다.

　22호 고분은 30호 고분의 동북쪽 가까이 위치한다. 2012년

도면 448. 노용 올 고분군 31호 구분 발굴 기념 표지석(사진 정석배)

3) 흉노(匈奴)가 남긴 노용 올 고분군 답사　335

도면 449. 노용 올 고분군 30호 고분 봉분(사진 정석배)

에 몽골과 러시아가 공동으로 발굴하였다. 고분의 왼쪽 봉분과 묘도 사이 부분에 2012년에 몽골과 러시아가 공동으로 흉노 유적을 조사하였다는 작은 표지석이 세워져 있다. 발굴 전 긴 네모꼴 봉분은 크기가 18×21m, 긴 사다리꼴 묘도구는 길이 17m였다. 봉분 가장자리에서는 높이 약 1m의 석축 벽이 남아 있었고, 무덤구덩이의 깊이는 16m였다. 목곽 위의 돌을 깐 적석부(積石部)에서는 수레의 흔적이 발견되었다(도면 450).

28호 고분은 22호 고분의 서쪽에 약간의 거리를 두고 위치하며, 아직 발굴되지 않았다(도면 451). 봉분의 한쪽 모서리에 커다란 불개미 집이 볼록하게 솟아있었다(도면 452). 자세히 보면 몸통이 불그스레한 개미들이 바글바글한다. 나는 이와 같은 불개미 집을 고르느이 알타이의 파지리크 쿠르간 고분군에서 다수 본 적이 있다.

25호 고분은 28호 고분의 북서쪽에 29호 고분을 사이에 두고 위치한다. 25호 고분으로 갈 때 24호 고분 곁을 지나서 갔다. 25호 고분은 1924년에 발굴하였다. 도굴하듯이 봉분의 가운데를 파 내려갔는데, 아래에서 영구빙결대(永久氷結帶)가 확인되었다. 봉분과 묘도구는 그대로 남아 있었다(도면 453).

도면 450. 노용 올 고분군 22호 고분 수레 노출 모습 (뽈로시막 외, 2015)

도면 451. 노용 올 고분군 28호 고분 봉분과 묘도구(사진 정석배)   도면 452. 노용 올 고분군 28호 고분 봉분의 불개미집(사진 정석배)

24호 고분은 25호 고분의 동북쪽 가까이 위치한다. 1924년에 이 고분군에서 도굴 성격의 발굴을 하고 있을 때, 고고학자 S.A.뗴쁠로우호프가 마침 도착하여 24호 고분 발굴을 지도하였다. 덕분에 당시 발굴하였던 고분들 중 거의 유일하게 고분 단면도와 목곽 및 목관의 실측 도면이 모두 작성되었다(도면 454). 고분의 긴 네모꼴 무덤구덩이와 긴 사다리꼴의 묘도가 발굴이 된 상태로 그대로 남아 있다(도면 455). 무덤 안에는 이미 상당수의 자작나무가 자라고 있었다. 무덤구덩이 안으로 들어가 보았는데 무덤의 크기가 어느 정도인지 가늠이 되었다.

21호 쿠르간은 22호 쿠르간의

도면 453. 노용 올 고분군 25호 고분군 봉분과 묘도구(사진 정석배)

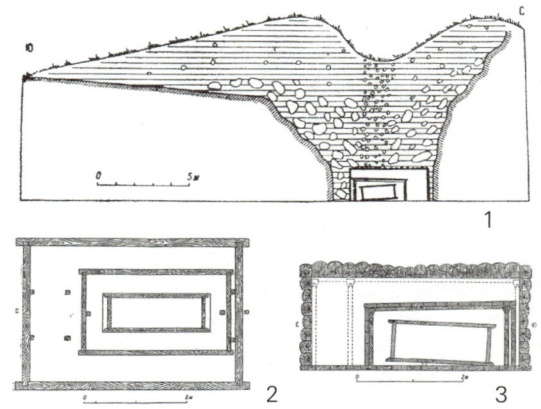

도면 454. 노용 올 고분군 24호 고분 평·단면도(루덴꼬, 1962)

3) 흉노(匈奴)가 남긴 노용 올 고분군 답사

도면 455. 노용 올 고분군 24호 고분 무덤구덩이(사진 정석배)

도면 456. 노용 올 고분군 20호 고분 발굴 기념 표지석(사진 정석배)

동북쪽 가까이 위치하며, 아직 발굴되지 않았다. 네모꼴의 봉분과 긴 사다리꼴의 묘도에 자작나무와 관목이 무성하게 자라고 있었다.

20호 고분은 21호 고분의 동쪽 가까이 위치하며, 2006년에 몽골과 러시아가 공동으로 발굴하였다. 봉분과 묘도의 흔적은 그 윤곽선을 따라 놓여 있는 돌들을 통해 확인할 수 있다. 고분의 왼쪽(서쪽) 봉분과 묘도 사이 공간에 2006년에 몽골과 러시아가 공동으로 흉노 유적을 조사하였다는 작은 표지석이 세워져 있다(도면 456). 발굴 전 봉분의 크기는 20×19m, 높이는 0.5~1m, 묘도구의 길이는 17m, 묘도구의 폭은 봉분 쪽 약 9m, 끝부분 약 2m였다. 봉분에는 큰 함몰부가 있었다. 무덤구덩이는 5개의 단을 남기면서 계단 모양을 팠는데 전체 깊이가 18.35m이다. 금제 장식품, 은제 마구 등 각종 장식품, 수레, 칠기, 토기 호, 토기 등잔, 청동 등잔, 펠트 양탄자, 견직물 등 다량의 유물이 출토되었다. 이 고분 유물 중에는 그리스-로마 계통의 은제 팔라르(phalera)도 있다(도면 457). 이 팔라르는 직경이 14.31㎝이며, 어깨에 활을 멘 아르테미스와 사티로스가 함께 표현되었다는 의견이 있다.

20호 고분을 보고 난 다음에 우리는 이 고분군의 동쪽 지역으로 갔다. 자작나무 숲에서 동쪽으로 조금 걸어가자(도면 458) 물이 마른 개울이 하나 나왔다. 이 개울을 지나자 넓은 공터가 나왔고, 언제 왔는지 차들이 이곳에서 기다리고 있었다. 공터에는 몽골어로 무언가 글을 쓴 작은 콘크리트 기둥이 하나 세워져 있었다. 아마도 이곳이 보호구역임을 표시하는 것 같았다. 수직트 계곡 동구(東區)에서는 먼저 남쪽의 1호 고분을 보았다.

1호 고분은 1924년에 꼰드라찌예프가 발굴하였지만, 봉분과 묘도구는 그대로 남아 있었고, 그 위에 자작나무가 무성하게 자라고 있었다(도면 459). 봉분에는 발굴한 구덩이의 아랫부분에 목곽의 벽체가 그대로 노출되어 있었고(도면 460), 또 목곽 안에는 비닐 등 쓰레기가 들어 있었다.

이 고분은 1호 쿠르간 혹은 모끄르이 (Мокрый, 물기가 있는) 쿠르간이라고 불린다.

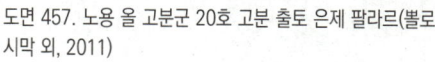
도면 457. 노용 올 고분군 20호 고분 출토 은제 팔라르(뽈로시막 외, 2011)

"모끄르이"는 발굴할 때 속에 물이 자꾸 차서 붙인 명칭이라고 한다. 이 고분에서는 펠트 양탄자 등의 유물이 출토되었다.

2호 고분과 3호 고분(도면 461)은 네모꼴 봉분과 긴 사다리꼴 묘도구로 이루어져 있으며, 발굴되지 않았다. 모두 장축은 남북 방향이며, 봉분에는 2호 고분에는 상대적으로 작은, 3호 고분에는 상대적으로 큰 구덩이가 있었고, 봉분과 묘도구에는 자작나무가 무성하게 자라고 있었다.

나는 고분을 더 둘러보고 또 산 위 정상까지 가보고 싶었으나, 배도 고프고 또 언제 가나 하면서 우리를 기다리는 운전기사들을 보고 이 정도에서 만족하기로 하였다. 떠나기 전에 동방 이호형 원장이 기념사진을 찍어 주었다(14시 07분) (도면 462).

도면 458. 노용 올 고분군 자작나무

3) 흉노(匈奴)가 남긴 노용 올 고분군 답사

도면 459. 노용 올 고분군 1호 고분

도면 460. 노용 올 고분군 1호 고분 목곽 노출 모습

도면 461. 노용 올 고분군 3호 고분 봉분과 묘도구

도면 462. 노용 올 고분군에서(이호형 촬영)

### 4) 흉노(匈奴)가 남긴 아르 군트 고분군으로 가면서

  노용 올 고분군에서 계곡을 따라 나오는 것도 들어가는 것 못지않게 시간이 상당히 걸렸다. 계곡 출구 쪽에 있는 작은 마을에서 다시 산길로 올라가 산등성이를 따라 버르노르 마을로 갔는데, 산등성이 위가 상당이 넓은 초원이었고, 가축을 방목하고 있었다. 산길을 내려올 때 버르노르 마을의 길 북쪽 부분이 한눈에 들어왔다(도면 463)(15시 04분). 마을을 지나는데 멀리 뭉게구름이 기이한 동물 형상을 한 것이 보였다(도면 464). 버르노르 마을을 지날 때 이곳에서 북쪽으로 약 27㎞ 떨어져 있는 버러 유적을 갈까 생각도 하였

도면 463. 버르노르 마을 북쪽 부분 모습(사진 정석배)

으나, 길이 좋지 않다고 하였고 또 시간이 부족할 것 같아 포기하였다. 사실 우리 답사단원들은 배가 고파 너무 지쳐 있기도 하였다. 노용 올 고분군을 다녀오는 데 그렇게 시간이 많이 걸릴 줄 알았으면 도시락을 준비하였으면 좋았을 텐데 하는 생각도 들었다.

  일단 점심을 먹기로 하고, 큰길로 나가니 버르노르 호수 바로 조금 지나 휴게소가 있었다(도면 465)(15시 12분). 이곳 식당은 버르노르 호수 서남쪽 끝부분과 불과 약 400m 떨어진 큰길 가에 있다. 이곳에는 식당, 마트, 화장실이 있었다. 식당은 줄을 서서 가면서 원하는 음식

도면 464. 버르노르 마을 지나서의 하늘과 구름(사진 정석배)

도면 465. 버르노르 호수 부근의 휴게소(사진 정석배)

을 접시에 담아 한꺼번에 계산하는 곳이었다. 기다리지 않아 좋았다. 또 화장실이 있어 좋았다. 우리는 점심을 간단하게 먹고, 바로 다음 여정을 시작하였다.

사실 다음 목적지인 아르 군트(Ар гүнт, Ar gynt / Ar günt) 고분군은 내가 위치를 전혀 파악하지 못하였고, 유적 자체에 대한 정보도 전혀 없는 상태였다. 나는 우리가 어느 방향으로 얼마나 더 가야 하는지도 몰랐다. 그것은 우리가 방문하기 3주 전에 이 유적에서의 첫 번째 발굴조사가 종료되어 학계에 아직 유적의 내용이 전혀 보고되지 않았기 때문이었다.

우리의 차는 툭소 선생의 안내에 따라 남쪽으로 길을 달렸다. 주변에는 푸른색의 높고 낮은 산들이 이어지고 있었다(도면 466). 이 길을 따라 남쪽으로 바얀찬드만(Баянчандмань) 솜 읍을 지났다. 이곳에서 다시 남쪽으로 울란바토르로 바로 갈 수 있는 길과 교차하는 철도 건널목을 지나 그곳의 마을에서 북동쪽으로 방향을 바꾸었다. 이곳 철도 건널목에서 동북쪽 약 7㎞ 거리에 라샨트(Rashaant) 마을이 있다. 우리는 라샨트 마을의 북동쪽 가장자리 부분에서 다시 철도 건널목을 하나 지났다(17시 41분). 두 번째 철도 건널목에서 동북쪽 약 8.4㎞ 거리에서 남동쪽으로 방향을 바꾸면서 다시 철도 건널목을 건넜다. 이 세 번째 철도 건널목에서 만달강과 합류하는 개울 정도 폭의 톨거트강(Tolgoyt gol)을 따라 약 5.3㎞를 가서 산언덕으로 올라가자 유적이 보였고, 우리는 유적 가까이에 차를 세웠다(17시 57분).

도면 466. 버르노르 호수 부근 휴게소와 바얀찬드만 사이의 서쪽 풍경(사진 정석배)

## 5) 흉노(匈奴)가 남긴 아르 군트 고분군 답사

아르 군트(Ар гүнт, Ar gynt / Ar günt) 고분군은 북쪽의 수직트 계곡 노용올 고분군과 약 52.5㎞ 떨어져 있으며, 남쪽으로는 헨티산맥의 남서쪽 지맥의 산들을 넘으면 바로 울란바토르 시내이다. 유적은 완만한 경사면에 위치하는데 좌우 양쪽과 뒤쪽이 모두 산이며, 유적이 위치하는 경사면의 양쪽 가장자리에는 각각 조그만 골이 있다. 유적의 앞쪽 들판에는 만달강의 근원(根源)이 되는 톨거트강이 동쪽에서 서쪽으로 흘러 만달강과 합류하며, 남쪽과 남서쪽으로는 들판 너머로 아르 군트(Ар гүнт) 마을이 보인다. 유적 명칭은 이 마을 이름에서 따왔을 것이다.

유적에는 지면에 돌들이 듬성듬성 둥그스름한 모양을 이루고 있는 것들이 보였다(도면 467~468). 바로 크기가 작은 흉노 시대 원형(圓形) 고분들이었다. 고분들은 발굴된 것도 있었고, 또 아직 발굴하지 않아 원래의 모습을 그대로 간직한 것도 있었다. 발굴되지 않은 고분들은 크기가 직경 4~5m 정도였다. 발굴된 고분들은 아직 발굴 구획선이 그대로 남아 있었고, 돌을 둥글

게 돌려놓았다. 이 유적과 관련하여 아직 학계에 보고된 내용이 없다. 고분의 번호가 어떻게 부여되었는지를 알지 못하여 이곳에서는 자유롭게 다니면서 고분과 주변 환경을 관찰하였다. 답사를 마친 다음에는 앞쪽의 아르군트 마을을 배경으로 모두 함께 기념사진을 찍었다.

도면 467. 아르군트 유적 모습(사진 정석배)

다음에 발굴내용이 학계에 보고되면 유적에 대한 자세한 내용을 파악할 수 있을 것이다. 우리에게 중요한 것은 흉노의 대형 고분들이 발굴된 골모드-2 고분군이나 노용 올 고분군과 같은 유적뿐만 아니라, 소형의 고분이 발굴된 흉노 유적도 방문하였다는 사실이다. 적어도 우리는 흉노의 대표적인 두 가지 형식 고분을 모두 실견하여 흉노 고분에 대해 조금 더 많이 알 수 있게 되었다.

도면 468. 아르군트 유적과 아르군트 마을(사진 정석배)

## 6) 울란바토르에 도착하여

아르 군트 유적에서 울란바토르로 갈 때 왔던 길을 되돌아가지 않고, 계속해서 동쪽으로 가서 셀베강(Сэлбе гол, Selbe gol)을 따라 난 길로 울란바토르 시내로 들어갔다. 셀베강은 울란바토르의 중심에 있는 수흐바타르 광장 동쪽 가까이 북쪽에서 남쪽으로 흘러 톨강과 합류하는 강이며, 이 강 연안을 따라 가장 북쪽까지 울란바토르 시가지가 형성되어 있다. 셀베강 서쪽에는 울란바토르 북쪽으로 가장 높은 산인 칭겔트(Чингэлт) 산이 솟아있다.

나는 뜻하지 않게 셀베강 유역의 울란바토르 시가지를 구경하게 되었는데, 이곳에는 정원을 가진 비싸 보이는 저택들이 많이 들어차 있었고, 실제로 이곳의 집들은 아주 비싸다고 하였다.

호텔에 도착한 다음 8월 17일부터 25일까지 9일 동안 3,000km의 여정을 함께한 운전기사들과 작별 인사를 나누었다. 그동안 서로 정이 들기도 한 것 같았다. 모두 건강하고, 가정에 행복이 가득하길, 다시 함께할 수 있길 기원하면서 이별 인사를 하였다. 운전기사들은 우리의 긴 여정이 아무 사고 없이 무사히 진행된 데 대해 고마워하였고, 우리와의 헤어짐을 아쉬워하였으며, 또 우리와 다시 함께할 수 있기를 희망하였다. 나에게는 "당신에게 항상 좋은 일만 있기를 바랍니다"라고 말하였다고 하였다. 나도 그들에게 항상 좋은 일만 가득하기를 바란다. 헤어지기 전에 조금이나마 감사의 표시를 하였고 또 함께 기념사진을 찍었다(19시 34분).

호텔 방에 올라갔더니 창문 밖으로 무지개가 보였다. 몽골 사람들은 한국을 무지개의 나라 "솔롱고스(Солонгос)"라고 부른다고 하였는데, 오히려 몽골이 무지개의 나라인 것 같다. 내가 몽골을 답사하면서 3번이나 무지개 혹은 오색구름을 보았으니 말이다. 저녁 식사는 호텔에 있는 식당에서 한국식으로 하였다(20시 25분). 통역이 내일 아침에 코로나 검사를 할 것이라고 하였다.

## 11. 제11일 : 2022년 8월 26일 금요일

아침 9시 10분쯤 몽골의 젊은 남자 의사가 와서 우리 답사단원 모두에게 코로나 검사를 하였다(도면 469). 음성이 확인된 다음에 하루 일정을 시작하였는데, 이날은 버스 1대로 이동하였다.

몽골국립박물관, 자나바자르 불교미술 박물관, 복드 칸 궁전박물관, 자이승 전승 기념탑을 보는 것이 하루 일정이었고, 그 외 백화점 하나를 방문하였다. 다만 자나바자르 불교미술 박물관은 나를 제외한 우리 답사단원은 모두 가서 보았으나, 나는 몽골국립박물관에서 너무 지체하여 정문만 보고 들어가지는 못하였다.

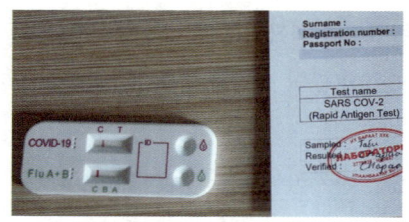

도면 469. 호텔에서의 코로나 검사 결과(사진 정석배)

### 1) 몽골국립박물관 관람

몽골국립박물관은 수흐바타르 광장(칭기스칸 광장) 수흐바타르 동상에서 북서쪽 약 250m 거리에 위치한다. 건물 정면에 사슴돌의 사슴 두 마리를 형상화한 둥근 로고 아래에 몽골어로 몽골국립박물관(МОНГОЛЫН ҮНДЭСНИЙ МУЗЕЙ, National Museum of Mongolia)이라고 적혀 있었으며, 그 아래 전광판에는 몽골어와 영어로 몽골국립박물관 명칭이 차례로 나타났다(도면 470).

박물관 정문으로 들어가는데 박물관 관람 시간표가 눈에 띄었다(09시 49분). 여름, 즉 하절기 5월 15일~9월 15일에는 매일 오전 9시~오후 6시까지, 겨울, 즉 동절기 9월 16일~5월 14일에는 화~일요일 오전 9시~오후 6시이며 월요일 휴관이다. 하절기가 4달에 불과한 것이 주목된다. 한국은 하절기가 4월~10월로 7개월이고, 동절기가 11월~3월로 5개월인데, 이 시간표는 몽골이 추운 북쪽 지역에 있음을 잘 보여준다고 생각된다.

박물관 안으로 들어가자 우리의 눈을 사로잡은 것은 흉노특별전(New Discoveries XIONGNU Archaeology Special Exhibition 2021. 11. 30 – 2022)이었다(도면 471). 노용 올 고분군 11호, 20호, 22호 고분 출토유물을 특별 전시하고 있었는데, 도록에서 사진으로만 본 유물을 또 우리가 답사한 고분의 출토유물을 직접 실견한다는 사실은 감동 그 자체였다.

도면 470. 몽골국립박물관 정면 모습(사진 정석배)

수레에 사용된 각종 청동 및 금동 부속품들, 말 머리와 엉덩이와 가슴의 굴레에 사용한 각종 청동 및 은제 장식품들(도면 472), 금동 마면, 금제 버클, 금제 동물장식, 각종 금제 장식(도면 473), 금제 관(棺) 장식품(도면 474), 청동 동물장식, 탐가가 있는 칠기 이배(도면 475), 청동 거울 쪼가리, 청동 솥 쪼가리, 철제 국자, 옥 유물, 토기, 양탄자 복원품, 사슴과 맹수와 그리핀 및 동물 투쟁 장면을 묘사한 펠트 천들(도면 476) 등이 전시되어 있었다.

도면 471. 흉노특별전실 정면 모습(몽골국립박물관, 사진 정석배)

마구나 장식품 혹은 양탄자에 표현된 흉노 동물 양식 유물들은 동물의 소재나 자세 혹은 독특한 세부 표현 기법이 보는 사

도면 472. 흉노특별전실 흉노 은제 장식(몽골국립박물관, 사진 정석배)

1) 몽골국립박물관 관람   347

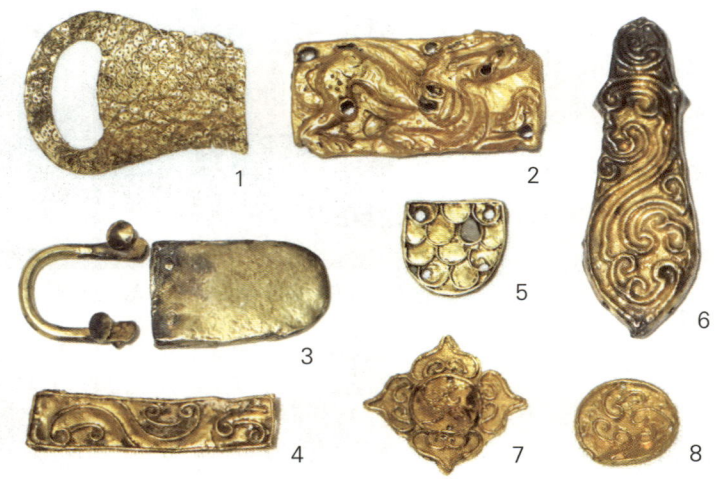

도면 473. 흉노특별전실 흉노 금제 버클과 각종 장식(몽골국립박물관, 사진 정석배)

도면 474. 흉노특별전실 흉노 금제 관(棺) 장식(몽골국립박물관, 사진 정석배)

람을 놀라게 한다. 동물 표현 중에서는 마구 장식에 사용된 외뿔의 산양과 펠트 양탄자에 사용된 사슴과 그리핀의 투쟁 장면 및 발톱, 꼬리, 갈기에 그리핀 머리를 부가한 맹수가 특히 인상적이었다. 사실 이러한 표현 기법은 스키타이 동물 양식에서도 볼 수 있는 것으로서 유목 세계의 오랜 전통 중 하나라고 하겠다(뻬레보드치꼬바 저 / 정석배 번역, 1999). 수레나 칠기 이배 등 몇몇 종류 유물은 한나라에서 생산한 것이다. 그리스-로마의 은제 팔라르(도면 457 참조)도 전시되어 있었는데 말의 가슴 장식이었다.

한쪽 벽면에는 각 고분의 중요한 순간 발굴 모습 사진을 크게 확대하여 걸어 놓았고, 또 다른 벽면에서는 전시 중인 노용 올 고분을 공동 발굴한 러시아 N.V. 뽈로시막 교수의 인터뷰 영상이 계속해서 방영

도면 475. 흉노특별전시실 흉노 칠기 이배(몽골국립박물관, 사진 정석배)

되고 있었다. 뽈로시막 교수는 알타이 "얼음공주" 발굴로도 유명한 고고학자이다. 나는 2004~6년쯤에 우리 학과 특별강연에 한번 그녀를 초청한 적이 있었고, 나중에 노용 올 고분군 책을 선물로 받기도 하였다.

그런데 흥미롭게도 이 특별전시실의 입구 앞에 두 마리의 돌사자를 전시하고 있었다(도면 471참조) . 바로 위구르 바이 발릭성에서 발견된 돌사자였다. 2층 단 위에 앞발은 세우고 뒷발은 쭈그리고 앉아 있는 자세의 이 두 마리 돌사자는 큰 입과 수평의 위턱 위에 표현된 긴 코와 볼록한 두 눈이 인상적이었다. 두 마리는 닮은 듯 조금 차이가 나 아마도 암수 한 쌍일 것이다.

그다음에는 위층으로 올라갔는데 10세기 및 13~14세기 몽골제국 시기의 유물들이 전시되어 있었다. 먼저 갑옷과 투구, 칼, 활 등의 무기와 함께 완전 무

도면 476. 흉노특별전시실 흉노 양탄자 그리핀 및 동물 투쟁장면(몽골국립박물관, 사진 정석배)

도면 477. 몽골제국 무사 및 공성 무기 모형(몽골국립박물관, 사진 정석배)

도면 478. 몽골제국 철제 등자(몽골국립박물관, 사진 정석배)

장을 한 몽골 전사(戰士)의 복원 모형과 공성 무기 모형 등이 눈에 들어왔다(도면 477). 그다음에는 비석과 귀부, 지붕에 사용된 와당, 철제 화살촉, 안장, 등자(도면 478), 수레 부속품, 활과 화살, 화살집, 백자 등 자기(도면 479), 파라오 마스크, 청동 패지, 청동 거울, 동전, 의복, 금제 띠 부속품, 인장, 금속제 그릇, 철제 가위, 사슬 갑옷, 무기, 가죽 장화, 양 복사뼈 놀이 알 등을 보았다. 그

도면 479. 몽골제국 각종 자기(몽골국립박물관, 사진 정석배)

외에도 칭기스칸 초상화와 각종 그림 자료 등 몽골제국의 역사를 보여주는 여러 가지 중요한 물품들이 전시되어 있었다.

카라코룸 만안궁 터의 9층 목탑 복원도도 눈에 띄었는데(도면 480), 경주에 있는 황룡사 9층 목탑 복원도를 연상시켰다. 몽골제국 제3대 대칸인 구유크 칸(재위 1246~1248년)이 카르피니(Giovanni de Piano Carpini, 1182~1252년)를 통해 교황 인노첸시오 4세에게 보낸 서한의 사본도 전시하고 있었다. 이 서한의 사본은 하르허룸 박물관에도 영어 번역본과 함께 전시되어 있다.

한 전시실에는 복식과 장신구들이 전시되어 있었다(도면 481). 몽골제국-원나라

도면 480. 만안궁 9층 목탑 복원도(몽골국립박물관, 사진 정석배)

와 고려의 장신구가 유사하다는 어느 분의 이야기가 생각나기도 하였다. 젓가

도면 481. 전통 몽골 복식실(몽골국립박물관, 사진 정석배)

1) 몽골국립박물관 관람

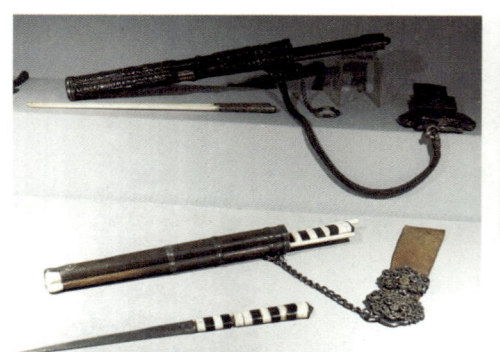

도면 482. 전통 몽골 복식실 젓가락과 부싯쇠(몽골국립박물관, 사진 정석배)

도면 483. 친톨고이 발가스 성 및 거란 유적 출토 유물(몽골국립박물관, 사진 정석배)

락과 부싯쇠가 특히 눈에 띄었다(도면 482).

    나는 다시 1층으로 내려와 다른 전시실을 관람하였다. 먼저 발해 유민들이 거주하였던 거란 친톨고이 발가스 성과 다른 거란 유적 사진과 유물이 보였다(도면 483). 외면을 눈금 무늬 띠로 장식을 한 길쭉한 형태의 물레에서 만든 윤제(輪製) 화병(花甁)(도면 484), 수키와와 귀면문 막새, 토기 바리(鉢), 백자, 철제 송곳과 칼, 양 복사뼈 놀이 알, 뼈로 만든 칫솔 등이 전시되어 있었다.

그 곁에는 위구르 두르불징의 발굴 모습 사진과 하르 발가스 및 위구르 두르불징에서 출토된 유물들이 전시되어 있었다(도면 485). 어깨 부분에 동심 능형문이 연속적으로 베풀어져 있는 윤제 화병과 호, 손으로 빚어 만든 수제 심발은 위구르 토기의 특징을 잘 보여주었다(도면 486). 연화문 와당, 철제 재갈, 화살촉, 뼈로 만든 고정쇠, 활에 사용한 뼈로 만든 줌통, 수 점의 금제 장식품 등이 전시되어 있었다. 요나라 시기 거란 토기와 위구르 토기의 차이는 문양에서 분명하게 드러나는데 둘을 바로 비교하면서 볼 수 있는 좋은 기회였다. 거란 토기는 눈금 무늬가 특징적이라면, 위구르 토기는 동심 마름모 모양(菱形 능형) 무늬가 특징적이다.

그 곁에는 위구르의 비석이 하나 서 있었다. 바로 테르흐 비문이었다(도면 487). 비석은 귀부 위에 세워진 상태

도면 484. 친톨고이 발가스 성 출토 토기(몽골국립박물관, 사진 정석배)

도면 485. 위구르 두르불징 출토 유물(몽골국립박물관, 사진 정석배)

1) 몽골국립박물관 관람 353

도면 486. 위구르 두르불징 출토 토기(몽골국립박물관, 사진 정석배)

였으며, 귀부의 거북이 모습이 독특하였다. 그 맞은 편에는 화강암으로 만든 돌궐 석인상이 하나 서 있었는데 얼굴의 이목구비와 콧수염, 오른손을 가슴에 대고 들고 있는 그릇, 허리에 착용한 띠의 부속품과 주머니 등이 잘 표현되어 있었다(도면 488). 그 외에 머리가 없어진 돌궐 석인상도 전시되어 있었다.

이곳에는 위구르 석인상도 하나 전시되어 있었다(도면 489). 위구르 석인상은 모자를 착용한 점, 얼굴 턱이 길쭉한 점, 눈과 눈썹, 코의 표현 방식, 양손으로 들고 있는 그릇의 형태 등이 돌궐 석인상과는 많은 차이가 났다.

한쪽에는 돌궐 유적들에서 출토된 안장과 등자, 재갈(도면 490) 등과 같은 마구류, 철제 집게 등과 같은 대장간 도구들, 기와, 와당, 전돌 등과 같은 건축자재들, 토기 등이 전시되어 있었다.

퀼 테긴 비석 복제품과 돌로 만든 퀼 테긴 두상(頭像)도 전시되어 있다(도면 491). 퀼 테긴 두상은 실물 크기와 사실적으로 표현한 이목구비 및 왕관이 특징적이다. 왕관의 구조와 정면에 표현된 날개를 펼친 새는 빌게칸 추도유적에서 출토된 왕관과 상당히 닮았다. 그 곁에는 퀼 테긴 부인의 것으로 소개된 돌로 만든 얼굴 턱 부분이 전시되어 있다.

도면 487. 테르흐 비석과 귀부(몽골국립박물관, 사진 정석배)

도면 488. 몽돌궐 석인상(몽골국립박물관, 사진 정석배)   도면 489. 위구르 석인상(몽골국립박물관, 사진 정석배)

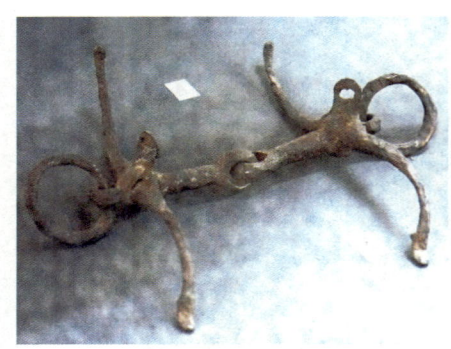

도면 490. 돌궐 철제 재갈멈치(몽골국립박물관, 사진 정석배)

오르혼강 후슈 차이담 빌게칸 제사유적 내 퇴장유적에서 출토된 금제 대장식구, 금제 장식품, 각종 은제 용기(用器)(도면 492), 사슴상(像) 등도 전시되어 있었는데 후슈 차이담 박물관에서 본 것과 비슷한 것도 있었고, 또 새로 보는 것도 있었다. 부근에 돌궐 석인상이 하나 더 있었는데 양손이 옷 속에 있는지 겉으로 표현되지 않았고, 무언가 사제 혹은 승려를 연상시켰다(도면 493).

더 안쪽으로 들어갔더니 다시 흉노 유물이 전시되어 있었다. 아마도 이곳은 상설 전시관으로서 흉노특별전과는 구분되는 전시 공간일 것이다. 먼저 펠트 천 양탄자가 보였는데 가운데 안쪽은 나선-소용돌이무늬로 장식하였고, 가장자리를 따라서는 동물의 투쟁 장면이 묘사되어 있었다(도면 494). 이 양탄자는 노용 올 고분군 출토품이다. 사슴과 그리핀의 투쟁 장면이 있었고, 또 특히 주목되는 것은 코뿔소로 보이는 동물과 맹수의 투쟁 장면이었다. 나는 스키타이 동물 양식이나 흉노 동물 양식에서 코뿔소 모티브는 들어본 적이 없어, 나에게만 그렇게 보이는 것인

도면 491. 돌궐 퀼 테긴 두상(몽골국립박물관, 사진 정석배)

지 잘 모르겠다. 만약에 그것이 코뿔소라면 흉노의 세계관에 코뿔소가 서식하는 아프리카도 포함되었을 수 있다. 흥미로운 연구주제라고 하겠다.

흉노의 옥 제품, 각종 유리 및 홍옥 등 구슬(도면 495), 머리채, 양 복사뼈 놀이알, 철제 칼, 금제 관(棺) 장식, 청동 관(棺) 손잡이, 청동 거울, 뼈로 만든

도면 492. 돌궐 빌게칸 제사유적 출토 은제 용기(몽골국립박물관, 사진 정석배)

도면 493. 돌궐 석인상(몽골국립박물관, 사진 정석배)

도면 494. 흉노 양탄자(몽골국립박물관, 사진 정석배)

1) 몽골국립박물관 관람

버클과 비녀, 동물의 형상으로 장식된 청동 버클(도면 496), 수레 장식, 재갈 등의 마구, 철제 화살촉, 뼈로 만든 화살촉과 활 부속품, 온전한 형태의 청동 솥(銅鍑), 와당(도면 497), 전돌, 각종 토기(도면 498), 칠기, 숟가락과 젓가락 등 흉노 고고학과 관련된 많은 종류의 중요 유물들이 전시되어 있었다. 한쪽에는 흉노의 무덤에서 발견되는 관과 그 안과 밖에 놓여 있는 인골 및 동물 머리뼈가 전시되어 있었다.

구슬 중에서는 흔히 말하는 금박구슬과 잠자리 구슬도 있었다. 동복은 스키타이 시대와 흉노 시대의 것이 서로 차이가 나는데 산(山)자 모양 손잡이, 동체의 호선(弧線) 돌대문, 삼각형 투창이 있는 굽 등 스키타이 동복에는 없는 요소들이 주목되었다. 숟가락과 뼈로 만든 젓가락도 전시되어 있었는데, 젓가락이 흉노 유적에서 출토되었다는 사실은 상당히 놀랍다고 하겠다. 토기 중에는 등

도면 495. 흉노 목걸이와 팔찌(몽골국립박물관, 사진 정석배)

도면 496. 흉노 청동 버클(몽골국립박물관, 사진 정석배)

잔도 있었는데 등잔 바닥에 촉이 만들어져 있는 것으로 보아 당시 양초도 사용하였음을 보여준다. 흉노 토기를 대표하는 호와 심발도 전시되어 있었는데, 목이 좁고 어깨가 넓은 호는 어깨 부분이 평행하게 배치된 새김 선 안에 든 물결선 등 새김 문양이 특징적이다. 동체가 세로 방향의 광택 무늬로 장식되기도 하였다.

도면 497. 흉노 와당(몽골국립박물관, 사진 정석배)

벽 한쪽에는 흉노, 선비, 유연(柔然), 돌궐의 강역 및 당시의 세계를 보여주는 지도가 걸려 있었다. 선비가 부여와 읍루의 땅을 지나 함경도지역까지 차지한 것으로 표시되어 있는데 심각한 오류이다.

그 외에 다른 전시물도 많이 있었다. 전시실도 더 있었지만, 다 보지를 못하였다.

박물관 밖으로 나오니 들어갈 때는 보이지 않았던 작은 석인상이 하나 보였다(12시 53분). 바로 청동기시대 전기 헴첵 문화 혹은 체무르첵 문화 석인상이었다. 길쭉하고 둥그스름한 화강암의 한쪽 면을 다듬고 사람의 얼굴과 두 손 그리고 활을 표현하였다(도면 499). 둥근 얼굴에 긴 눈썹과 눈, 코, 입이 돋을새김으로 표현되었으며, 머리 위로 2개의 돌기가 있다. 기원전 2,600~2.000년에, 다시 말해서 지금으로부터 대략 4,500년 전에 이런 석인상을 만들었다는 사실은 정말 놀라운 일이다. 북방 초원지대에서 일찍부터 발달한 문명이 있었음을 말해준다. 사실 그즈음에 시베리아의 하카시아-미누신스크 분지에는 석인상이 많이 만들어진 오쿠네보 문화가 있었다. 흉노, 유연, 돌궐, 위구르, 몽골제국 등의 문화가 어느 날 갑자기 생긴 것이 아니라, 오랜 역사의 산물이었음을 알 수 있다. 몽골국립박물관에 가서 몽골 최초의 석인상을 그냥 지나친다면 많이 아까울 것이다. 그 곁에는 사슴돌이 2개 세워져 있다. 그중 한 사슴돌은 2006년에 흡스굴 아이막 부렌터그터흐 솜 수르팅 덴지 유적에서 발견된 것이다. 2007년에 이 박물관 뜰로 이전된 이 사슴돌은 한쪽 면의 중간 부분에 스키타이 시대에 특징적인 원형상 맹수표현물과 그 아래로 두 마리의 물고기 및 바퀴가 새겨져 있고,

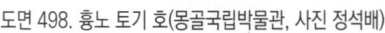
도면 498. 흉노 토기 호(몽골국립박물관, 사진 정석배)

도면 499. 헴첵 혹은 체레무첵 문화 석인상(몽골국립박물관, 사진 정석배)

360　Ⅱ. 몽골, 초원의 나라로

또 다른 한쪽 면에 윗부분에는 동심원이 새겨져 있어 다른 사슴돌과는 구분되는 독특한 구성을 가진다(도면 500).[14]

### 2) 울란바토르 거리에서

내가 아직도 몽골국립박물관을 떠나지 못하고 있을 때 우리 학생들은 자나바자르 불교미술 박물관(ЗАНАБАЗАРЫН НЭРЭМЖИТ ДҮРСЛЭХ УРЛАГИЙН МУЗЕЙ)을 관람하고 있었다. 나는 위구르와 돌궐 전시실 안쪽의 흉노 전시실을 차마 그냥 지나칠 수 없어 자나바자르 불교미술 박물관 관람을 포기하였다. 몽골국립박물관을 모두 보고 밖으로 나와 자나바자르 불교미술 박물관으로 혼자 걸어갔는데 길

도면 500. 수르팅 덴지 유적 발견 사슴돌(몽골국립박물관, 사진 정석배)

가에 녹유 기와지붕을 한 정자와 각종 예술 조형물이 보였다.

자나바자르 불교미술 박물관은 몽골국립박물관의 정문 앞 큰길에서 그대로 오른쪽으로(박물관에서 나와 밖을 볼 때) 가서 큰길 교차로를 하나 지나면 두 번째로 있는 큰 건물이다. 두 박물관은 약 450m 떨어져 있다. 내가 자나바자르 불교미술 박물관에 도착하자 학생들은 벌써 관람을 끝내고 밖으로 나오고 있었다. 나는 이 박물관은 정면 사진만 찍었다(도면 501). 학생들은 이곳에서 버스

---

14. 2023년 8월에 체무르첵 문화 혹은 헴첵 문화 석인상은 전시실 내로 이동되어 있었고, 박물관 바깥에 있던 사슴돌은 다른 데로 이전하였는지 보이지 않았다.

도면 501. 자나바자르 박물관 정면 모습(사진 정석배)

도면 502. 칭기스칸 박물관 모습(사진 정석배)

를 타고 바로 점심 먹을 식당으로 향하였지만, 누군가 몽골국립박물관에서 흉노 관련 도록을 보았다고 하기에 나는 걸어 되돌아가서 그것을 사고 혼자 식당으로 가기로 하였다. 마침 몽골국립박물관 기념품 상점에는 러시아어를 하는 사람이 물건을 팔고 있어서 이것저것 많이 물어보았고, 몇 가지 기념품과 함께 흉노 관련 도록도 구입하였다.

점심은 노보텔(NOVOTEL)이라는 빌딩에서 뷔페식으로 먹었다. 대학원생 김영길이 노보텔 위치 지도를 보내주어 힘들지 않고 찾을 수 있었다(13시 13분). 가는 길에 보니 몽골국립박물관 뒤쪽으로 가까이 칭기스칸 박물관 건물이 보였다(도면 502). 칭기스칸 박물관은 7월에 개관한다는 소문이 있었는데 아직 개관하지 않아 관람할 수가 없었다.[15] 점심을 먹고 학생들과 함께 버스를 타고 복드칸 궁전박물관으로 갔다.

### 3) 복드 칸 궁전박물관 관람

수흐바타르 광장에서 남남서쪽으로 약 2.4㎞ 떨어져 있다. 몽골의 마지막 황제인 복드 칸(Богд Хаан, 1869~1924년)이 사용한 겨울 궁전과 사원(寺

---

15. 자나바자르 불교미술 박물관과 칭기스칸 박물관은 2023년 3월과 8월에 두 번 방문하였다.

院)이 함께 있는데, 실내는 모두 박물관 전시실로 사용되고 있다. 1893년에 축조를 시작하여 1903년에 완공하였고, 1926년부터 박물관으로 사용하기 시작하였다. 겨울 궁전은 1905년에 몽골국 수도에 있던 러시아 대사관에서 만들어 러시아 건축물의 느낌을 준다.

복드 칸은 몽골 라마교 수장인 제8대 잡잔담바(젭준담바) 호탁트였다. 몽골의 제1대 잡잔담바는 자나바자르 불교미술 박물관으로 인해 잘 알려진 자나바자르(Занабазар, 1635~1723년)였다(정석배, 2024, 310~315쪽).

복드 칸 궁전박물관(Богд хааны ордон музей, Bogd Khan Palace Museum)의 모습은 겨울 궁전에 전시된 20세기 초에 남긴 그림과 이 박물관 기념품 상점에 전시된 모형을 통해 알 수 있다(도면 503). 다만 20세기 초와 지금은 모습이 많이 바뀌었다. 20세기 초의 그림을 보면 사원이 가운데 중구(中區), 동쪽과 서쪽의 동구(東區) 및 서구(西區)로 구분되며, 동구와 서구에서 여러 채의 부속건물이 있었음을 알 수 있다. 남쪽 바깥에는 중구와 동일선상에 따로 남구(南區)가 있다.

지금의 모습은 전체 평면모양이 남북이 긴 "回"자 모양이며, 이중의 담장을 가졌다. 바깥쪽의 담장(외벽)은 궁전-박물관 전체의 경계를, 안쪽의 담

도면 503. 복드 칸 궁전박물관 모형(사진 정석배)

장(내벽)은 사원의 경계를 나타낸다. 사찰 건물은 중구에만 있는데, 남쪽에서 북쪽으로 마하란츠 전(殿)(Махранзын сүм), 나이단 전(殿)(Найдан сүм, NAIDAN TEMPLE), 라브랑 전(殿)(Лавиран сүм, LABRANG TEMPLE)이 차례로 배치되어 있다. 오늘날 박물관 정문은 마하란츠 전 바깥의 "평안(平安)의 문(門)"이다.

사원 바깥 남쪽에는, 다시 말해서 "평화의 문" 남쪽 남구(南區)에는 좌우에 하나씩 당간(幢竿)이 있고, 그 남쪽에는 좌우와 가운데에 하나씩 모두 3개의 일주문이 있고, 또 그 남쪽에는 벽탑(壁塔)으로 불리기도 하는 영벽(影壁)이 있다. 영벽, 중앙 일주문, 평화의 문, 마하란츠 전(殿), 나이단 전(殿), 라브랑 전(殿)이 모두 남북중심축 선상에 배치되어 있다. 겨울 궁전은 동구 남쪽 남벽 쪽에 위치한다.

우리는 궁전-박물관의 정문 오른쪽 쪽문으로 들어갔는데 입구 곁 벽에 복드 칸 궁전박물관(БОГД ХААНЫ ОРДОН МУЗЕЙ, BOGD KHAAN'S PALACE MUSEUM)이라는 간판이 붙어 있다. 우리는 복드 칸 겨울 궁전을 먼저 보았다(도면 504). 건물 입구 앞에는 입에 구슬을 물고 가슴에 방울을 단 한 마리의 돌사자가 앉아 있었다(12시 47분). 출입구 문 위에는 겨울 궁전(ӨВЛИЙН ОРДОН, WINTER PALACE)이라는 간판이 붙어 있었다. 입구 안쪽에는 주그데르(Жүгдэр, Jugder)라는 예술가가 20세기 초에 그린 울란바토르 도시 그림이 걸려 있었다. 그다음부터는 당시 궁전에서 사용하였던 혹은 외국에서 선물로 받은 대형 거울, 각종 가구, 도자기, 향로, 소라, 옥으로 만든 기물, 의복, 신발, 모자, 용 등으로 장식한 광배 모양의 등받이가 있는 옥좌(도면 505), 함, 큰 솥, 각종 불교 기물, 장신구, 인장, 침대, 자개 가구, 코끼리 형상, 새, 파충류 동물, 맹수류 동물, 게르, 수레, 휘장 등등 칸과 그 가족이 소유하였던 화려한 유물이 전시되어 있었다.

다음에는 사원으로 갔다(15시 23분). 먼저 광혜사 현판이 있는 사원의 정문 역할을 하는 마하란츠 전(殿)을 지났는데 "광혜사"는 이 건물만을 지칭하는 것

도면 504. 복드 칸 궁전박물관 겨울궁전(사진 정석배)

이 아니라 사원 전체의 명칭이 아닌가 하는 생각이다. 정면에서 볼 때 2층 건물이며, 녹색 기와를 사용하였다(도면 506). 출입구 좌우에 갑옷을 입은 사천왕상이 보였다(도면 507). 이 사천왕상은 한국의 사찰에 있는 사천왕상들

도면 505. 복드 칸 궁전박물관 겨울궁전의 옥좌(사진 정석배)

과는 세부 특징에서 차이가 있었다. 예를 들어, 동방 지국천왕과 남방 증장천왕은 각각 원래의 푸른 얼굴과 붉은 얼굴을 가지고 있다. 또 남방 증장천왕은 오른손에 용을 잡고 있으나 왼손에는 여의주가 아니라 보탑을 들고 있는 점,

3) 복드 칸 궁전박물관 관람

도면 506. 복드 칸 궁전박물관 사원 정문 마하란츠 전(殿)(사진 정석배)

도면 507. 복드 칸 궁전박물관 사원 정문 마하란츠 전(殿) 사천왕상(사진 정석배)

서방 광목천왕은 손에 보탑 대신에 설치류로 보이는 동물 한 마리를 쥐고 있는 점이 한국의 것과 다르다. 북방 다문천왕은 한국의 것과 마찬가지로 비파를 들고 있다. 사천왕상 모두에 사자가 입을 벌리고 팔뚝을 깨무는 형상의 사교(獅咬) 장식이 어깨가 아니라 무릎에 있는 점도 독특하다.

다음에는 사원 남구 마당을 지나 나이단 전(殿)으로 갔다(도면 508). 이 절은 좌우에 담장과 쪽문이 있다. 정면에서 볼 때 2층 건물이며, 아래층 지붕에는 회색 기와, 위층 지붕에는 녹색 기와를 사용하였다. 위층 지붕 용마루 가운데에는 하얀색의 법륜이 세워져 있고, 그 좌우에는 두 마리의 하얀색 사슴이, 또 용마루 양쪽 끝부분에는 용이 각각 법륜을 보호하고 있다. 앞쪽에는 현관에 사용한 천장 목재가 화려한 그림들로 장식되어 있다(도면 509). 안에 다수의 불상과 불교 기물이 전시되어 있었다(도면 510).

이곳에서 다시 마당을 지나 가장 안쪽의 라브랑 전(殿)로 갔다. 본당(本堂)으로 여겨지는 이 건물은 정면에서 볼 때 3층인데 아래에서 위로 탑 모양으로 줄어드는 것이 특징적이다(도면 511). 지붕은 갈색 기와를 사용하였다. 가장 위 3층의 누각 지붕 용마루 가운데에 금색의 둥근 구(球)가 무엇을 상징하는지 궁금하다. 안에 불상이 다수 전시되어 있다(도면 512). 그린 타라(Green Tara) 혹은 시야마-타라(Siyama-Tara)인 것으로 설명되어 있다. 몽골의 제1대 잡잔담바였던 자나바자르(Занабазар, 1635~1723년)가 만들었다고 한다.

도면 508. 복드 칸 궁전박물관 나이단 전(殿) 정면 모습(사진 정석배)

도면 509. 복드 칸 궁전박물관 나이단 전(殿) 입구 장식(사진 정석배)

도면 510. 복드 칸 궁전박물관 나이단 전(殿) 내부 모습(사진 정석배)

도면 511. 복드 칸 궁전박물관 라브랑 전(殿) 정면 모습(사진 정석배)

　　나오면서 궁전-박물관 정문인 "평안의 문"을 보았는데 녹색 기와를 사용한 지붕이 무척이나 화려하고 복잡하였다(도면 513). 정문의 중문 문짝에는 철퇴를 든 호법신이, 측문 문짝에는 칼을 든 호법신이 각각 그려져 있었다(도면 514). 다음에는 그 바깥의 당간과 3채의 일주문, 영벽을 차례로 보았다(도면 515~516). 중앙 일주문에는 현판에 착한 일을 즐겨하고 베풀기 좋아하라는 뜻을 가진 락선호시(樂善好施)라는 한자가 보였다(도면 517). 일주

도면 512. 복드 칸 궁전박물관 라브랑 전(殿) 타라 보살상(사진 정석배)

3) 복드 칸 궁전박물관 관람　369

도면 513. 복드 칸 궁전박물관 "평안의 문" 정면 모습(사진 정석배)

문이 있는 곳에는 여러 가지 석물이 있었는데 그중 하나의 판석에는 한쪽 면에는 부처를 다른 한쪽 면에는 하나의 여의주를 두고 서로 다투는 용이 조각되어 있었다. 또 만수무강(萬壽無疆)을 새긴 비석도 보였다.

도면 514. 복드 칸 궁전박물관 "평안의 문" 문 장식(사진 정석배)

나는 복드 칸 시기의 유물이나 라마교 사원의 건축과 불상에 대해서는 문외한이라 자세하게 소개할 수가 없다. 박물관을 나오기 전에 겨울 궁전 남쪽에 있는 기념품 상점에 갔더니 복드 칸 궁전박물관 모형이 전시되어 있었다(15시

도면 515. 복드 칸 궁전박물관 "평안의 문"과 일주문들(사진 정석배)

도면 516. 복드 칸 궁전박물관 영벽(사진 정석배)

3) 복드 칸 궁전박물관 관람

55분). 복드 칸 궁전 박물관의 동쪽 담장 바깥에는 복드 칸의 동상을 비롯하여 여러 가지 조형물이 전시되어 있어 시간이 난다면 한번 둘러보아도 좋을 것이다.

도면 517. 복드 칸 궁전박물관 중앙 일주문 현판(사진 정석배)

### 4) 자이승 전승 기념탑 방문과 나머지 일정

　복드 칸 궁전박물관을 본 다음에는 버스를 타고 톨강을 건너 자이승 전승 기념탑으로 갔다. 자이승 전승 기념탑(Зайсан толгой дээр Зөвлөлтийн дайчдын дурсгалд зориулсан хөшөө)은 수흐바타르 동상에서 남쪽으로 약 3.85㎞ 거리의 산 위에 위치한다(정석배, 2024, 324~325쪽). 이곳에 올라가면 울란바토르 시내를 한눈에 내려다 볼 수 있어 울란바토르에 가면 꼭 가볼 필요가 있는 곳이다. 1956년에 오벨리스크 모양으로 건립되었으며, 1979년에 할힌골 전투 40주년을 맞이하여 지금의 모습으로 바꾸었다. 승리의 깃발을 든 소련 군인 모습 기념탑의 높이는 27m이다(도면 518). 정상에 고리 모양의 콘크리트 구조물을 둘렸는데 바깥 면에는 몽골의 전통 문양을 배경으로 몽골과 소련의 각종 훈장을 양각으로 장식하였고(도면 519), 안쪽 면에는 모자이크로 소비에트 러시아 붉은 군대의 1921년 몽골 인민혁명 지지, 1939년 할힌골 전투에서의 일본 관동군에 대한 몽·소 연합군의 승리, 1945년 나치 독일에 대한 승리, 평화로운 세상의 도래 등을 표현하였다(도면 520). 정상 가운데의 단은 "꺼지지 않는 불"을 위한 것이나 지금은 지피지 않는다. 정상까지는 300개의 계단을 올라가야 한다. 전승 기념탑 앞으로 보이는 강은 톨강이다.

기념탑 아래에는 2012년에 본 것과는 달리 대형 건물들이 들어서 있었다. 우리는 외면에 "PRIME CINEPLEX 4DX"라고 적힌 건물로 들어가서 이리저리 통역이 안내하는 대로 계단을 걸어서 혹은 에스컬레이터 혹은 엘리베이터를 타고서 위로 갔다(도면 521). 건물 안에서 여러 종류의 가게와 식당 등이 보였으며, 지나는 곳마다 모두 화려하게 장식되어 있었다. 이 건

도면 518. 자이승 전승 기념탑(사진 정석배)

도면 519. 자이승 전승 기념탑 고리 구조물 바깥의 각종 훈장 표현(사진 정석배)

4) 자이승 전승 기념탑 방문과 나머지 일정   373

도면 520. 자이승 전승 기념탑 "꺼지지 않는 불" 단과 고리 구조물 안쪽의 모자이크 표현(사진 정석배)

물의 윗부분에 자이승 전승 기념탑으로 가는 계단과 연결된 다리가 있다.

  자이승 전승 기념탑 가까이 계단에는 기념품을 늘어놓고 파는 곳이 몇 군데 있었다. 말(馬) 그림이나 몽골의 풍경화가 눈에 띄는데, 판매자는 자신이 화가이며 직접 그린 것이라고 하였다. 나는 양가죽에 그린 몽골의 풍경화를 몇 장 샀다.

  기념탑이 있는 곳 정상에서 울란바토르 시내를 보니 10년 사이에 얼마나 많이 발전하였는지 문자 그대로 상전벽해(桑田碧海)였다(도면 522). 몽골이 빠르게 발전하고 있는 나라임을 알 수 있었다.[16]

  정상의 고리 모양 구조물 안쪽에 모자이크로 표현된 소련 군복을 입는 사람들과 몽골 전통의상을 입은 사람들이 서로 마주 보는 가운데 몽골의 한 여성이 손에 든 대접을 소련의 사령관으로 보이는 사람에게 건네는 모습이 아주 인상적이었다(도면 520). 나는 2012년에 한-헤를렌 캠프에 숙박한 적이

---

16. 2023년 3월에 자이승 전승 기념탑에서 동영상을 촬영하였다.

도면 521. 자이승 전승 기념탑 전경(아래에서)(사진 정석배)

도면 522. 자이승 전승 기념탑에서 본 울란바토르 시내 모습(사진 정석배)

4) 자이승 전승 기념탑 방문과 나머지 일정

도면 523. 자이승 전승 기념탑의 한 손으로 물구나무서는 소녀(사진 정석배)

있었는데, 그때 저녁 무렵 도착한 우리를 게르 캠프 문 앞으로 나온 한 젊은 여성이 말젖이 든 대접을 우리 일행에게 주어 내가 마셔보았다. 손님을 환영하는 의미라고 하였는데, 아마도 모자이크의 표현에도 같은 의미가 들어있을 것이다.

사람들이 각자 기념탑과 벽화 그리고 울란바토르 시내를 멀리서 구경하고 있을 때, 가운데 "꺼지지 않는 불"의 단 가장자리에서 한 어린 몽골 여학생이 한 손으로 물구나무를 서는 것이 보였다(도면 523). 대단한 재주였다. 우리 학생들은 여기저기에서 환성을 지르며 이곳과 울란바토르 시내를 배경으로 각자 기념사진을 찍었고, 내려가기 전에는 모두 함께 기념사진을 찍었다. 내려갈 때는 계단을 이용하였다. 아래에 탱크를 전시한 것과 게르 모양의 기념품 가게들이 보였다. 그 아래에 용이 휘감고 있는 기둥-나무 위에서 천사가 나팔을 부는 조형물이 있었다(도면 524). 이 조형물은 몽골제국 시기의 Silver Tree를 묘사한 것이라고 한다. 그 조형물 안쪽에는 호선 모양의 벽에 궁전 혹은 사원과 함께 짐을 실은 낙타, 말을 탄 장군, 수레, 귀부 등을 돋을새김으로 표현한 것이 보였다(17시 32분).

다음에는 다시 버스를 타고 백화점으로 갔다. 학생들이 이것저것 선물을 샀고, 나와 동방 원장은 백화점 안의 서점에서 고고학 관련 책을 몇 권씩 샀다. 나는 이곳에 서점이 있다고는 생각하지 못하였는데 잘 왔다는 생각이 들었다. 다만 학생 한 명이 소매치기를 당한 것은 큰 아쉬움이다. 사람이 많은 곳에서는 항상 조심해야 하는 것 같다.

도면 524. 자이승 전승 기념탑 아래 부근의 실버 트리(사진 정석배)

　몽골에서의 11박 12일 일정 마지막 저녁 식사 때는 답사에 큰 도움을 준 몽골과학아카데미 고고학연구소 G.에렉젠 소장을 만나(20시 42분) 함께 보드카를 마시며 여행길이 어떠하였는지 즐겁게 이야기를 나누었다 . 깊이 감사드린다.

## 12. 제12일 : 2022년 8월 27일 토요일

아침을 느긋하게 먹고 체크 아웃을 한 다음에 모두 버스에 올랐다. 귀국하는 날이었지만, 칭기스칸 국제공항으로 가면서 유적을 한 군데 더 답사하기로 하였다. 그런데 학생 한 명이 어제 버스에 짐을 하나 두고 내려 다시 찾느라고 시간이 조금 지체되었다. 사실 나도 모르고 있었는데 어제와는 다른 버스가 온 것이었다.

### 1) 돌궐(突厥) 톤유쿠크 제사유적 답사

울란바토르와 칭기스칸 국제공항은 복드한 산을 사이에 두고 있으며, 공항에서 울란바토르 시내로 갈 때 그 산의 동쪽과 서쪽으로 난 두 길을 모두 이용할 수 있다. 다만 서쪽 길이 조금 짧고, 동쪽 길이 조금 멀다. 나는 울란바토르 부근의 유적을 탐색하면서 돌궐 톤유쿠크 제사유적이 칭기스칸 국제공항에서 동쪽으로 멀지 않은 곳에 있다는 사실을 알게 되었다. 그래서 울란바토르에서 동쪽 길을 이용하여 공항으로 가면서 유적을 잠깐 보기로 한 것이다. 사실 시간이 더 있다면 부근의 테렐지 국립공원이나 거대한 칭기스칸 기마 동상도 볼 수 있었겠지만 그렇게 하지는 못하였다.[17] 이런저런 이야기를 하면서 가다 보니 포장된 큰길 동쪽 바로 가까이 유적이 보였다(09시 47분).

톤유쿠크(Тоньюкук, Tonyukuk) 제사유적은 빌게칸의 재위(716~734년) 기간인 720~725년 사이에 조성되었으며, 비석에는 돌궐 제2제국(682~745)의 부흥에 큰 역할을 한 빌게 톤유쿠크(暾欲谷 돈욕곡)와 관련된 내용이 룬 문자로 새겨져 있다. 비문은 톤유쿠크 자신이 직접 작성하였고, 내용은 주로 당나라, 예니세이 키르기스, 돌기시, 거란 등과의 전쟁 이야기이다.

---

17. 2023년 8월에는 테렐지 국립공원과 칭기스칸 기마 동상을 모두 가서 보았다.

남쪽에 있는 남비석(南碑石)은 높이가 236㎝, 북쪽에 있는 북비석은 높이가 211㎝이다(국립경주문화재연구소 외, 2008; Talat Tekin 저 / 이용성 역, 2008; 정석배, 2024, 209~214쪽).

톤유쿠크는 『구당서』「돌궐전」에 따르면 빌게칸(=소살=비가가한)이 성을 축조하려 하자 "돌궐의 인구는 적어서 당나라의 백분의 일에도 대적할 수 없고, 그런 까닭에 늘 대항할 수 있는 것은 바로 풀과 물을 쫓아다녀 사는 곳이 일정하지 않으며 사냥을 업으로 삼고 또한 모두가 무예를 익히는 것에 있습니다. 강하면 병사들을 진군시켜 노략질하면 되고 약하면 산림에 숨고 엎드려 당나라 병사들이 비록 많더라도 어찌할 수가 없을 것입니다. 만약 성을 쌓고 거주한다면 옛 풍속을 바꾸는 것으로 하루아침에 이점을 잃게 되어 반드시 장차 당나라에 병합되고 말 것입니다"하고 반대를 한 인물이다.

유적은 장축이 대체로 동서 방향인 평면 긴 네모꼴의 담장 흔적과 도랑인 주구(周溝)에 의해 구분된다. 바깥의 담장 흔적은 평면도에 제시된 축적을 통해 볼 때 대략 길이 47m, 폭 33m이다. 주구 안에는 동쪽에서 서쪽으로 2개의 비석, 사당, 2개의 돌 상자(石箱)가 차례로 배치되었으며, 그 외에 비석 앞쪽으로 1.3㎞ 거리에 걸쳐 289개 이상의 발발이 확인되었다. 돌 상자는 크기가 2.25×1.25m, 1.7×1.7m이다(보이포프, 1996).

아스팔트 포장된 큰길에서 유적으로 들어가는 길에 들어서자 울타리를 둘러서 보호하고 있는 유적과 그 곁의 작은 건물이 보였다(도면 525)(09시 47분). 나는 큰길 바로 가까이에 버스를 세우고 모두 함께 내려 걸어서 유적으로 가기로 하였다. 그것은 유적 원경도 찍고 또 버스가 사진 찍을 때 방해되지 않게 하기 위함이었다. 톤유쿠크 제사유적 울타리는 장축이 동서 방향인 긴 네모꼴을 하고 있었고, 안으로 들어갈 수 있는 입구 문은 동쪽에 위치하였다. 입구 곁에는 터키(튀르키예)어(語), 몽골어, 영어로 유적 소개 및 튀르키예와 몽골이 1994년부터 공동으로 빌게칸, 퀼 테긴, 톤유쿠크 유적을 조사 및 연구하였다는 내용의 간판이 있었다. 간판 부근에는 비석을 하나 세워 놓았는데

도면 525. 톤유쿠크 제사유적 원경(사진 정석배)

안의 비석과 석재와 글이 달라 아마도 표지석 중 하나가 아닌가 생각되나 글을 몰라 알 수 없었다.

놀라운 것은 울타리 안에 나란히 서 있는 2개의 비석 앞에서부터 작은 돌을 세워 만든 발발이 비석의 앞쪽으로 엄청난 수가 길에 늘어져 있는 모습이었다(도면 526). 발발의 수를 세어보지는 않았지만, 1.3㎞ 거리에 걸쳐 289개 이상이 있다는 보고 내용을 보면 그 수가 엄청났음을 알 수 있고, 이 사실은 톤유쿠크가 생전에 289명 이상의 적을 죽인 전사(戰士)이기도 하였음을 의미한다. 『수서』「돌궐전」에 보면 "일찍이 한 사람을 죽이면 하나의 돌을 세웠는데 그 수가 천 개 백 개에 이른 사람도 있다(嘗殺一人 則立一石 有至千百者)"라고 하여 발발을 그냥 아무렇게나 세운 것이 아님을 알 수 있다.

나는 2개 비석 중 입구에서 안쪽으로 보았을 때 상태가 좋은 왼쪽 것을 먼저 보았다(도면 527). 윗부분이 조금 결실되기는 하였으나 비석의 네 면에 룬 문자들이 빽빽이 새겨져 있었다(도면 528). 글자는 위에서 아래로 쓴 것 같았

도면 526. 톤유쿠크 제사유적 발날(사진 정석배)

도면 527. 톤유쿠크 제사유적 비석(사진 정석배)

1) 돌궐(突厥) 톤유쿠크 제사유적 답사

도면 528. 톤유쿠크 제사유적 왼쪽 비석(사진 정석배)

는데 위에서 아래로 선을 그어 각 행의 글자들을 구분하여 놓았다. 오른쪽의 비석은 윗부분은 원래 상태인 것으로 보였으나 한쪽 측면 모서리 부분이 조금 결실되었고, 전체적으로 마모가 있어 글이 선명하지 못하였다(도면 529).

다음에는 오른쪽 가장자리의 도랑-주구(周溝)를 보고 바로 안쪽의 석물이 있는 곳으로 갔다. 안쪽 가운데에 4개의 길쭉한 돌이 네모꼴을 이루며 세워져 있었는데 모두 안쪽 모서리 부분에 위아래로 길에 홈이 만들어져 있었고 또 바깥면에는 무언가 문양이 새겨져 있었다(도면 530). 아마도 그 홈에 납작한 돌을 기대어 세웠을 것이다. 그 안쪽에는 여러 가지 문양을 새긴 납작한 판석들이 놓여 있었다(도면 531). 후슈 차이담 박물관에서 본 것과 같은 돌 상자의 일부일 것이다.

그다음에는 둘레의 주구와 그 바깥의 담장 흔적을 따라 입구 쪽으로 가면서 유적의 양상을 잘 보여 줄 수 있는 각도를 찾았다. 학생들은 비석과 석물들을 주의 깊게 살펴보고 있었다. 서남쪽 모서리에서 보니 담장 흔적과 도랑 그리고 그 안의 석물들과 비석의 배치 상태가 잘 관찰되었다(도면 532). 나가기

도면 529. 톤유쿠크 제사유적 오른쪽 비석(사진 정석배)

전에 학생들에게 두 비석 사이에 선 상태로 기념사진을 찍어 주었고, 나도 기념사진을 찍었다. 다음에는 잠깐 동남 모서리와 정면에서 다시 유적 전경 사진을 찍었다. 동남쪽 모서리에서도 주구 안쪽으로 발발, 비석, (사당터), 돌 상자의 배치가 모두 잘 보였다.

  눈을 들어 주위를 살펴보니 들판 곳곳에 가축들이 풀을 뜯고 있었고, 멀리 언덕 위에는 게르가 줄지어 있는 것이 보였다. 버스에 타기 전에 툭소 선생과 기념사진을 찍고 작별을 고하였다(10시 20분). 공항에 도착하여서는 간단하게 점심을 먹고(12시 29분), 짐을 부친 다음에는 통역을 해준 토야 선생과도 작별 인사를 하였다. 안내와 유적 설명을 해준 툭소 선생과 통역은 물론이고 여러 가지 도움을 준 토야 선생에게 진심으로 감사하게 생각한다.

1) 돌궐(突厥) 톤유쿠크 제사유적 답사

도면 530. 톤유쿠크 제사유적 돌 상자(石箱) 버팀기둥(사진 정석배)

도면 531. 톤유쿠크 제사유적 돌 상자(石箱) 판석(사진 정석배)

도면 532. 톤유쿠크 제사유적, 서남 모서리에서 본 모습(사진 정석배)

## 2) 집으로

공항 안으로 들어가 비행기를 기다리면서 나는 우리 답사단원 모두에게 훕스굴 호수에서 산 준보석 구슬이 하나 달린 목걸이를 하나씩 나누어 주었다. 22개를 샀는데 나를 제외하고 21명이 받아 갔다. 단 1명도 낙오된 사람이 없이 모두 비행기를 타게 되어 정말 다행이었다. 공항 면세점에서 선물을 산 학생들도 있었는데 나는 몽골 보드카를 샀다. 인천 공항에서 짐을 찾은 다음에는 밖으로 나와 마지막으로 인원 점검을 하였고, 마침내 서로 인사를 나누고 집으로 갈 사람은 집으로, 학교로 갈 사람은 학교로 갔다.

# III. 글을 마무리하며

**필자는** 오랫동안 꿈꾸어왔던 몽골 유적답사를 마침내 실행에 옮겼다. 오랜 준비 과정을 거쳤지만, 원래 계획하였던 유적을 모두 다 가보지는 못하였다. 하지만 내가 가보고 싶었던 많은 유적을 간 것도 사실이다. 내가 그동안 몽골을 비롯하여 북방 유라시아대륙의 고고학과 관련하여 궁금해하였던 많은 의문을 해소할 수 있었다. 백문이불여일견(百聞而不如一見)이라고 책으로만 보았던 유적과 유물을 직접 보니 머릿속에 바로바로 들어왔다.

사실 처음에는 이 책을 집필할 생각을 하지 못하였었다. 학생들과 답사하면서 함께 이야기하고 토론하다 보니 여행기 혹은 답사기 책을 내고 또 소셜미디어에 올리는 것이 어떻겠냐는 의견이 나왔고, 또 역사는 기록이라고 하였듯이, 지금까지 내가 답사하였던 수많은 유적에 관한 내용이 그대로 사장되는 것은 너무 안타깝다는 생각도 들었다. 사실 그동안 고구려와 발해유적을 비롯하여 여러 지역에서의 답사 내용을 소개할 필요가 있다고 생각은 하고 있었으나 실행은 하지 못하였는데, 이것이 계기가 되어 기억이 생생한 최근의 답사를 시작으로 점차 지금까지 여러 지역에서의 답사 내용을 책으로 집필해야겠다고 마음을 먹게 되었다.

처음에는 책의 구성을 각각 유적 단위로 유적지까지의 이동 과정, 유적 소개, 유적 답사내용 순서로 집필하려고 하였으나 유적 소개의 내용이 연구자를 제외한 일반인들에게는 매우 지루하다는 의견이 있어 유적 소개는 최소한으로 줄였다. 대신 답사한 유적의 내용은 『몽골의 역사와 유적』이라는 별도의 책에 자세하게 소개하는 것으로 하였다. 따라서 원래 한 권으로 계획한 책을 두 권으로 나누어, 한 권은 학술적 내용 중심으로, 다른 한 권은 여행과 답사 과정 중심으로 집필하게 되었다.

이제 기억 속에만 남게 될 학생들과의 11박 12일간의 일정이 이 책 속에 기록으로도 남겨지게 되었다. 여행 과정의 이야기는 나를 중심으로 한 것이지만, 우리 학생들도 내 이야기를 읽으면서 각자의 여행 과정을 떠올릴 수 있을 것이다. 이 책을 읽는 독자들은 몽골의 자연과 역사와 유적에 대해 더 많이 이해할 수 있을 것으로, 또 몽골 여행이나 유적 답사를 계획한다면 조금이나마 도움이 될 것으로 생각된다.

함께 한 모든 이들에게 몽골에서의 찰나의 모든 순간이 기쁨과 보람으로 가득하였길 바란다. 11박 12일을 함께한 여정과 우리가 받은 문화적 충격은 우리 답사 단원 모두의 학문 연구와 삶에 큰 영향을 끼칠 것이다. 알아감의 기쁨이 가득한 여행이었다.

※　※　※

언젠가 나와 함께 2022년에 몽골을 다녀온 이들의 후손들이 젊은 시절 아버지 어머니 할아버지 할머니가 어떤 여행을 하였는지 알 수 있게 참가자 명단을 적어 둔다. 한국전통문화대학교 융합고고학과 교수 정석배, 강사 김은옥, 학생 김채민, 송미현, 정다해, 김다빈, 박지헌, 조용우, 우성민, 이원오, 임성헌, 손덕영, 배세종, 최형운, 박준서, 문화재관리학과 성시우, 무형유산학과 김세인, 문화유산융합학과 대학원생 석사 및 박사과정 김영길, 강나루, 정해봉, 소현승, 동방문화재연구원 원장 이호형.

그리고 이 책의 원고를 읽고 수정과 조언을 해준 고려문화재연구원 김아관 원장, 김세인 학생, 송미현 학생에게 감사의 마음을 전한다.

참고문헌 및 자료

E.A.노브고라도바 저 / 정석배 역, 1995, 『몽고의 선사시대』, 학연문화사.

Talat Tekin 저 / 이용성 역, 2008, 『돌궐 비문 연구』, 제이엔씨.

강톨가 외 지음 / 김장구·이평래 옮김, 2009, 『몽골의 역사』, 동북아역사재단.

국립경주문화재연구소·직지성보박물관·몽골 과학아카데미 고고학연구소, 2008, 『돌에 새긴 유목민의 삶과 꿈』, 국립경주문화재연구소.

국립문화재연구소, 2020a, 『몽골과 그 주변 지역의 사슴돌 문화 Ⅰ』.

국립문화재연구소, 2020b, 『몽골과 그 주변 지역의 사슴돌 문화 Ⅱ』.

국립문화재연구소·몽골국립문화유산센터, 2018, 『자야 게게니 후레 사원』.

국립중앙박물관 편찬, 2008, 『몽골 흉노무덤 자료집성』, 국립중앙박물관.

국립중앙박물관, 2018, 『칸의 제국 몽골』.

김위현 외, 2012, 『국역 요사 - 중』, 단국대학교출판부.

김은국·정석배, 2021, 『크라스키노 발해성 - 발굴 40년의 성과 -』, 동북아역사재단.

김호동, 2016, 『아틀라스 중앙유라시아사』, 사계절.

대한민국 국립중앙박물관·몽골국립역사박물관·몽골 과학아카데미 고고학연구소, 2004, 『국립중앙박물관 몽골 학술조사 성과 2002~2004』.

동북아역사재단 편, 2009a, 『사기 외국전 역주』, 동북아역사재단.

동북아역사재단 편, 2009b, 『한서 외국전 역주 상』, 동북아역사재단.

동북아역사재단 편, 2009c, 『후한서 외국전 역주 하』, 동북아역사재단.

동북아역사재단 편, 2009d, 『삼국지·진서 외국전 역주』, 동북아역사재단.

동북아역사재단 편, 2009e, 『위서 외국전 역주』, 동북아역사재단.

동북아역사재단 편, 2009f, 『북사 외국전 역주 상』, 동북아역사재단.

동북아역사재단 편, 2010, 『북사 외국전 역주 하』, 동북아역사재단.

동북아역사재단 편, 2011a, 『구당서 외국전 역주 상』, 동북아역사재단.

동북아역사재단 편, 2011b, 『신당서 외국전 역주 상』, 동북아역사재단.

동북아역사재단 편, 2011c, 『신당서 외국전 역주 중』, 동북아역사재단.

르네 그루쎄 지음 / 김호동·유원수·정재훈 옮김, 1998, 『유라시아 유목제국사』, 사계절.

박아림, 2014, 「몽골 볼간 아이막 바양노르 솜 울란 헤렘 벽화묘 연구」, 『중앙아시아연구』 19-2.

박아림, 낸시 S. 스티인하트, L. 에르덴볼드, 2018, 「6~8세기 몽골 초원의 제사유적과 석인상 연구」, 『중앙아시아연구』 23-2.

박아림· L.에르데네볼드, 2020, 『유라시아 초원 문화의 정수 몽골미술』, 학연문화사.

보꼬벤꼬 N., 레그란드 S. 지음 / 정석배 옮김, 2015, 『동부 유라시아 미누신스크의 고대 문화들(기원전 4~1천년기)』, 단국대학교출판부.

뻬레보드치꼬바 저 / 정석배 번역, 1999, 『스키타이 동물양식』, 학연문화사

아마르툽신·에렉젠, 2018a, 「몽골과 자바이칼의 전기 청동기문화」, 『북방고고학개론』, 진인진.

아마르툽신·에렉젠, 2018b, 「몽골의 중기 청동기문화」, 『북방고고학개론』, 진인진.

에렉젠 G., 2018a, 「몽골의 판석묘 문화와 찬드만 문화」, 『북방고고학개론』, 진인진.

에렉젠 G., 2018b, 「몽골의 후기 청동기문화」, 『북방고고학개론』, 진인진.

이계지 지음 / 나영남·조복현 옮김, 2014, 『정복 왕조의 출현: 요·금의 역사』, 신서원.

이재성, 2013, 「아프라시압 궁전지 벽화의 '조우관사절'에 관한 고찰 -고구려에서 사마르칸드(康國)까지의 노선에 대하여-」, 『중앙아시아연구』 18-2.

정석배, 1999, 「선사시대 유라시아대륙의 말 사육과 기마술의 발전에 대해」, 『아세아 각국의 마문화 및 동물민속』 (제3회 국제아세아민속학회 국제학술대회 발표논문집), 국제아세아민속학회.

정석배, 2015, 「요·금·동하·원의 도성을 통해 본 발해 상경의 제문제」, 『백산학보』 103.

정석배, 2017a, 「고구려 고분에 보이는 몇 가지 유라시아 문화 요소」, 『한국문화 원류와 알타이 신문화 벨트 2』, 한국학중앙연구원 출판부.

정석배, 2017b, 「유물로 본 발해와 중부-중앙아시아지역 간의 문화교류에

대해」, 『고구려발해연구』 57.

정석배, 2019, 「발해의 북방-서역 루트 '담비길' 연구」, 『고구려발해연구』 63.

정석배, 2020, 「구들 유적으로 본 발해와 요·금의 난방문화」, 『요·금시대 발해인의 삶과 문화』, 한국학중앙연구원출판부.

정석배, 2021, 「발해의 유물」, 『동북아시아 고고학 개설 II - 역사시대 편』, 동북아역사재단.

정석배, 2024, 『몽골의 역사와 유적』, 예지안.

정재훈, 2005, 『위구르 유목제국사』, 문학과지성사.

정재훈, 2016, 『돌궐 유목제국사』, 사계절.

군칭수렝 B.G. 외, 2017 : Б.Г.Гүнчинсүрэн, Ц.Болорбат, Е.П.Рыбин, Д.Одсүрэн, А.М.Хаценович, Г.Ангарагдөлгөөн, Г.Маргад-Эрдэнэ, 2017, МОНГОЛ-ОРОСЫН ХАМТАРСАН ЧУЛУУН ЗЭВСГИЙН СУДАЛГААНЫ ШИНЭ ҮР ДҮН // МОНГОЛЫН АРХЕОЛОГИ - 2016, Улаанбаатар хот.

글라드이쉐프, 2008 : Гладышев С. А., 2008, Верхний палеолит Монголии: итоги и перспективы изучения (историографический обзор) // Вестник НГУ. Серия: История, филология. 2008. Том 7, выпуск 3: Археология и этнография.

꼬발레프 А.А. 외, 2016 : Ковалев А.А., Эрдэнэваатар Д., Рукавишникова И.В., 2016, Состав и компазиция сооружений ритуального комплекса с оленными камнями Ушкийн-увэр (по рузультатам исследований 2013 года) // Археология, этнография и антропология Евразии, Том 44, № 1.

꼬발레프, 2011 : Ковалев А. А., 2011, Великая чемурчекская миграция из Франции на Алтай в начале третьего тысячелетия до н. э. // Российский археологический ежегодник, № 1.

꼬발레프 외, 2010 : Ковалев А.А., Эрдэнэбаатар Д., 2010, Афанасьевско-чемурчекская курганная группа кургак гови (хуурай говь) и вопросы внешних связей афанасьевской культуры // Афанасьевский сборник, барнаул : азбука.

꾸바레프 외, 2005 : Кубарев В.Д., Цэвээндорж Д., Якобсон Э., 2005, Петроглифы Цагаан-салаа и Бага-ойгура (Монгольский Алтай), Новосибирск, Улан-Батор, Юджин.

끄라딘 외, 2018 : Крадин Н.Н., Ивлиев А.Л., 2018, Города империи Ляо // Города средневековых империй Дальнего Востока, Москва, Издательство Восточной Литературы.

끄라딘(책임편찬), 2011 : Крадин Н.Н.(отв. ред.), 2011, Киданьский город Чинтолгой-балагс, Москва, "Восточная литература" РАН.

끌랴쉬또르느이 외, 1971 : Кляшторный С. Г., Лившиц В. А., 1971, Согдийская надпись из Бугута // Страны и народы Востока, Т. X, Москва.

끼셀료프, 1957 : Киселев С.И., 1957, Древние города Монголии // Советская Археология, 2, Москва, Издательство АН СССР.

나실로프, 1986 : Насилов А.Д., 1986, Новые сведения о монгольском феодальном праве (по материалам "Восемнадцати степных законов") // Mongolica, Москва.

데레뱐꼬 외, 2000 : Деревянко А. П., Олсен Д., Цэвээндорж Д., Кривошапкин А. И., Петрин В.Т., Брантингхэм П.Д. Многослойная пещерная стоянка Цаган-Агуй в Гобийском Алтае (Монголия) // Археология, этнография и антропология Евразии. 2000. № 1.

데레뱐꼬 외, 2007 : Деревянко А.П., Зенин А.Н., Рыбин Е.П., Гладышев С.А., Цыбанков А.А., Олсен Д., Цэвээндорж Д., Гунчинсурэн Б., 2007, Технология расщепления камня на раннем этапе верхнего палеолита Северной Монголии (стоянка Толбор-4) // Археология, этнография и антропология Евразии. № 1.

데레뱐꼬 외, 2008 : Деревянко А. П., Олсен Д., Цэвээндорж Д., Гладышев С.А., Нохрина Т.И., Табарев А.В., 2008, Новое прочтение археологического контекста пещеры Чихэн (Монголия) // Археология, этнография и антропология Евразии 2(34).

데블레트, 1980 : Дэвлет М.А., 1980, Сибирские поясные ажурные пластины II в. до н.э.- I в. н.э. // Археология СССР. САИ. Выпуск Д4-7.

드로즈도프 외, 2004 : Дроздов Н.И., Баасандорж Ц., Чеха В.П., Артемьев В.П., Макулов В.И., Заика А.Л., Ганболд М., Баранов А.А., Гаврилов И.К., 2004, Результаты полевых иследований Росийско-Монгольской комплексной экспедиции в 2001 г., Красноярск.

띠쉬낀, 2010 : Тишкин А.А., 2010, Булан-кобинская культура Алтая: краткая история изучения и современное содержание // Материалы XV Международной Западно-Сибирской арсеолого-этнографической конференции. - Томск: Аграф-Пресс.

루뎬꼬, 1962 : Руденко С.И., 1962, Культура хуннов и Ноинулинские курганы, М.-Л.

라들로프, 1893 : В.В.Радлов, 1893, Атлас древностей Монголии. Труды орхонской экспедиции, Санктперетбург.

몰로딘 외, 2012 : В.И. Молодин, Г. Парцингер, Д. Цэвээндорж, 2012, Замёрзшие погребальные комплексы пазырыкской культуры на южных склонах Сайлюгема (Монгольский Алтай), М.: «Триумф принт».

바야르, 2004 : Баяр Д., 2004, Новые археологические раскопки на памятнике Бильгэ-кагана // Археология, этнография и антропология Евразии, 4.

바트수흐 외, 2017 : Д.Батсух, Н.Эрдэнэ-Очир, 2017, МОНГОЛ АЛТАЙН ПАЗЫРЫКИЙН ДАЙЧДЫН ЗЭР ЗЭВСЭГ // STUDIA ARCHAEOLOGICA, Tomus XXXVI.

보이또프, 1996 : Войтов В.Е., 1996, Древнетюрский пантеон и модель мироздания в культово-поминальных памятниках Монголии вв., Москва, Государственный музей Востока.

볼꼬프, 1967 : Волков В.В., 1967, Бронзовый и ранний железный век Северной Монголии, Улан-батор.

볼꼬프, 2002 : Волков В.В., 2002, Оленные камни Монголии, Москва.

뽈로시막 외, 2011 : Полосьмак Н.В., Богданов Е.С., Цэвээндорж, 2011, Двадцатый Ноин-Улинский курган. Новосибирск.

뽈로시막 외, 2015 : Полосьмак Н.В., Богданов Е.С., 2015, Курганы Суцзуктэ (Ноин-Ула, Монголия). Часть 1. Новосибирск.

사비노프, 2003 : Савинов Д.Г., 2003, Проблемы хронологии кокэльской культуры в историческом аспекте // Прольемы истории России, Вып. 5, Екатеринбург.

세레긴 외, 2020 : Серегин Н.Н., Матренин С.С., 2020, Монголия в жужанское время: основные аспекты интерпретации археологических материалов // Поволжская археология, № 4.

쉬신, 2017 : Щишин М.Ю., 2017, Комплекс петроглифов Рашаан-хад в Монголии: описание памятника и новые открытия // Учевные записки (Алтайская государственная академия культуры и искусств), Барнаул.

에렉젠, 2021 : Эрэгзэн Г., 2021, Тайхир чулууны бичиг үсгийн дурсгал // Монгол төрийн голомт нутаг, Улаанбаатар хот.

오끌라드니꼬프, 1972 : Окладников А.П., 1972, Центральноазиатский очаг первобытного искусства (пещерные росписи Хойт-Цэнкер Агуй (Сэнгрих Агуй), Западная Монголия), Новосибирск.

오드바타르, 2017 : Ц.Одбаатар, Ц.Эгийма, 2017, 「2016 ОНД АЙРАГИЙН ГОЗГОРТ ЯВУУЛСАН АРХЕОЛОГИЙН СУДАЛГААНЫ ТАНИЛЦУУЛГА」, 『МОНГОЛЫН АРХЕОЛОГИ 2016』.

이데르항가이, 2021 : Идэрхангай Т., 2021, ХҮННҮ ГҮРНИЙ УЛС ТӨРИЙН ТӨВ, ХАРГАНЫН ДӨРВӨЛЖИНГИЙН ХҮННҮГИЙН ХААНЫ ЗУНЫ ОРД ЛУНЧЭН БУЮУ ЛУУТ ХОТ // Ancient cultures of Mongolia, Southern Siberia and Northern China. Transactions of the XIth

International Conference. September 8–11, 2021, Abakan.

쯔이빅따로프, 1998 : Цывиктаров А.Д., 1998, Культура плиточных могил Монголии и Забайкалья, Улан-Удэ.

체벤도르지 외, 2002 : Цэвээндорж Д., Баяр Д., Цэрэндагва Я., Очирхуяг Ц., 2002, Монголын Археологи, Улаанбаатар.

Burkart Dohne, 2010, Некоторые результаты исследования уйгурской столицы Хара-балгасун в 2010 году // Mogolian Journal of Anthropology, Archaeology and Ethnology. 2010, 6-1.

Eregzen G. (Editor-in-chief), 2022, Archaeological selected relics of Mongolia Ⅰ, Ulaanbaatar.

Francis Allard & Diimaajav Erdenebaatar, 2005, Khirigsuurs, ritual and mobility in the Bronze Age of Mongolia, Antiquity 79.

Hatagin D. Erdenebaatar, 2018, The Cultural Heritage of Xiongnu Empire, Ulaanbaatar, Munkhiin Useg.

Jisl L. Vyzkum kulteginova pamatniku v Mongolske Lidove republice // Archeologiske rozhledy. Roc. XII. 1960. Ses. 1.

Lucie Šmahelová, 2014, Kül-Tegin monument. Turkic Khaganate and research of the First Czechoslovak- Mongolian expedition in Khöshöö Tsaidam 1958, Univerzita Karlova v Praze.

Ochir A., Odbaatar Tse., Erdenebold Lha., 2010, Ancient Uighur Mausolea Discovered in Mongolia // The Silk Road, 8.

Takahama Shu, Hayashi Toshio, Kawamata Masanori, Matsubara Ryuji, Erdenebaatar D. Preliminary Report of the Archaeological Investigations in Ulaan Uushig I (Uushgiin Övör) in Mongolia // Bull. of Archaeology, the Univ. of Kanazava. – 2006. – Vol. 28. – P. 61–102.

Takao MORIYASU and Ayudai OCHIR(edited), 1999, Provisional Report of Researches on Historical sites and Inscriptions in Mongolia from 1966 to 1998 // The Society of Central Eurasian Studies, 1999.

Tumen D., Navaan D., Erdene M. 2006, Archaeology of the Mongolian Period: A Brief Introduction. // The Silk Road. Vol 4. № 1.

Turbat T., Bayarsaikhan J., Batsukh D., Bayarkhuu N., 2011, Deer stones of the Jargalantyn Am, Mongolian Tangible Heritage Association NGO.

白石典之, 1999,「日蒙合作調查蒙古國哈拉和林都城遺址的收穫」,『考古』8.
山西大學歷史文化學院, 內蒙古文物考古研究所, 蒙古國遊牧文化研究國際學院, 2016,「蒙古國后杭愛省赫列克斯浩菜山谷6號回鶻墓園發掘簡報」,『文物』4.
薩仁毕力格, 2007,『蒙古帝國首都哈喇和林』, 內蒙古師範大學 碩士學位論文.
常文鵬, 2015,「代郡馬城考」,『北方文物』1.
楊尙禹, 2020,『兩漢雲中郡屬縣城址的考古學觀察』, 山西大學 2020 屆碩士學位論文.
王博, 1996,「对切木尔切克早期非独立墓地石人的认识」,『新疆藝術』5.
任瀟, 周立剛, 2021,「匈奴龍城考古探索與進展」,『大眾考古』1.
張靖硏·張麗, 2010,「召湾漢墓瓦當的文化意義研究」,『內蒙古藝術』2.
中國人民大學北方民族考古研究所·蒙古國國家博物館, 2021,「蒙古國吉尔嘎朗圖蘇木埌爾根敖包墓地2018~2019年發掘簡報」,『考古』11.
森安孝夫·オチル, 1999,『モンゴル国現存遺蹟·碑文調査研究報告』, 中央ユーラシア学研究会, 1999-3.

https://whc.unesco.org/en/list/1081/
https://ru.wikipedia.org/wiki/Зайсан_(мемориал)
https://en.wikipedia.org/wiki/Erdene_Zuu_Monastery
https://www.erdenezuu.mn/.
https://mongoltoli.mn/history/h/281
https://mn.wikipedia.org/Богд_хааны_ордон_музей

# 어느 고고학자의 몽골 여행
- 삼천 11박 12일의 이야기 -

2024년 5월 7일 초판 1쇄 인쇄

2024년 5월 10일 초판 1쇄 발행

저  자 | 정석배 (https://www.youtube.com/@Haedongsk)

펴낸곳 | 예지안

주  소 | 서울특별시 강남구 강남대로92길 31, 6층 6433호 (역삼동)

전  화 | 02) 2285-5835  팩스 | 0508-902-6585

이메일 | yejian24@naver.com

블로그 | blog.naver.com/yejian24

ISBN  979-11-953393-7-2  03810

ⓒ 예지안, 2024

이 책의 내용 혹은 사진을 재사용하려면 저자의 동의를 받아야 합니다